U0895228

图书在版编目(CIP)数据

中国经济改革和发展的政治经济学分析/胡家勇等著.—北京：中国社会科学出版社，2016.9

（中国社会科学院马克思主义理论学科建设与理论研究工程系列丛书）

ISBN 978-7-5161-8747-0

Ⅰ.①中…　Ⅱ.①胡…　Ⅲ.①中国经济—经济改革—政治经济学—研究②中国经济—经济发展—政治经济学—研究　Ⅳ.①F12

中国版本图书馆CIP数据核字(2016)第189865号

出 版 人　赵剑英
责任编辑　田　文
特约编辑　陈　琳
责任校对　张爱华
责任印制　王　超

出　　版　中国社会科学出版社
社　　址　北京鼓楼西大街甲158号
邮　　编　100720
网　　址　http://www.csspw.cn
发 行 部　010-84083685
门 市 部　010-84029450
经　　销　新华书店及其他书店

印　　刷　北京君升印刷有限公司
装　　订　廊坊市广阳区广增装订厂
版　　次　2016年9月第1版
印　　次　2016年9月第1次印刷

开　　本　710×1000　1/16
印　　张　13.75
插　　页　2
字　　数　231千字
定　　价　49.00元

凡购买中国社会科学出版社图书,如有质量问题请与本社营销中心联系调换
电话:010-84083683

前　　言

以毛泽东、邓小平、江泽民为核心的党的三代领导集体和以胡锦涛同志为总书记的党中央始终高度重视党的理论工作，重视全党对马克思主义理论的学习和研究工作。十八大以来，以习近平同志为总书记的党中央更是把意识形态工作作为党的一项极端重要的工作来抓。

2004 年 1 月，《中共中央关于进一步繁荣发展哲学社会科学的意见》下发，并决定实施马克思主义理论研究和建设工程。为贯彻落实党中央关于把中国社会科学院努力建设成为马克思主义坚强阵地、党和国家的思想库智囊团（智库）、哲学社会科学的最高殿堂的要求，中国社会科学院党组采取了一系列重要措施。2009 年初成立了中国社会科学院马克思主义理论学科建设与理论研究工程领导小组。小组成立后，一方面注重抓好马克思主义理论学科组织机构的建设，设立马克思主义理论类别的研究室和中心等；另一方面注重马克思主义基础理论研究。

为了推进马克思主义基础理论研究，中国社会科学院从 2010 年起陆续推出的“马克思主义理论学科建设与理论研究系列丛书”，包括“马克思主义经典作家专题摘编系列”、“马克思主义专题研究文丛系列”、“马克思主义基础理论研究系列”等。“马克思主义基础理论研究系列”是马克思主义及其中国化理论研究的专门论著，该系列论著的推出，将有助于马克思主义话语体系的构建和马克思主义话语权的巩固。

中国社会科学院马克思主义理论学科建设
与理论研究工程领导小组
2015 年 1 月

目　录

第一篇　完善基本经济制度和共同富裕

第二篇 政府职能转换

第三篇　新常态下中国经济发展

第一篇

完善基本经济制度和共同富裕

第一章　新世纪我国所有制结构的演变

从产值、资产、就业和税收贡献等主要经济指标看，新世纪以来我国所有制结构发生了明显变化。从行业和区域层面上看亦是如此。我国所有制结构的演变从根本上讲是社会主义初级阶段生产力发展水平所决定的，是生产关系为适应生产力所作出的积极调整。我国所有制结构还需要进一步优化，方向是进一步巩固公有制经济的主体地位和国有经济的主导作用，优化国有经济布局，促进、扶持和引导非公有制经济发展，从而奠定生产力持续进步和经济中高速增长的所有制基础。

一　新世纪所有制结构变化

1. 所有制结构变化的总体趋势

改革开放以来，随着我国社会主义市场经济体制改革的不断深入推进，国民经济中的所有制结构持续发生了深刻的变迁，一个总体的趋势是，公有制经济在各种经济指标中所占比例有明显的下降，非公有制经济所占的比例则相应有了大幅提升。目前，在产值、就业、税收等多项指标方面，公有制经济的占比已低于非公有制经济。但在总资产方面，也即在经济资源，特别是重要经济资源和关键产业的掌控方面，公有制经济仍占据着明显优势。

由于相关统计资料的缺失，我们的跨期分析将以工业行业数据为主。由于工业行业构成了中国经营性经济活动约一半的份额，这样做也不失较强的整体代表性。相关的数据主要来源于历年《中国工业经济统计资料》和《中国工业经济统计年鉴》。随着统计资料的逐渐完善，在对近期的所有制结构分析中我们将尽量采用具有全国代表性的数据，相关数据主要来源于《第二次全国经济普查主要数据公报》和《工商行政管理统计汇编》。

（1）产值的所有制结构变化

我们将2000—2013年工业部门总产值的所有制结构演进情况展示于表1－1之中。[①] 表1－1显示，到党的十六大召开的2002年之前，公有制经济占据了工业总产值一半以上的优势份额，但是，考察期间公有制工业企业产值占比下降的速度较快，及至2013年，相应占比仅略高于1/4。但从相对值而言，公有制工业企业产值占比下降的速度在不断减慢。与公有制经济占比下降相对应，非公有制工业企业在工业产值中的占比从2000年时的34.49%提高到2013年的73.27%，呈现出跨越式的成长。

就公有制工业企业内部而言，国有及国有控股经济，尤其是其中经股份制改造和国有资产优化配置后的国有控股部分，逐渐成为我国公有制经济中的绝对主体，其他诸如集体企业、股份合作企业等，占比均有大幅缩小，尤其是集体工业企业，逐渐由公有制经济的重要组成部分转化为较为次要的公有制实现形式。就非公有制来看，内资的私营工业企业发展迅猛，已取代外资企业成为我国非公有制经济的最主要组成部分，将私营工业企业与内资中非国有控股工业企业合计，私营经济已占据我国工业总产值中一半以上的份额。[②]

表1－1　工业总产值的所有制结构演进情况（2000—2013年）　单位：%

年份	国有及国有控股	集体	其他公有制	公有制	非公有制
2000	47.34	13.90	4.28	65.51	34.49
2001	44.43	10.53	3.92	58.88	41.12
2002	40.78	8.68	3.64	53.11	46.89
2003	37.54	6.65	2.85	47.04	52.96
2004	35.24	5.65	2.46	43.35	56.65
2005	33.28	3.42	1.52	38.23	61.77
2006	31.24	2.90	1.32	35.46	64.54

① 由于2012年以后未公布工业总产值指标，这里近似地以营业收入来代替2012年和2013年的工业总产值。

② 虽然未排除集体经济控股的混合所有制经济部分，但是从2011年集体企业1.31%的产值占比来看，可以推断集体经济控股的混合所有制经济比例较小，不会对结论产生显著影响。

续表

年份	国有及国有控股	集体	其他公有制	公有制	非公有制
2007	29.54	2.51	1.20	33.25	66.75
2008	28.37	1.76	0.93	31.06	68.94
2009	26.74	1.75	0.87	29.36	70.64
2010	26.61	1.49	0.70	28.79	71.21
2011	26.18	1.31	0.63	28.12	71.88
2012	26.37	1.18	0.53	28.08	71.92
2013	25.09	1.12	0.52	26.73	73.27

数据来源：根据历年《中国工业经济统计资料》和《中国工业经济统计年鉴》相关数据整理。

（2）资产的所有制结构变化

目前，我国的资产及其相关指标的所有制结构数据统计最为全面，包括工业行业数据、经营性行业数据和普查数据等，下面将分别予以考察。首先，我们将2000—2013年工业部门总资产的所有制结构演进情况展示于表1－2之中。表1－2显示，直至2006年以前，公有制经济一直控制了工业企业总资产的一半以上，构成了相对于非公有制经济的规模优势。由于公有制工业企业资产占比下降的速度较快，2013年在工业资产中的占比已降至41.52%。相应地，非公有制工业企业在工业部门资产中的占比得到了大幅度提高。但同时我们也看到，公有制经济资产占比下降的速度已呈现不断减缓的趋势，并有趋稳的态势。

公有制经济在资产占比与在工业总产值中占比相对照，显著的共同点是：国有及国有控股经济，尤其是其中经股份制改造和国有资产优化配置后的国有控股部分，逐渐成为我国公有制工业企业资产构成中的绝对主体，其他诸如集体企业、股份合作企业等，占比均有大幅缩小，逐渐转化为次要的公有制实现形式；内资私营企业的成长速度极快，包括私营控股企业在内，逐渐成为非公有制经济的主体，外资企业的地位则有所下降。此外，两者不同之处在于，公有制经济在工业总资产中的占比相对更高，如2000年约高出10个百分点，2013年则高出约15个百分点。因此，从资产方面看，公有制经济对经济的掌控力仍然较强。

表 1－2 工业部门总资产的所有制结构演进情况（2000—2013 年） 单位：%

年份	公有制				非公有制		
	国有及控股	集体	其他公有制	合计	私营	外资	合计
2000	66.57	7.63	2.73	76.93	3.07	20.37	23.07
2001	64.92	5.92	2.48	73.32	4.36	20.94	26.68
2002	60.93	5.02	2.44	68.39	5.99	21.55	31.61
2003	55.99	4.09	2.10	62.18	8.60	23.26	37.82
2004	50.94	2.45	1.41	54.81	11.02	25.82	45.19
2005	48.05	2.20	1.38	51.63	12.39	26.27	48.37
2006	52.22	1.89	1.17	55.29	13.91	26.44	44.71
2007	44.81	1.63	1.14	47.58	15.10	27.30	52.42
2008	43.78	1.16	0.91	45.85	17.59	26.00	54.15
2009	43.70	1.02	0.82	45.53	18.47	25.21	54.47
2010	41.79	0.92	0.66	43.38	19.71	25.06	56.62
2011	41.68	0.80	0.61	43.09	18.90	23.97	56.91
2012	40.62	0.74	0.53	41.89	19.85	22.43	58.11
2013	40.29	0.73	0.50	41.52	20.55	21.82	58.48

数据来源：根据历年《中国工业经济统计资料》和《中国工业经济统计年鉴》相关数据整理。

《工商行政管理统计汇编》提供了具有一定时序的、覆盖全国经营性部门的注册资本资料。注册资本与实收资本大致相当，因为按相关法律规定，两者相差20%时需重新登记。需说明的是，该统计资料并未提供国有控股等方面的数据情况，因此，对于股份制企业，难以确切分割公有制和非公有制的资产份额，为此，我们所统计的公有制经济范围限于国有企业、集体企业、股份合作制企业和国有独资有限责任公司等纯公有制经济形式；非公有制经济范围限于私营企业、外商投资企业、个体工商户等纯非公有制经济形式，并且外商投资企业中只计入外方认缴部分；其余的公司制企业计入混合所有制经济。我们将 2004—2011 年中国经营性部门总资产的所有制结构演进情况展示于表1－3之中。

表1－3　经营性部门注册资本的所有制结构演进情况（2004—2011年）　单位:%

注册资本（万元）	2004	2005	2006	2007	2008	2009	2010	2011
国有企业	17.52	15.03	13.71	12.11	10.77	9.48	8.56	7.66
集体企业	3.17	2.52	2.07	1.69	1.39	1.09	0.86	0.68
股份合作企业	0.58	0.53	0.52	0.56	0.52	0.48	0.43	0.37
公司	36.48	36.61	36.77	39.15	38.62	39.87	39.05	39.35
股份有限公司	7.31	7.89	7.62	7.69	8.11	8.32	7.67	7.50
有限责任公司	29.16	28.72	29.15	31.63	30.51	31.51	31.38	31.85
国有独资有限责任公司	7.73	7.61	7.73	8.38	8.09	8.35	8.32	8.44
私营企业	17.72	20.64	22.45	23.82	26.45	28.32	31.39	34.91
股份有限公司	0.16	0.17	0.22	0.13	0.71	0.81	0.96	1.17
有限责任公司	16.32	19.11	20.85	22.17	24.09	25.78	28.44	30.44
独资企业	1.04	1.15	1.18	1.18	1.30	1.30	1.34	1.32
合伙企业	0.20	0.21	0.20	0.20	0.35	0.42	0.65	1.98
其他企业	0.37	0.33	0.29	0.29	0.18	0.14	0.10	0.09
外商投资企业	22.29	22.39	22.28	20.50	20.05	18.53	17.41	14.75
外方认缴	17.07	17.42	17.43	16.35	16.01	15.01	13.93	11.78
合计	98.13	98.04	98.09	98.13	97.97	97.90	97.81	97.81
个体工商户	1.87	1.96	1.91	1.87	2.03	2.10	2.19	2.19
公有制	29.00	25.69	24.02	22.74	20.76	19.39	18.17	17.15
非公有制	36.66	40.02	41.79	42.03	44.49	45.42	47.51	48.88
混合所有制	34.34	34.29	34.18	35.22	34.75	35.18	34.32	33.97

数据来源：历年《工商行政管理统计汇编》相关数据。

表1－3显示，与工业行业反映的情况总体上相一致的是：公有制经济在经营性经济活动中的资本占比处于下降趋势，相应地，非公有制经济占比上升较快；公有制内部的集体企业和股份合作企业的资本逐渐下降到很低的比例；非公有制内部的外资企业资本占比处于下降趋势，内资私营经济的资本占比上升很快。与工业行业反映的情况总体上不相一致的是：

集体企业、股份合作企业等公有制企业在第三产业中占比较之在工业中占比更低，两者合计仅占全国经营性部门注册资本的1%，且存在着持续下降的趋势，这意味着国有及国有控股企业在规模方面已几乎成为公有制的唯一实现形式。私营经济在第三产业中的资本占比较之在工业中明显更高，且占比提高的速度也更快。与此相反，外资经济在第三产业中的资本占比较之在工业中明显更低。目前，全部经营性部门中私营经济的资本占比已超过外资经济。此外，个体工商户的相关数据也得到了一定的反映：总体而言，个体工商户在经营性部门中的资本占比呈现提高的趋势，但是绝对占比规模依然较低，单位资本数量极为有限，作用更多的是限于解决社会就业、丰富社会经济服务、方便群众生活等。

对于混合所有制经济，《工商行政管理统计汇编》存在的一个问题是如何按照公有和非公有的持股比例进行切割。根据该资料，一个明显的事实是公有经济在混合所有制中占据了较大的份额。这是因为：一方面，作为非公有制经济重要组成部分的外资经济基本已从混合所有制经济中分割出来进行了独立统计，也就是说，混合所有制经济一般是指内资混合所有制经济；另一方面，私营经济为主的股份有限公司和有限责任公司已被归入私营企业中进行统计，覆盖在混合所有制经济中的私营资本部分数量相对有限。[①] 下面我们将借鉴既有研究在普查数据的基础上对公有制和非公有制经济在资产方面的比例予以明晰划分。

相比于《工商行政管理统计汇编》，更具权威性的统计数据来源于全国经济普查。虽然普查数据缺乏时间上的连续性和时效性，但是由于其在数据质量和覆盖范围方面的独到优势，依然需要引起我们的足够重视。[②] 根据2008年按登记注册类型分组的企业资产总额情况，就全国范围来看，2008年末，全国第二、第三产业企业资产总额为207.8万亿元，其中，国有企业资产总额47.7万亿元，占22.95%，集体企业资产总额4.4万亿

---

① 国家工商行政管理局《关于自然人出资设立有限责任公司登记注册和监督管理问题的通知》（1994年11月18日，工商个字〔1994〕第325号）第六条规定："凡由自然人为主申请，自然人出资额占注册资本51%以上的有限责任公司，其登记注册和监督管理适用上述规定（按照私营企业管理）。"私营股份有限公司是指按《公司法》的规定，由五个以上自然人投资，或由单个自然人控股的股份有限公司。

② 很多数据统计在口径上是不一致的，在发生分歧时，我们将以较权威的数据为标准来加以区别取舍。比如，《工商行政管理统计汇编》所提供的数据，较之普查数据明显偏大，因此，核照普查数据，就可以在一定程度上避免出现显著矛盾的结论。

元，占2.12%，股份合作企业资产总额4.5万亿元，占2.17%，加上国有独资有限责任公司和联营企业中国有、集体所有制的资产份额，纯公有制经济合计占资产总额的34.94%；私营企业、包括港澳台商在内的外商投资企业持有的资产总额分别为25.7万亿元和21.5万亿元，各占12.37%和10.35%，非公有的联营企业和非国有的有限责任公司持有的资产总额分别为0.1万亿元和27.3万亿元，各占0.05%和13.14%，以上非公有制经济合计占35.90%；属于混合所有制经济的股份有限公司资产总额为59.6万亿元，占28.68%。根据最近的研究，将混合所有制经济的资产总额分割为“公有”和“非公有”部分之后，2008年末我国第二、第三产业的资产总额在公有制经济和非公有制经济之间的分布比例为52.46:47.54，两者已较为接近。[①]

（3）就业的所有制结构变化

《中国统计年鉴》提供了2000—2013年按经济活动单位登记注册类型划分的城镇就业情况，我们将其按所有制形式进行了归并划分，相关情况展示于表1－4之中。表1－4显示，伴随着国有企业经营困难所引致的下岗风潮，公有制经济单位在城镇就业中的占比经历了快速下降过程，及至2000年已降至城镇就业的一半以下。2013年，公有制经济单位在城镇就业中的占比已降至19.67%。但近年来公有制单位就业占比的下降速度已大大放缓。伴随着公有制经济单位就业占比的下降，非公有制经济单位逐渐成为了城镇就业的主要解决渠道，2013年，非公有制经济单位就业人数占城镇就业人员比例已达到48.30%。还需说明的是，由于国有企业下岗职工也被统计在城镇就业人口之中，而他们之中绝大部分的再就业出路往往是受雇于非公有制企业或从事未登记的个体经营活动，因此，事实上的非公有制经济就业规模要超出以上统计的非公经济部门正式职工和登记注册的个体经营者的范围。如2000年城镇非正规就业比例已占到35%左右。如果将这一部分与上述非公有制经济就业合并统计，2007—2012年，实际上城镇中的非公有制经济就业比例则大体稳定在64.78%—68.46%的范围内。进一步地，将混合所有制经济的就业按照资产比例进行分配，则近年来我国公有制经济和非公有制经济在城镇就业中的比例大致为1:3。

---

① 杨新铭、杨春学：《对中国经济所有制结构现状的一种定量估算》，《经济学动态》2012年第10期。

表1-4　　城镇就业的所有制结构演进情况（2000—2013年）　　单位:%

年份	国有单位	城镇集体单位	股份合作单位	联营单位	有限责任公司	股份有限公司	私营企业	港澳台商投资单位	外商投资单位	个体	公有制	混合所有制	非公有制	非正规就业
2000	35.00	6.47	0.67	0.18	2.97	1.97	5.48	1.34	1.43	9.23	42.32	4.94	17.48	35.26
2001	31.91	5.39	0.64	0.19	3.51	2.02	6.38	1.36	1.44	8.90	38.13	5.53	18.08	38.25
2002	28.91	4.53	0.65	0.18	4.37	2.17	8.07	1.48	1.58	9.16	34.27	6.54	20.28	38.91
2003	26.82	3.90	0.67	0.17	4.92	2.31	9.93	1.60	1.77	9.27	31.57	7.23	22.56	38.64
2004	25.34	3.39	0.73	0.17	5.42	2.36	11.31	1.77	2.13	9.52	29.63	7.78	24.73	37.86
2005	23.74	2.96	0.69	0.16	6.40	2.56	12.65	2.04	2.52	10.16	27.55	8.96	27.37	36.11
2006	22.71	2.70	0.63	0.16	6.78	2.62	13.97	2.16	2.81	10.64	26.20	9.40	29.58	34.83
2007	20.75	2.32	0.55	0.14	6.70	2.55	14.80	2.20	2.92	10.69	23.76	9.25	30.61	36.38
2008	20.08	2.06	0.51	0.13	6.83	2.62	15.96	2.12	2.94	11.24	22.79	9.45	32.26	35.50
2009	19.27	1.85	0.48	0.11	7.30	2.87	16.64	2.16	2.93	12.74	21.71	10.17	34.48	33.64
2010	18.79	1.72	0.45	0.10	7.53	2.95	17.50	2.22	3.04	12.88	21.06	10.49	35.64	32.82
2011	18.67	1.68	0.41	0.10	9.10	3.29	19.25	2.60	3.39	14.55	20.86	12.40	39.78	26.96
2012	19.04	1.64	0.41	0.11	10.54	3.46	21.04	2.70	3.47	15.71	21.21	14.01	42.92	21.86
2013	17.72	1.58	0.30	0.07	16.90	4.79	22.95	3.89	4.36	17.10	19.67	21.69	48.30	10.34

数据来源：根据历年《中国统计年鉴》相关数据整理。

就内部细分来看，国有企业、集体企业、股份合作企业等公有制经济的城镇就业占比均有下降，且后两者的下降幅度尤为明显，目前两者合计仅占城镇就业的1.88%。私营企业和个体经济对解决城镇就业的贡献日渐突出，目前在非公有制经济就业占比中分别排在前两位，合计占据城镇就业的2/5，如果考虑到非正规就业人员中大部分受雇于私营企业或从事个体经营的话，私营企业和个体经济实际上已占据城镇就业的一半以上。有限责任公司、股份有限公司和包括港澳台资在内的外资企业等单位在城镇的就业占比也有明显提升，但相对于其产值和资产规模而言，在解决就业方面的作用表现得并不突出。

（4）税收贡献的所有制结构变化

《中国税务年鉴》提供了按经济活动单位登记注册类型划分的税收贡献情况。与就业分析相似，我们将税收按所有制形式进行了归并划分，结果展示于表1－5之中。表1－5显示，考察期间公有制经济对全社会的税收贡献出现了持续较快的下降，在2000年之前，公有制经济贡献了税收总额的一半以上，而及至2012年，这一比例已降至只有15.04%，其中，集体企业的税收贡献降幅尤为显著，目前其税收贡献已不足1%。非公有制经济对全社会的税收贡献在考察期内整体上有所提高，但是提高的速度相对较慢，相对于其在资产和产值中所占比例也偏低，并且，在2005年后，非公经济的税收贡献占比在34.41%—36.21%区间内平稳波动，提升趋势逐渐止步。非公有制经济中，私营企业的税收贡献提高最为明显，但截至目前，若不考虑混合所有制中的私营资本税收贡献，外资企业的税收贡献最为突出，长期维持在占税收总额20%左右的水平。以股份公司为主的混合所有制经济对全社会的税收贡献无论在绝对值上还是在增长速度上都表现得最为突出：就绝对值来看，混合所有制经济在2012年已占全社会税收总额的一半以上；就发展速度来看，混合所有制经济占全社会税收总额的比重由2000年的20.84%提升至2012年的50.56%，份额扩大了一倍半。考虑到混合所有经济中相当一部分资本是公有制资本，这一部分税收贡献在相当大程度上可以归功于公有资本。

表1－5 **税收的所有制结构演进情况（2000—2012年）** 单位：%

年份	国有企业	集体企业	股份合作企业	联营企业	股份公司	私营企业	其他企业	外商投资企业	个体经营	公有制	混合所有制	非公有制
2000	41.50	8.64	1.38	0.91	19.93	3.50	0.91	16.79	6.43	52.44	20.84	26.72
2001	36.00	7.13	1.46	0.80	23.65	4.43	1.04	19.33	6.15	45.39	24.69	29.92

续表

年份	国有企业	集体企业	股份合作企业	联营企业	股份公司	私营企业	其他企业	外商投资企业	个体经营	公有制	混合所有制	非公有制
2002	32.81	5.73	1.21	0.64	26.41	5.59	1.42	20.47	5.72	40.39	27.83	31.78
2003	29.47	4.53	0.99	0.51	29.04	6.94	1.92	21.35	5.24	35.50	30.97	33.54
2004	27.20	3.60	0.78	0.40	32.01	7.92	2.02	21.26	4.81	31.99	34.02	33.99
2005	24.84	2.96	0.68	0.33	34.51	8.96	2.06	21.09	4.57	28.81	36.57	34.62
2006	22.18	2.35	0.60	0.27	36.60	9.49	2.43	21.59	4.50	25.40	39.02	35.58
2007	19.87	1.67	0.50	0.21	38.25	9.86	5.09	20.53	4.02	22.25	43.35	34.41
2008	17.90	1.42	0.51	0.19	40.65	10.20	3.36	20.94	4.82	20.02	44.01	35.96
2009	16.12	1.24	0.52	0.16	43.18	10.15	2.89	21.58	4.18	18.04	46.07	35.90
2010	15.47	1.09	0.49	0.15	43.51	10.64	3.08	21.18	4.39	17.20	46.59	36.21
2011	14.54	0.97	0.50	0.12	45.30	10.61	3.21	20.51	4.23	16.13	48.52	35.35
2012	13.52	0.88	0.56	0.09	46.38	9.76	4.18	19.65	4.99	15.04	50.56	34.40

数据来源：根据历年《中国税务年鉴》相关资料整理。

2. 行业层面所有制结构变化的趋势

国有经济逐渐向资源性、公共服务性、涉及国防安全的重要行业和关键领域集中，非公有制经济则在一般竞争性行业的占比迅速提高。

（1）在建筑业、批发零售业、住宿餐饮业等竞争性较强的行业中，公有经济的退出速度较快，个体私营经济和外资经济等非公有制经济形式的作用逐渐强化。表 1－6 所示，2000 年，建筑业产值的 69.9% 为国有企业和集体企业所完成，而到了 2013 年，这一比例骤降为 19.90%；2000 年，限额以上批发业和零售业的商品销售收入中分别有 78.40% 和 49.48% 为公有制企业所完成，[①] 到了 2013 年上述比例分别骤降到 19.17% 和 5.89%；2000 年，限额以上餐饮业的营业收入中有 36.14% 为公有制企业所完成，到了 2013 年这一比例仅为 3.40%，此外，同年限额以上住宿业的该比例也只达到 19.17%。[②]

表 1－6　**建筑业、批发零售业、餐饮住宿业的所有制结构演进情况**　单位:%

注册类型	建筑		批发		零售		餐饮		住宿
	2000	2013	2000	2013	2000	2013	2000	2013	2013
国有企业	40.44	16.42	65.05	10.56	34.23	2.59	20.67	1.60	14.03
集体企业	29.47	3.48	8.40	0.37	9.30	1.49	10.07	0.59	1.75
股份合作企业	—	—	1.17	0.12	2.66	0.19	3.78	0.38	0.34
联营企业	—	—	0.79	0.06	2.26	0.12	0.86	0.12	0.19
国有联营企业	—	—	0.40	0.04	0.67	0.03	0.31	0.00	0.09
集体联营企业	—	—	0.07	0.00	0.31	0.03	0.09	0.12	0.05
国有与集体联营企业	—	—	0.24	0.01	0.83	0.04	0.27	0.00	0.04
其他联营企业	—	—	0.09	0.00	0.45	0.03	0.18	0.00	0.02
有限责任公司	—	—	12.12	41.35	15.58	36.20	10.67	20.74	35.53
国有独资公司	—	—	3.08	8.07	1.47	1.53	0.95	0.71	2.88
其他有限责任公司	—	—	9.04	33.28	14.12	34.67	9.72	20.04	32.65
股份有限公司	—	—	9.34	10.60	20.96	16.27	4.33	3.04	3.62
私营企业	—	—	1.62	24.44	4.63	30.84	14.27	46.12	28.05
其他企业	—	—	0.03	0.34	0.05	0.62	0.02	1.23	1.00
港、澳、台商投资企业	0.79	0.41	0.22	3.26	5.05	5.17	13.87	7.85	9.10
外商投资企业	0.54	0.38	1.26	8.92	5.28	6.51	21.46	18.32	6.40
公有制	69.90	19.90	78.40	19.17	49.48	5.89	36.14	3.40	19.17
混合所有制	—	—	18.47	43.87	35.52	50.94	14.24	23.08	36.26
非公有制	—	—	3.10	36.62	14.95	42.52	49.60	72.29	43.55

注：建筑业缺乏详细数据；住宿业 2000 年未进行统计。

数据来源：根据 2001 年、2014 年《中国统计年鉴》相关数据整理。

① 这里的公有制企业包括国有企业、集体企业、股份合作制企业，联营企业中的国有联营企业、集体联营企业、国有与集体联营企业，有限责任公司中的国有独资公司。

② 《中国统计年鉴 2001》未提供 2000 年的住宿业相关数据。

（2）在国民经济最主要的工业部门中，虽然总体上国有及国有控股企业所占份额在持续下降，但细分来看，其内部各行业仍有明显的变化态势差异。该差异可概括为：国有及国有控股企业在垄断性行业中所占比重较大，在某些行业甚至达到90%以上，且长期以来未表现出明显的下降趋势，而非国有和非国有控股企业逐渐在竞争性行业中占据了绝对优势。就规模以上工业企业来看，2000年时国有及国有控股企业在资源性的采矿业、公共服务性的电力、燃气和水的生产和供应业、行政性垄断的烟草制品业等行业中占据了产值份额的70%以上，[①] 及至2013年，这些行业中大部分都呈现出了国有经济占比显著下降的趋势，但在石油和天然气开采业、烟草制品业、电力、热力的生产和供应业等国有经济近乎完全垄断的行业中，不仅未展现出上述趋势，甚至有的行业中呈现出了一定的国进民退态势。具体地，2000年，上述三个行业中国有及国有控股企业分别占据了产值份额的94.55%、98.3%和85.43%，及至2013年，上述比例分别变化为87.72%、99.23%和93.12%。而在竞争性行业中，国有及国有控股企业所占产值份额较低，且在考察期间普遍呈现快速下降的态势。及至2013年，诸如纺织业，纺织服装、鞋、帽制造业，皮革、毛皮、羽毛（绒）及其制品业，木材加工及木、竹、藤、棕、草制品业，家具制造业，文教体育用品制造业，塑料制品业中，国有及国有控股企业所占产值份额均在3%的极低水平之下，在皮革、毛皮、羽毛（绒）及其制品业中该比例甚至只有0.87%。

（3）在作为国民经济基础的农业中，公有制经济贡献占比在2000—2012年间有了较大幅度的上升，公有生产资料和国有、集体农场的产出贡献由40%左右上升至65%左右。2000年，承包经营的农民共获得8817亿元的收入，[②] 这也即从事农业生产的农民所获得的个体劳动和自有生产资料的要素报酬。同期的农业增加值为14945亿元，从中扣除承包经营农民的个人所得，则由国有土地等农业生产资料所获得的要素报酬和国有农业生产单位的增加值之和约为

---

① 具体包括煤炭开采和洗选业、石油和天然气开采业、烟草制品业、石油加工、炼焦及核燃料加工业、电力、热力的生产和供应业、燃气生产和供应、水的生产和供应业。由于行业划分标准在考察期中经历了由《国民经济行业分类与代码》（GB/T4754—1994）向《国民经济行业分类》（GB/T4754—2002）的转变，部分行业名称和口径范围前后有所差别，但这并不影响这里分析的结论。

② 《中国统计年鉴》所提供的农村居民人均家庭经营性收入中分项给出了农、林、牧、渔业的收入值，这里将其加总后乘以农村人口得到了农民承包经营农业的总收入。

6128 亿元。[①] 如果我们将农村家庭承包经营的收入算做非公有制的个体经营收入，则农业产值中的公有制和非公有制的贡献比例约为 41.1∶58.9。若扣除国有农场的产出贡献，[②] 仅就农业承包经营这部分内容来看，公有制和非公有制的贡献比例约为 39.4∶60.6。依据上述方法计算，2012 年，农业产值中的公有制和非公有制的贡献比例约为 66.6∶33.4，仅就农业承包经营这部分内容来看，公有制和非公有制的贡献比例约为 65.4∶34.6。[③]

（4）在关系国民经济命脉的重要行业和关键领域中，国有经济始终占据着主导地位。这些重要行业和关键领域除了前面提到的石油和天然气开采业和石油加工、炼焦及核燃料加工业等工业行业外，还包括金融业、电信业、铁路运输业等第三产业。虽然在这些行业中也存在一定的竞争性空间可供民间资本开拓，但目前国有经济对这些行业的控制力仍非常高。即使就对国内非公有制经济设置的准入门槛较低、开放较早的银行业来看，非公有制经济所占比重依然较低。

3. 区域层面所有制结构变化的趋势

全国层面公有制经济占比下降的趋势也同样出现于绝大部分省份之中。比较来看，经济越发达的地区，公有制经济的占比倾向于越低。在非公有制经济的地区分布方面，东部地区外资经济的分布相对较多，其他地区则以私营经济的分布相对较多。

（1）新世纪以来，绝大多数省份的公有制经济占比均呈现出下降趋势，在个别非公经济发达的省份，公有经济占比已降到相当低的水平。如图 1－1 所示，2000 年、2013 年，国有及国有控股企业在各省工业产值中的占比，除天津和甘肃以外的 29 个省份均出现了下降，[④] 占资产的比重在

---

① 城镇中农业生产的主体为公有制企业，如从就业人数来看，2012 年，农、林、牧、渔业的国有单位和城镇集体单位分别有 320.5 万人和 5 万人，而其他所有制单位仅有 13.4 万人，公有经济占据 96.05% 的绝对优势。

② 国有农场是城镇农业生产的主要组成部分，如 2011 年国有农场的就业人口为 329.3 万人，占城镇农业生产单位的 91.6%。当然，上述方法由于数据问题无法进一步精确，但是考虑到未被扣除的城镇公有制生产单位和非公有制生产单位的占比极低，且城镇农业产出在总体农业产出中占比也极低（约为 3%），上述估算结果的偏差不会太大。

③ 2012 年以后，相关统计资料不再区分农民经营性纯收入的具体行业来源，故数据为进一步向后延展。

④ 天津国有经济占比的上升主要是因为滨海新区开发开放带动了国有经济较为集中的重化工、航空航天等行业的快速发展，甘肃国有经济占比的上升主要是因为国有经济高度集中的资源矿产业在西部大开发过程中的快速发展。

所有省份中均出现了下降。在个别发达省份，国有及国有控股企业占工业产值的比重甚至已降到百分之十几的水平，如江苏、浙江、福建、广东的该项比重分别只有11.01%、14.34%、12.49%、16.37%。

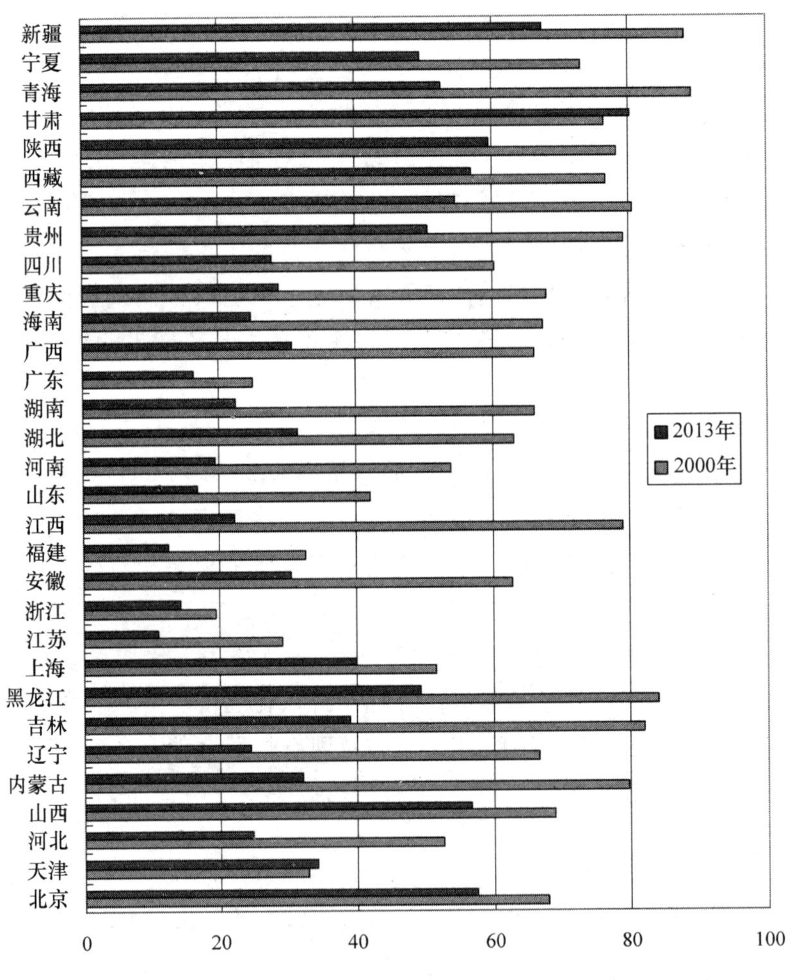

图 1－1 国有及国有控股企业在各省工业产值中的占比（%）

（2）公有制经济占比的下降呈现一种梯度推进的特征，即由东部最先启动，随后逐步向内陆地区推进。改革之初，东部沿海地区率先开发开放，个体私营经济和外资经济迅速发展壮大，国有经济占比出现较快下降。如2000年时，东部地区规模以上工业企业中国有及国有控股企业占产值的比重为42.10%，明显低于中部、西部和东北地区的65.63%、76.30%和77.57%。及至2013年，西部地区的该比重达到49.25%。2000—2013年间，中部地区替代了东部地区，成为公有经济占比下降速度最快的区域，在此期间，中部地区规模以上工业中国有及国有控股企业占产值比重由65.63%下降到30.54%，下降比例的绝对值高达35.09%，降幅超过原有水平的一半，均高于其他三个区域。未来，西部地区有可能将迎来非公有制经济占比上升较快的一段时期。

（3）经济相对越发达的区域，其所有制结构中的公有制经济占比越低。如2013年，规模以上工业企业中：国有及国有控股经济占营业收入的比重在东部、中部、西部和东北地区分别为25.24%、30.54%、49.25%和37.57%；国有及国有控股经济占资产的比重在东部、中部、西部和东北地区分别为35.00%、45.38%、61.16%和54.86%。可见，除东北地区外，国有经济在各大区域工业经济结构中的比重明显呈现伴随经济发展水平提高而递降的特征。而东北地区的特殊性在于，其历史上国有工业企业布局较为集中、国有经济根基较为深厚，但即便如此，其国有经济占比也要低于经济发展较为落后的西部地区。

（4）非公有制经济的构成中，东部地区的外资经济占比较高，其他地区的私营经济占比较高。如2013年规模以上工业企业的统计数据显示，东部地区的工业企业营业收入中外资企业占据了35.65%，而私营企业只占据24.67%；而中部、西部和东北地区的工业企业营业收入中外资企业仅分别占据了10.66%、8.24%和12.52%，低于各自私营企业所占据的35.93%、22.60%和31.94%。

二　我国所有制结构变化的动因

1. 所有制结构总体变化的动因

我国所有制结构的变迁从根本上讲是社会主义初级阶段生产力发展水平和社会主义市场经济发展所决定的，是生产关系为适应生产力所作出的调整。具体地，其还受到经济政策调整、经济结构转型和经济全球化等诸多客观因素的推动。

（1）我国所有制结构的变化是适应现阶段生产力发展水平的结果。虽然已经历了较长时期的快速发展，但由于起点落后，我国的社会生产力水平依然较低，并表现出多层次、不平衡的特征，这相应地决定了我国所有制结构的多样性。一方面，建设资金的相对短缺和就业压力的持续存在是我国现代化建设必须面对的两道难题，而个体私营经济和外资经济的发展有利于调动国内外的投资的积极性和增加社会就业岗位；另一方面，我国广袤的乡村地区居民的需求零碎分散、发达的城镇地区居民的需求形式多样，为满足广大人民群众日益增长的物质文化需求，有必要发展经营形式灵活机动的个体私营经济。与此同时，资本有机构成伴随技术进步的不断提高，必然导致资本的集中化、社会化和规模经济要求的提高，这在资本和资源密集型行业体现得尤为明显，将国有经济向这些重点行业集中，符合生产力不断发展的要求。

（2）国家从政策上逐步明确了在坚持公有制为主体和国有经济为主导的前提下，鼓励、支持、引导多种所有制健康发展，从而打破了限制非公经济发展的意识形态樊篱，同时也促使了公有制经济向重要行业和关键领域的战略集中。1997 年，党的十五大郑重宣布："公有制为主体，多种所有制经济共同发展，是我国社会主义初级阶段的一项基本经济制度"，"非公有制经济是我国社会主义市场经济的重要组成部分"。这就突破了"补充论"的局限，从政治上肯定了非公经济的地位和贡献。2002 年 1 月，党的十六大报告进一步强调指出，要"坚持和完善基本经济制度"，并着力提出了"两个毫不动摇"和"一个统一"的思想，即"必须毫不动摇地巩固和发展公有制经济"，"必须毫不动摇地鼓励、支持和引导非公有制经济的发展"①，"坚持公有制为主体、促进非公有制经济发展，统一于社会主义现代化建设的进程中，不能把这两者对立起来"。2007 年党的十七大报告提出"要坚持平等地保护物权，形成各种所有制经济平等竞争、相互促进的新格局"，从而将对非公有制经济地位的保障从政策层面向实践中的法律制度层面延伸。党的十八届三中全会通过的《中共中央关于全面深化改革若干重大问题的决定》进一步重申了"两个毫不动摇"的方针并有新的发展，指出："必须毫不动摇巩固和发展公有制经济，坚持公有制主

① 新时期，党的十八大继续强调指出："要毫不动摇巩固和发展公有制经济，推行公有制多种实现形式，深化国有企业改革，完善各类国有资产管理体制，推动国有资本更多投向关系国家安全和国民经济命脉的重要行业和关键领域，不断增强国有经济活力、控制力、影响力。毫不动摇鼓励、支持、引导非公有制经济发展，保证各种所有制经济依法平等使用生产要素、公平参与市场竞争、同等受到法律保护。"

体地位，发挥国有经济主导作用，不断增强国有经济活力、控制力、影响力。必须毫不动摇鼓励、支持、引导非公有制经济发展，激发非公有制经济活力和创造力”①，为进一步优化我国所有制结构、完善基本经济制度提出了基本理论遵循。

（3）丰富的高素质廉价劳动力和广阔的国内市场对外资进入构成了强大的吸引力，与此同时，对境外资本和先进技术的需求也促使我国为外资进入提供了诸多便利条件。首先，伴随着经济的持续快速增长，我国的国内市场需求不断扩大，这使得出于市场寻求动机的外商投资项目逐渐增多，外商投资领域由起初的集中于工业部门开始向生活服务业等领域多元化发展。其次，我国的义务教育制度和基本医疗服务的较广覆盖，源源不断提供了丰富的高素质劳动力，对劳动密集型外资企业形成了持续的吸引力。最后，外资的进入可以通过技术溢出效应和竞争效应带动国内企业生产技术水平和经营管理能力的提高，扩大社会投资和产值，从而促使中央和地方政府为外资进入提供了诸多便利条件和优惠政策。

（4）社会主义市场经济改革取向和政策上的支持，使得个体私营经济经营方式灵活、市场适应能力强的优势得以充分发挥。首先，伴随着国民经济的持续快速发展和对外开放程度的不断提高，国内外市场的需求不断扩大，这为个体私营经济的发展提供了必要的市场支撑；其次，自负盈亏的硬性预算约束和持续存在的市场竞争压力，促使个体私营经济不断根据市场需求调整自身的经营方向、提高自身的经营管理水平和技术装备实力；最后，国有经济在大量竞争性领域的退出、部分行业准入限制的取消，为个体私营经济的发展打开了广阔的空间。

2. 行业层面所有制结构变化的动因

（1）不同行业在生产经营过程中所面临的客观技术条件决定了其各自的市场结构、进入门槛，这与不同所有制形式的经营特点相结合，共同推动了各个行业中所有制结构的变化。例如，企业经济性生产所需规模较小、初始资金投入较低的行业，适于自有资本有限、融资渠道狭窄的个体私营经济的进入和发展，进一步地，其中那些经营网点高度分散、劳动监督成本极高的行业，则仅适于个体经济进行经营；劳动密集型的出口行业、国内技术水平相对落后的现代产业，则易于吸引外资经济的进入和发展；资本投入量大、

① 《中共中央关于全面深化改革若干重大问题的决定》，人民出版社 2013 年版。

投资回收期长、风险高、经济性生产所需规模偏大的行业，以及自然垄断性的行业，则更适于由实力较强的国有经济进行投资经营。

（2）根据中央战略性调整政策的指导，国有经济有计划地退出了一般竞争性行业，并更加集中地布局于关系国民经济命脉的重要行业和关键领域。1999 年 9 月，十五届四中全会通过的《中共中央关于国有企业改革和发展若干重大问题的决定》指出，“从战略上调整国有经济布局，要同产业结构的优化升级和所有制结构的调整完善结合起来，坚持有进有退，有所为有所不为”，[①] 并计划到 2010 年“基本完成战略性调整和改组，形成比较合理的国有经济布局和结构”。为此，一方面，大量国有企业通过国有股权转让、资本化和破产清算等方式加快退出了一般竞争性行业；另一方面，部分骨干国有企业通过兼并重组、股份制改革等方式，在关系国计民生和国防安全的重要行业中不断成长壮大，增强了对国民经济的控制力。

（3）对外开放的持续深化加速了外资经济进入国内的各行各业。首先，经济全球化的深入推进扩大了寻求跨国投资的海外资金规模，中国凭借在劳动力成本方面的比较优势，在纺织服装、鞋帽等日常消费品行业和以加工组装环节为主的通信设备、计算机制造业等劳动密集型行业吸收了大量的外资；其次，中国经济的快速发展所引致的居民消费能力的提高，吸引了大量外资进入汽车制造、食品饮料制造等中高端消费品行业；最后，随着 WTO 协议的签订，部分此前限制外资进入的领域逐渐放开准入，外资在这些行业从无到有地发展起来，如外资银行和保险公司被允许在境内设立并扩大业务范围，沃尔玛和家乐福等零售业巨头逐渐登陆了全国主要的大中城市。

---

① 《中共中央关于国有企业改革和发展若干重大问题的决定》指出：“从战略上调整国有经济布局，要同产业结构的优化升级和所有制结构的调整完善结合起来，坚持有进有退，有所为有所不为。目前，国有经济分布过宽，整体素质不高，资源配置不尽合理，必须着力加以解决。国有经济需要控制的行业和领域主要包括：涉及国家安全的行业，自然垄断的行业，提供重要公共产品和服务的行业，以及支柱产业和高新技术产业中的重要骨干企业。其他行业和领域，可以通过资产重组和结构调整，集中力量，加强重点，提高国有经济的整体素质。在坚持国有、集体等公有制经济为主体的前提下，鼓励和引导个体、私营等非公有制经济的发展。随着国民经济的不断发展，国有经济有着广阔的发展空间，总量将会继续增加，整体素质进一步提高，分布更加合理，但在整个国民经济中的比重还会有所减少。只要坚持公有制为主体，国家控制国民经济命脉，国有经济的控制力和竞争力得到增强，这种减少不会影响我国的社会主义性质。”

（4）市场经验的长期积累、自身实力的持续增长和市场准入范围的扩大，促使私营经济不断扩大在传统优势产业中所占份额的同时，进一步扩展了行业分布的范围。首先，在某些行业内长期的精耕细作，使私营经济在行业市场的竞争中日渐驾轻就熟，产品的市场认可度不断提升，进而在行业中所占份额也得到了稳步提升；其次，随着部分行业中私营企业的逐渐发展壮大，其融资能力和技术水平均显著增强，加之股份制经营方式的普及，原本很多由于资金门槛和技术要求较高而难以进入的行业，现在已出现了较多的私营经济成分；最后，国有企业战略性调整过程中一些行政性垄断行业的逐步开放，释放了市场空间，为私营经济在其中从无到有的发展创造了条件。

3. 区域层面所有制结构变化的动因

（1）自然地、历史地形成的禀赋差异，是促成区域间所有制结构差异的主要因素。东部沿海地区国内外交通便利发达、历史上的产业基础较好、科教水平和劳动力素质较高、商业文化底蕴深厚、居民消费能力较强、基础设施等方面的配套资源较为丰富，使得其能够为个体私营企业的发展壮大提供更为优越的生产条件和市场条件，在成本上对以加工贸易为主的外商投资具有很强的吸引力，相应地其非公有制经济成分占比也明显较高。而内陆地区，尤其是西部地区，由于缺乏上述禀赋条件，个体私营经济的成长速度较慢，外资进入的规模也较小。

（2）渐进式的改革开放战略、区域发展战略等各种国家战略政策的施行，对区域间所有制结构的差异也构成了间接的影响。首先，中国的渐进式改革在区域上表现为由东到西、由沿海到内陆逐步推进的过程，公有制经济占比的下降和非公有制经济的成长也相应地表现出自东向西逐次变化的态势。其次，西部大开发、中部崛起和东北振兴等区域平衡发展战略，内含着牺牲部分效率以兼顾区域公平的属性，这决定了其难以充分利用追逐效率目标的非公有制经济予以推动，而更多地要依赖于公有经济，尤其是国有经济作为区域均衡战略践行的主体，相应地，公有制经济在这些地区的比重也相对较高。

（3）伴随着东部地区生产要素成本的上升和西部大开发、中部崛起、东北振兴等区域发展战略的实施，私营和外资企业向内陆转移的步伐逐渐加快。经过长期的快速发展，东部地区的土地、劳动力等生产要素供给趋紧、企业商务成本不断提高、资源环境约束加大等问题日益突出，以非公经济为主的制造业企业亟须向其他区域转移，以降低生产成本、缓解由政府环境考核带来的压力。与此同时，在西部大开发、中部崛起、东北振兴等区域发展战略的促进下，广大内陆地区在生产性基础设施、市场制度环境建设等方面取得了长足进步，为迎接东部地区的产业转移做了较为充分的准备、打造了良好的条件。目前，已有大量产业转移至中部地区和东北地区，这明显地提高了两个区域的非公经济比例。未来，伴随着产业梯度转移过程的持续推进，西部地区非公经济占比上升的趋势也将有所加快。

（4）区域间基于不同的比较优势形成了各具特色的产业分工格局，而不同产业中的所有制结构是有差异的。国有经济经战略性调整后，在资源性行业和公共服务性行业分布较为集中，而在出口加工等一般竞争性行业中大幅退出。而就产业的区域分布而言，能源、矿物资源、发电所需的火力、水力、风力资源大多分布于面积广袤的内陆地区，尤其是西部地区，相应地，这些地区国有经济的比例也较高；出口加工等一般竞争性行业，出于降低物流成本、要素成本等方面的需要，大多分布于东部沿海地区，相应地，该地区个体私营经济、外资经济的比例也较高。

三　我国所有制结构进一步优化

1. 国有资本和国有经济战略布局优化调整

国有企业的战略布局虽已作出了较大调整，取得了显著成绩，但总体而言仍未到位。一方面，国有经济的布局结构仍显分散，其影响力、控制力和竞争力没有得到充分彰显；另一方面，部分行政垄断行业进一步改革的难度趋于增大。目前，国有资本仍广泛地分散于国民经济的各个领域。有限资本的分散使用，尤其是在一般竞争性行业中的分散、低效率使用，降低了国有经济的总体控制力和对经济的渗透力，同时也扩大了国有经济的亏损面，损害了国有经济的竞争力。与此同时，在一些新兴产业，特别是高新技术产业中，国有经济所占比重较低，未能充分发挥人才和技术优势，未能充分体现在创新过程中的引领带头作用。国务院 2015 年 12 月颁布《关于改革和完善国有资产管理体制若干意见》，指出：“加快推动国有资本向重要行业、关键领域、重点基础设施集中，向前瞻性战略性产业集中，向产业链关键环节和价值链高端领域集中，向具有核心竞争力的优势企业集中”，为国有资本和国有经济布局调整指明了方向，具体而言，水利枢纽、高铁、核电能源等重大工程，装备制造、电子信息等支柱产业，是国有资本的重要投向，成为国家战略的“顶梁柱”、产业升级的“领军者”；教育、医疗、养老、环境保护等公益性项目，是国有资本配置和重新配置的重点；扶贫开发、西部大开发、医疗、养老等领域历史欠账弥补，是国有资本和国有资本收益的重要注入领域。

2. 非公有制经济的平等市场主体地位难以得到充分落实

国务院相继出台了“非公经济三十六条”和“非公经济新三十六条”①，以支持、鼓励和引导非公有制经济进入部分国有经济占主导的行业和领域，但现实中却收效甚微。目前，国有经济对电力、石油天然气开采等垄断性行业的控制仍非常紧密，即使就对国内非公有制经济设置的准入门槛较低、开放较早的银行业来看，依然在很大程度上为国有资本所掌握。如就规模较大的股份制银行来看，占银行业总资产四成以上的四大商业银行中，国有股比重均在60%以上，其他股份制商业银行的国有股比重虽然多不超过40%，但处于控股地位的股东却大多为国有股法人。此外，占银行业总资产三成以上的政策性银行和国家开发银行、城市商业银行、农村商业银行、城市信用社、农村信用社等，也均属于由中央或地方政府管控的国有银行业机构。

3. 行业垄断抑制了国有经济经营管理水平和市场竞争力的提升

竞争的缺乏往往导致垄断行业中国有经济的盈利过分依赖于市场垄断特权，而缺乏足够的市场竞争力和改进经营管理水平的动力。适当引入竞争、打破垄断，是提高国有经济整体素质过程中的重要一环。长期以来，部分行政垄断行业中的国有经济过分依靠垄断特权，怠于提高自身的经营管理水平和市场竞争力，一方面阻碍了国民经济整体上的健康协调发展；另一方面间接造成了国有资产经营收益的损失。甚至有很多貌似盈利丰厚的国有垄断企业，从利润中剔除低廉的土地成本、融资成本和大量财政补贴后，实际利润率呈现负值。目前，美欧正酝酿新的WTO框架协议，要求中国全面开放电信、金融等垄断行业，而与此同时，经过十年的保护，

① “非公经济三十六条”和“非公经济新三十六条”分别是指国务院2005年转发的《关于鼓励支持和引导个体私营等非公有制经济发展的若干意见》和2010年转发的《国务院关于鼓励和引导民间投资健康发展的若干意见》。

国内这些行业竞争力的提升尚不足以应对激烈的竞争，这使得在本土范围内实质性地、有计划地通过引入竞争来提高民族产业的国际竞争力已迫在眉睫。国际经验表明，这不仅不会打击国有经济在这些行业中的控制力、影响力和主导地位，反而会提高其市场竞争力和效率表现。如日本在20世纪80年代开启的电信改革，允许私营经济与原本处于垄断地位的国有日本电信电话公司展开竞争，结果，垄断地位的丧失不仅没有使靠政府补贴维持业绩的日本电信电话公司陷入亏损，反而令其在改革后第一次决算时，利润暴涨了50%。

4. 保持公有制经济的控制力、影响力和竞争力

经营性领域非公有制经济占比上升易于引发对国有经济控制力和影响力下降的担忧，但从整个国民经济来看，两者是并不矛盾的。首先，国有经济的战略性退出和集中，盘活了国有资产，提高了国有经济的经营效益，实现了国有资产的保值增值。其次，所有制结构的优化调整提高了国民经济的整体运行效率、促进了国民经济的健康快速发展，进而推动了政府收入的快速提高，公共财政支出能力不断增强。再次，相当多的国有资产集中于非经营性领域，成为支撑整个社会、经济生活的基础。与此同时，随着市场化改革的推进和国民经济的快速发展，诸如土地、矿物资源等国有资产的价格不断攀升，这一方面保证了公有经济相对于非公有经济在资产规模上的优势；另一方面通过对日益重要的关键资源的掌握保证了国有经济对国民经济命脉的控制力。最后，国有经济在采矿、石化、金融、水电气热、科学研究等资源性、基础性行业高度集中，使其能够在产业链上游有效地发挥对整个国民经济的控制力和影响力。

主要参考文献

胡家勇:《国有经济规模：国际比较》,《改革》2001 年第 1 期。

Carsten A. Holz. The unbalanced growth hypothesis and the role of the state: The case of China's state – owned enterprises [J]. *Journal of Development Economics*, 96 (2011) pp. 220 – 238.

Chong – En Bai, David D. Li, Zhigang Tao and Yijiang Wang. A Multitask Theory of State Enterprise Reform [J]. *Journal of Comparative Economics*, 28, pp. 716 – 738 (2000).

Chong – En Bai, Jiangyong Lu and Zhigang Tao. The Multitask Theory of State Enterprise Reform: Empirical Evidence from China [J]. *The American Economic Review*, Vol. 96, No. 2 (May, 2006), pp. 353 – 357.

David A. Ralston, Jane Terpstra – Tong, Robert H. Terpstra, Xueli Wang and CarolynEgri. Today's State – Owned Enterprises of China: Are They Dying Dinosaurs or Dynamic Dynamos? [J]. *Strategic Management Journal*, Vol. 27, No. 9 (Sep., 2006), pp. 825 – 843.

Kathryn L. Dewenter and Paul H. Malatesta. State – Owned and Privately Owned Firms: An Empirica Analysis of Profitability, Leverage, and Labor Intensity [J]. *The American Economic Review*, Vol. 91, No. 1 (Mar., 2001), pp. 320 – 334.

Varouj A. Aivazian, Ying Ge and Jiaping Qiu. Can Corporatization Improve the Performance of State – Owned Enterprises Even Without Privatization? [J]. *Journal of Corporate Finance*, 11 (2005), pp. 791 – 808.

William L. Megginson and Jeffry M. Netter. From State to Market: A Survey of Empirical Studies on Privatization [J]. *Journal of Economic Literature*, Vol. 39, No. 2 (Jun., 2001), pp. 321 – 389.

Xiaozu Wang, Lixin Colin Xu. and Tian Zhu. State – Owned Enterprises Going Public: The Case of China [J]. *Economics of Transition*, Volume 12 (3) 2004, pp. 467 – 487.

第二章　完善产权保护制度

产权是所有制的核心①，产权保护制度是市场经济的重要制度基础，它关系到社会财富的积累、资源的配置和生产要素的流动，从而决定经济发展的内生动力和经济社会的持久活力，并最终决定社会生产力的发展水平和人们的福利水平。十八届三中全会通过的《中共中央关于全面深化改革若干重大问题的决定》把产权保护制度提高到了新的理论和实践高度，提出建立"归属清晰、权责明确、保护严格、流转顺畅的现代产权制度"。② 本章将从强化政府有效保护产权的职责、公平、有效保护各类产权、强化对农民土地产权保护三个方面论述我国产权保护制度的完善。

一　有效保护产权是政府的基本职责

完善的产权制度包括清晰界定产权边界，通过法律等制度有效保护产权，允许产权持有者按照自己的意志自由运用产权，承认产权所带来的收益的合法性。有效的产权保护制度是现代产权制度的基本要素，它之所以重要，就在于它能够为各类经济主体提供正当的激励，鼓励人们积累和有效配置自己所支配的资源，并展开充分而有效的竞争。威廉·鲍莫尔、罗伯特·利坦和卡尔·施拉姆指出：如果不能有效保护人们的财产权，"就不能指望个人会冒着失去自己的资金和时间的风险，投资于运气不济的冒险项目。这里，法治——特别是财产和合同权利——尤为重要。"③ 而冒险是创新的核心要素。拉古拉迈·拉詹和路易吉·津加莱斯认为，"竞争性市场要发展起来，第一步就需要政府尊重和保护公民的财产权利，包括那

---

① 《中共中央关于全面深化改革若干重大问题的决定》，人民出版社2013年版。

② 同上。

③ ［美］威廉·鲍莫尔、罗伯特·利坦和卡尔·施拉姆：《好的资本主义坏的资本主义，以及增长与繁荣的经济学》，中信出版社2008年版，第6页。

些最脆弱和最无助的公民的财产权利。"[①]

有效保护产权是政府的一项基本职责。以亚当·斯密为代表的古典经济学家认为,"看不见的手",即自由的市场机制和自由企业制度,可以解决资源的最佳配置问题,[②] 政府不必插手:"关于可以把资本用在什么种类的国内产业上面,其生产物能有最大价值这一问题,每个人处在他当时的位置,显然能判断得比政治家和立法家好得多"。[③] 他认为,政府只需要履行三项基本职能,其中一项就是保护产权,即"尽可能保护社会上各个人,使不受社会上任何其他人的侵害或压迫,这就是说,要设立严正的司法机关"。[④] 这项职责可以具体理解为:用警察维持良好的社会安全秩序,设立公正的司法机关仲裁经济纠纷,制定和实施制度、规则以利自愿交易。古典经济学时期的法国经济学家萨伊也把保护财产所有权不受侵犯和社会安宁作为政府的基本职责。他所谓的财产不受侵犯主要指:①保证财产所有权的实际稳定。只有这样,各种生产要素才能发挥最大的生产能力;②保证生产要素的所有者能安稳地享有其生产要素所带来的收入。只有这样,才能诱使生产要素的所有者积极运用生产要素;③保证人们自由运用生产要素进行生产活动的权利。[⑤] 萨伊把保护人身和财产的安全看成是政府鼓励生产的所有方法中最为有效的方法:"在政府所能使用以鼓励生产的一切方法中,最有效的是保证人身和财产的安全。"[⑥] 就连坚定信奉经济自由主义的奥地利经济学家冯·米塞斯也认为保护产权是政府的职责。他说:"国家机器的任务只有一个,这就是保护人身安全和健康;保护人身自由和私有财产;抵御任何暴力侵犯和侵略。"[⑦]

与传统市场相比,现代市场具有复杂得多的结构。与衣服、食品这些简单的市场相比,汽车、知识、技术、人力资本、金融等现代服务和自然

---

① [美] 拉古拉迈·拉詹、路易吉·津加莱斯:《从资本家手中拯救资本主义:捍卫金融市场自由,创造财富和机会》,中信出版社 2004 年版,XXIV。

② 《中共中央关于全面深化改革若干重大问题的决定》指出:"市场决定资源配置是市场经济的一般规律,健全社会主义市场经济体制必须遵循这条规律。"

③ [英] 亚当·斯密:《国民财富的性质和原因的研究》(中译本,下卷),商务印书馆 1988 年版,第 27 页。

④ 同上书,第 252—253 页。

⑤ [法] 萨伊:《政治经济学概论》(中译本),商务印书馆 1997 年版,第 136—141 页。

⑥ 同上书,第 221 页。

⑦ [奥] 冯·米塞斯:《自由与繁荣的国度》,韩光明等译,中国社会科学出版社 1995 年版,第 90 页。

资源等市场具有高度的复杂性和不确定性，未来收益在人们的收入结构中起越来越重要的作用。在这种情况下，产权的界定和保护就显得尤其重要。约翰·麦克米兰认为，“政府在市场设计中的一个基本任务就是确定财产权利，因为最简单的摧毁市场办法就是破坏人们对自己财产安全的信念。”[①] 鲍莫尔、利坦和施拉姆认为，对于成功的企业家型经济[②]，以下几个制度很重要：“（有效实施的）法治、知识产权保护（但不能过度）、不是过度繁重的税收及促进特定环境中的模仿的回报和机制”[③]，这几个方面都涉及有效产权保护在内的现代产权制度。

为什么要由政府来保护产权呢？这主要是因为政府拥有其他组织所不具备的强制力，而这种强制力是保护产权所必需的[④]；政府可以设置司法机构对经济纠纷进行仲裁，并强制执行。当然，私人也可以动用自己的资源来保护自己的产权，但这样做既没有效率，也不经济合算，因为“他们必须筹集足够的军事资源来阻止其他人抢夺自己的劳动果实。”[⑤]

目前，有效保护产权在我国已显得非常重要和迫切，有两个重要原因。

第一，经过36年的经济市场化和经济发展，财产的种类和各类财产数量急剧增加，不仅公有财产的数量大幅度增加，非公有财产，包括个体、私营企业财产和家庭财产，也大幅度增加了。数据显示，我国国有企业净资产2002年为66543.1亿元，2011年增至272991.0亿元，平均年增长16.98%，还有数量庞大的矿产资源、土地资源、水资源等国有和集体所有的自然资源。个体、私营企业资产的增长速度更快。1990年，我国个体工商户的注册资金为397亿元，2011年增至16177.6亿元，平均每年增长19.3%；私营经济注册资金由1990年的95亿元，增至2011年的

---

① ［美］约翰·麦克米兰：《市场演进的故事》（中译本），中信出版社2006年版，第11页。

② 鲍莫尔、利坦和施拉姆认为，成功的企业家型经济最具创新性和效率：在这种经济中，“经济的大量参与者不仅有无穷的动力和激励进行创新，而且从事前沿性或突破性的创新并使之商业化。”参见［美］威廉·鲍莫尔、罗伯特·利坦和卡尔·施拉姆：《好的资本主义坏的资本主义，以及增长与繁荣的经济学》，中信出版社2008年版，第78页。

③ ［美］威廉·鲍莫尔、罗伯特·利坦和卡尔·施拉姆：《好的资本主义坏的资本主义，以及增长与繁荣的经济学》，中信出版社2008年版，第96页。

④ 政府所具有的强制力可以起到有效保护产权的作用，但如果不对这种强制力实施有效的制衡，它也可以演变成侵害私人产权的“掠夺之手”。

⑤ Robert H. Bates, 2006. *The Role of the State in Development*. Oxford University Press.

257900亿元，平均每年增长45.7%。家庭财产的增长也非常迅速，包括银行存款、各类有价证券、房产等在内的居民家庭财产大幅度增长。据招商银行和贝恩公司的统计，2010年中国个人总体持有的可投资资产（现金、存款、股票、债券、基金、保险、银行理财产品、境外投资和其他类别投资等金融资产和投资性房产）规模达到62万亿元人民币。要想使这些财产所支配的资本等生产要素不断投入到生产过程，充分流动起来并得到合理的配置，有效的产权保护制度是基本条件。

第二，保障国有资产安全，防止国有资本流失。国有经济经过60多年的发展，已经积累起了数量庞大的国有资产。2014年，国有企业资产总额达102.12万亿元（见表2－1），如果考虑到国有非经营性资产和国有自然资源资产，国有资产的数量更大。这些资产构成国民经济运行和人民生活的基础，需要倍加珍惜，防止其流失。但从现实情况看，国有资产流失现象比较严重，包括在股份制改造和拍卖过程中低估和侵吞国有资产、假破产逃债、私分国有资产、国有无形资产作价偏低或不作价、少摊固定资产折旧等等。保护公有资产产权安全，是巩固公有制经济的主体地位，发挥国有经济的主导作用的前提。

表2－1　**国有及国有控股企业资产总额**

年份	国有企业资产总额（万亿元）	中央企业资产总额（万亿元）	占国有企业资产总额比例（%）	地方国有企业资产总额（万亿元）	占国有企业资产总额比例（%）
2014	102.12	53.71	53	48.41	47
2013	104.09	48.59	47	55.50	53
2012	89.49	43.41	49	46.01	51
2011	75.91	38.41	51	37.50	49
2010	64.02	33.03	52	30.99	48

资料来源：根据《中国财政统计年鉴》相关资料整理。

第三，创新在经济发展中的重要性增加，这也凸显出产权保护的紧迫性。过去30多年的高速经济增长，主要靠大规模要素投入、政府投资和技术模仿，大部分投资落在了价值链低端和基础设施领域，创新在经济增长中作用不明显。但“中国当前的增长模式已对土地、空气和水等环境因素产生了很大的压力，对自然资源供给的压力也日益增加"①，因而是不可持续的。经济发展的动力要转向更多依靠创新、民营部门和企业家精神，需要动员起千百万人的智慧和力量，这就需要有完善的产权保护制度来保障人们的利益。鲍莫尔、利坦和施拉姆在谈到法治、财产权和合同权利对创新型经济的重要性时指出："创新型企业家行为是一种有风险的活动，承担这些风险的个人必须得到恰当的补偿。也就是说，当他们成功实现其努力时，对由此产生的结果：资金、土地、产品或全部三种财产，他们必须有财产权。此外，企业家（和所有企业）必须相信，他们与其他各方签署的合同是得到承认的。"②

改革开放30年来我国经济持续高速增长，一个重要原因是我国产权保护状况得到了不断改善。鲍莫尔、利坦和施拉姆就认为，中国模式的成功，原因之一是它在两个要素上取得了进步，"这两个要素是有效实施的产权和合约权，能够为企业家提供资本用于支持其企业的金融体系"。③ 但我国产权保护状况不容乐观，以非公有产权的保护状况为例，企业家论坛2010年调查结果表明，28.6%的企业家表示财产不安全，44.2%的企业家认为企业法规不能够保障企业的利益，半数企业家认为知识产权保护不到位。④ 据世界银行与国际金融公司研究报告《中国营商环境（2012）》测算，2011年和2012年，在182个国家和地区中，中国投资者保护分别排第93位和第97位，投资者保护强度指数（1—10）为5，属中等强度保护。

由于对非公有产权保护不力，自2006年开始出现了第三波移民潮。⑤ 根据招商银行和贝恩公司联合发布的《2011私人财富报告》中的数据，中国个人境外资产增长迅速，2008—2010年年均复合增长率达到约100%。与此同时，近年来中国向境外投资移民人数出现快速增加，接受

① 世界银行和国务院发展研究中心联合课题组：《2030年的中国：建设现代、和谐、有创造力的社会》（中译本），中国财政经济出版社2013年版，第9页。

② ［美］威廉·鲍莫尔、罗伯特·利坦和卡尔·施拉姆：《好的资本主义 坏的资本主义，以及增长与繁荣的经济学》，中信出版社2008年版，第96页。

③ 同上书，第132页。

④ 冯兴元、何广文等：《中国民营企业生存环境报告（2012）》，中国经济出版社2013年版。

⑤ 有学者认为，我国出现了三波移民潮：第一波是"文革"结束后；第二波是20世纪80年代末和90年代初；第三波从2006年开始，还没有结束。参见冯兴元、苏小松《第三波移民潮：法律安全作为一大原因》，《中国民商》2013年第3期。

调研的高净值人群中近60%的人士已经完成投资移民或有相关考虑，最近5年，中国向美国累计投资移民人数年复合增长率达73%。中国银行和胡润研究院对全国18个重点城市拥有千万元级别以上财富的富人进行了调查，调查结果是，1/3的富人拥有海外资产，海外资产平均占总资产的19%，60%的富人有移民意向或已申请移民，以投资移民为主，亿万财富人群的海外投资比例更超过50%。另据浙江新通出入境公司等机构的保守统计，浙江目前每年至少有1500人成功实现投资移民，并以每年10%到20%的速度增长。移民中，掌握财富、知识和技术的人最多，其中很多是民营企业家，他们的离去将给中国经济社会发展造成重要影响。

缺乏稳定、公正和可以预期的司法体系，产权得不到充分有效的保护，是投资移民的重要原因之一。据招商银行和贝恩公司的调查，出于保障财富安全目的而移民的比例高达43%。[①] 还有学者分析，保护自己财产或家人人身安全，包括漂白灰色的“第一桶金”，是很多民营企业家海外移民的一个动力来源。[②]

二　平等、有效保护各类产权

各种类型的财产获得有效而同等的法律保护，是市场机制顺利运转和各种所有制经济平等竞争的前提条件。因此，必须建立公平而有效的产权保护制度，以确保“当合同纠纷出现时，无论纠纷发生在私人之间或者私人与政府之间，纠纷各方不仅可以获得法律救助，而且应该享有一个透明有效、执法时不畏权势并不偏不倚的司法制度。”[③] 因此，平等而有效地保护各类产权，是完善我国产权保护制度首先要解决的问题。

首先需要明确的是，在我国，公有产权，包括国有产权和集体产权占据主体地位，且受到法律的较好保护，但公有产权受到侵害、国有资产低效运营的现象仍大量存在，需要通过体制机制建设来有效保护公有产权和

① 根据招商银行和贝恩公司的调研，高净值人士投资移民的三个主要原因是：方便子女教育，占58%，保障财富安全，占43%，为未来养老做准备，占32%。参见招商银行和贝恩公司《2011中国私人财富报告》。

② 冯兴元、苏小松：《第三波移民潮：法律安全作为一大原因》，《中国民商》2013年第3期。

③ 世界银行和国务院发展研究中心联合课题组：《2030年的中国：建设现代、和谐、有创造力的社会》（中译本），中国财政经济出版社2013年版，第22页。

提高国有资产运营效率。习近平总书记2014年3月在参加十二届全国人大二次会议安徽代表团审议时强调：要吸取过去国有企业改革的经验和教训，不能在一片改革声浪中把国有资产变成牟取暴利的机会，改革关键是公开透明。从加强体制机制建设方面有效保护公有产权和提高公有资产运营效率，需要从以下两个方面着手：首先，完善国有资产监管体制，强化公有资产所有者对公有资产运营情况和保值增值情况的有效监督，确保国有资产经营者对公有资产的有效运营。《中共中央关于全面深化改革若干重大问题的决定》指出“以管资本为主加强国有资产监管”，为强化国有资产监管指明了改革方向。“以管资本为主”可以提高国有资本的流动性，利用资本市场对国有资本作出合理估价，并将国有资本从低效运用领域重新配置到高效运用领域，这能够有效防止国有资本流失和国有资本的效率损失。对于国有资产监管框架，可以根据《中共中央关于全面深化改革若干重大问题的决定》精神，构建国有资产监管机构—国有资产投资公司—国有资产经营企业三层架构，实现监管职能、资本运作职能和生产经营职能相分离，从而形成有效的监管链条和责任机制。[①] 其次，完善国有资产经营企业内部治理。一是通过健全现代公司治理机制，形成对经营者有效的约束和激励，同时通过员工持股、职工代表大会等形式将企业员工监督引进到公有制企业治理中来，有效防范经营管理人员侵吞企业资产；二是加强企业党组织在公司治理中的作用。有研究表明：当国有企业党组织参与公司治理时（与没有参与公司治理情况相比），国有企业在出售国有资产或股权时索要的并购溢价水平会相对较高；[②] 三是通过企业股权多样化放大国有资本的功能，同时充分利用非国有资本对经营者的监督功能和有效配置资本的灵活性。

为了促进社会主义市场经济的发展，激发经济发展的内生动力，在有效保护公有产权的同时，给予非公有资产以平等而有效的保护显得非常迫切。改革开放以来，非公有制经济及其财产的法律地位和受保护程度是不断上升的。1982年通过的《宪法》修正案允许成立雇员不超过7人的个体经济。1988年通过的《宪法》修正案允许成立雇员超过7人的私营企

---

① 曹冬梅、辜胜阻、郑超：《当前国有资产管理与国有企业改革研究》，《中国科技论坛》2015年第7期。

② 陈仕华、卢昌崇：《国有企业党组织的治理参与能够有效抑制并购中的“国有资产流失”吗?》，《管理世界》2014年第5期。

业。1999 年通过的《宪法》修正案将个体经济和私营经济等非公有制经济作为社会主义市场经济的重要组成部分，个体、私营经济的法律和经济地位得到明显提升。2004 年通过的《宪法》修正案对非公有财产保护的规定进一步加强了，指出："国家保护个体经济、私营经济等非公有制经济的合法的权益和利益"、"公民的合法的私有财产不受侵犯"、"国家依照法律规定保护公民的私有财产权和继承权"。2007 年通过的《物权法》规定，"保障一切市场主体的平等法律地位和发展权利"、"国家、集体、私人的物权和其他权利人的物权受法律保护，任何单位和个人不得侵犯"。2007 年党的十七大报告指出，"坚持平等保护物权，形成各种所有制经济平等竞争、相互促进的格局"。2012 年党的十八大报告重申，"保证各种所有制经济依法平等使用生产要素、公平参与市场竞争、同等受到法律保护"。2013 年十八届三中全会指出，"公有制经济财产权不受侵犯，非公有制经济财产权同样不可侵犯"。可以说，迄今为止，我国已经确立起了公有制经济财产和非公有制经济财产的平等法律地位。

尽管有关保护非公有制经济产权和确立它们平等法律地位的立法取得了历史性进步，但在实现中，非公有制经济的产权保护状况和平等法律地位不容乐观。

非公有制经济产权没能得到足够的保护，主要表现在以下几个方面：

第一，不规范、不受约束的行政权力往往是非公有制经济产权受到侵害的一个重要根源。"有些地方个人产权受到非常粗暴的侵犯，用各种莫须有的罪名，侵犯、占有个人产权，甚至让一些企业家倾家荡产，送进监狱。"① 在这种情况下，政府实际上没有履行好合法财产保护者的角色。这方面的一个案例就是山西煤炭行业的整合。鉴于煤炭价格上涨、煤矿安全事故频出，2008 年山西省政府发布了《关于加快推进煤矿企业兼并重组的实施意见》，旨在加快煤炭产业结构调整，提高煤炭业的集中度和产业水平。但在实际操作中，非公有煤矿的产权没有得到切实的保护，大量煤炭资源遭到了行政性并购。

第二，司法系统没能做到对非公有制经济的公平裁决。当非公有企业的财产受到侵害时，立案、判决和执行都面临许多困难。当非公有制企业

---

① 李剑阁：《下一步改革的两条主线：市场化取向，多种经济成分共同发展》，《中国改革》2013 年第 1 期。

与国有企业发生财产、合同等经济纠纷时，裁决及其执行往往偏向于国有企业。

第三，非国有企业税费负担过重。过高的税费负担可以视为对私人产权的一种侵害。一是税收占比高。中小企业（主要是民营企业）整体税收负担占销售收入的6.81%，高于全国企业总体水平6.65%，部分企业缴税总额高于净利润。二是缴费项目多。据粗略统计，目前向中小企业征收行政性收费的部门达18个，收费项目达69大类；三是社保负担重。以北京为例，“五险”占工资比例为44%，单位缴费达到32.8%—43.3%。[①]

非公有制财产得不到公平、有效的保护，有意识形态、理论、法律、政策和执行等层面的原因，因此，构建公平而有效的保护非公有制财产的法治环境就需要从以上几个层面上努力。

第一，营造有利于非公有制经济发展的社会舆论环境。这需要从社会意识形态和理论方面着手。在社会意识形态方面，不能再把“公有制经济”和“非公有制经济”绝对对立起来，在承认二者存在性质上的差异之外，还需要清晰认识到，它们实际上是统一于社会主义市场经济和经济发展过程之中的，都是社会主义市场经济的有机组成部分。[②] 我们必须调动一切积极因素，最大限度地激发各类资本、技术和智力的潜力，让一切劳动、知识、技术、管理和资本的活力竞相迸发。因此，无论是“公”还是“非公”，只要是社会财富创造的源泉，都应该得到积极评价和公平对待。

从理论上讲，还需要进一步深化对“社会财富”的认识。在现代市场经济中，“社会财富”不仅仅是用于消费的金钱，更是经济循环过程中的一种“生产要素”。财富，无论是“公有”还是“非私有”，只要它重新投入到经济流转过程之中，它就能创造出新的就业岗位、生产出新的产品和服务，它就是在为社会利益服务，在某种程度上就具有“社会性”。从现实来看，大量非公有制经济的存在，创造了大量就业岗位，特别是适合于弱势群体的就业岗位，提高了低收入者的收入。对于非公有财产，我们还应该把它放在社会财产结构和企业产权结构的变迁中去理解它的性质。经过多年的发展，多数企业的股权结构已经发生了深刻变化，趋向于多元

---

① 黄孟复：《中国民营经济发展报告（2011—2012）》，社会科学文献出版社2012年版。

② 党的十六大报告《全面建设小康社会，开创中国特色社会主义事业新局面》明确指出：“坚持公有制为主体、促进非公有制经济发展，统一于社会主义现代化建设的进程中，不能把这两者对立起来。各种所有制经济完全可以在市场竞争中发挥各自的优势，相互促进，共同发展。”

化，基金公司和投资公司等新的经济组织形式大量涌现，企业社会化的程度相当高，以股份制经济为主要形式的混合所有制经济已经成为公有制的主要实现形式，它吸收各类资本共同参与。一个重要的事实是，在大多数混合所有制企业中，公有资本占主体，处于绝对控股或相对控股地位，通过混合所有制经济发挥自身的影响力和控制力。因此，股份制公司、员工持股等股权多元化的企业，不仅为众多民众创造了财产性收入，也将企业置于政府、社会和人民群众的监督之下，已经成为社会主义市场经济中公有制的一种有效实现形式。马克思、恩格斯当年对股份制性质的论述，对于我们当下深入认识我国股份制经济的性质具有重要启迪。马克思指出，公司的资本“在这里直接取得了社会资本（即那些直接联合起来的个人的资本）的形式，而与私人资本相对立，并且它的企业也表现为社会企业，而与私人企业相对立。”[①] 恩格斯则指出，“由股份公司经营的资本主义生产，已经不再是私人生产，而是由许多人联合负责的生产。”[②] 马克思、恩格斯已经看到了私有制为主体下的股份公司的某种“公共性”，对于处于公有制为主体经济中的股份公司，其公共性会更加凸显。

第二，法律、政策条文或解释需要进一步完善。从根源上讲，许多法律和政策条文，或者对这些条文的理解不利于营造非公有制经济发展的公平法治环境。从基本经济制度上看，我国实行的是“以公有制为主体、多种所有制经济形式共同发展的基本经济制度”，这符合我国国家制度的社会主义性质和社会主义市场经济的实际，是必须坚持的。但需要对“公有制”的主体地位作科学的理解。不能把公有制的主体地位理解为公有制企业可以在法律和市场竞争规则面前凌驾于非公有制企业之上，在产权保护和合同仲裁上天然享有特殊优待。国有经济的主体地位虽然有量的界限，但更主要体现在国有资本集中在关系国家安全和国民经济命脉的重要行业和关键领域，并借此发挥自己的影响力和控制力上。

一些法律条文有时也容易导致对非公有财产的侵害。例如，《宪法》第十三条规定：“公民的合法的私有财产不受侵犯”，“国家依照法律规定保护公民的私有财产权和继承权”，但同时又规定：“国家为了公共利益的需要，可以依照法律规定对公民的私有财产实行征收或者征用并给予补

① 《马克思恩格斯文集》第 7 卷，人民出版社 2009 年版，第 494—495 页。

② 《马克思恩格斯文集》第 4 卷，人民出版社 2009 年版，第 410 页。

偿”。但对“公共利益”目前还没有明确的界定，对如何界定“公共利益”也没有明确的规定，这就容易导致借“公共利益”之名侵害和掠夺非公有财产的现象。

第三，消除对非公有制经济的司法偏见。构建公平的法治环境，执法和司法环节至关重要。从立法层面上看，平等保护各类财产和经济活动的法律、法规和政策并不缺乏，问题是它们并没有得到有效执行。美国学者艾利森曾指出：“在达到政府目标的过程中，方案确定的功能只占10%，而其余90%取决于有效执行。”[①] 这同样可以用在法律、法规和政策的制定和执行上。肯尼思·达姆教授说得更明白：“保护合同和财产的立法或规定只停留在书本上是不够的，这两者都必须得到有效的执行。”[②] 这就要求司法机关和政策执行机关在面对公有制经济单位与非公有制经济单位的财产、合同及其他经济纠纷时，能够抛弃所有制偏见，依据法律条文，公平、公正地裁决。

三　强化对农民土地产权的保护

农民财产权的保护，以及保障农民从自己财产中获得合理的经济收益，是我国产权保护制度的一个薄弱环节。党的十八大指出，“让广大农民平等参与现代化进程、共享现代化成果”，“依法维护农民土地承包经营权、宅基地使用权、集体收益分配权”，“改革征地制度，提高农民在土地增值收益中的分配比例”，等等，所有这一切，都取决于有效保护农民的产权。

农民的财产已日趋多元化了，包括集体土地（包括林地）承包权、宅基地的使用权及其上房屋所有权，以及农民家庭银行存款和有价证券等金融资产，而土地承包权、宅基地的使用权和房屋所有权是农民最重要的财产权。下面以土地承包权为例分析如何强化对农民财产权的保护。

（一）农民土地确权

强化对农民产权保护的第一步是土地确权，即明确土地承包权的主体

① 陈振明：《公共政策分析》，中国人民大学出版社2003年版，第235页。

② ［美］威廉·鲍莫尔、罗伯特·利坦和卡尔·施拉姆：《好的资本主义　坏的资本主义，以及增长与繁荣的经济学》，中信出版社2008年版，第78页。

以及位置、面积，并颁发具有法律约束力的土地产权证书。产权只有得到法律上的确认并颁发具有法律约束力的证书，才能使产权得到清晰的界定，产权主体的权益才能够得到最大程度的保护。马克思在论述法律确认对私有财产的重要性时指出："私有财产的真正基础，即占有，是一个事实，是不可解释的事实，而不是权利。只是由于社会赋予实际占有以法律的规定，实际占有才具有合法占有的性质，才具有私有财产的性质。"① 从法律确认的角度看，我国农民的土地产权还是一种非正式的产权（物权）。在农业市场化程度不高、土地价值低（即土地的价值仅以土地年产物的价值来衡量）、土地市场不发育的情况下，不完善的土地产权尚可满足农业生产的需要。但不确定的土地产权不能确保农民土地产权的安全，不利于土地的流转和农村金融市场的发育。当土地越来越成为一种稀缺经济资源、土地流转的规模和频率越来越高、由土地所引起的纠纷越来越多时，就需要正规的土地所有权。正规的土地所有权可以提供确切的所有者信息，从而带来有保障的、可转让和可诉讼的财产权。

世界银行的研究表明，"增加土地所有权的安全性，可以提高投资的预期收益，并降低信贷的制约作用。这反过来会增加投资和提高生产率。有保障的土地所有权可以使投资者确信，他们的投资收益将不会被政府或私人机构所剥夺。更安全的土地所有权还可以增加获得贷款的机会，因为土地可用于贷款的抵押"。② 世界银行还发现，颁发有文件证书、经注册登记的土地所有权起着越来越大的作用。不仅如此，正规的土地所有权还是提高穷人生活水平的关键，这对我国尤其重要。

我国一些地区的土地确权实践已经带来了积极的效应。据厉以宁教授的调研，浙江杭州、嘉兴、湖州三个市的土地确权就使"农民心里踏实了"，农民说："我们不怕别人随意侵占土地了，他不敢！承包地的经营权、宅基地的使用权、宅基地上房屋的房产权都已经明确了，他能够随便圈我的地吗？能够不经过我们同意就把房子拆了吗？他不敢！"③ 土地确权还促进了土地流转，提高了农民的收入。浙江省嘉兴市在土地确权以前，城市人均收入与农村人均收入之比是3.1∶1，土地确权以后缩小为1.9∶1。

① 《马克思恩格斯全集》第1卷，人民出版社1956年版，第382页。

② The World Bank，2002. *Building Institutions for Markets*. Oxford University Press.

③ 厉以宁：《谈谈产权改革的若干问题》，《北京日报》2013年12月2日。

可见，农民土地的确权颁证工作是有效保护农民产权，提高农民经济地位的一项基础性制度建设工作。

（二）切实保障农民行使土地产权

农民仅仅有土地产权证书还是远远不够的，法律制度要切实保障农民对土地产权的行使，行政权力不能僭越农民的土地产权，农民因土地纠纷所提起的法律诉讼要得到公平的裁决，法律文书要得到不折不扣的执行。

目前，农民土地产权受到侵害的一个重要情形是行政权力对农民土地产权的侵害，在征地过程中，农民往往被排除在了决策和讨价还价过程之外。山东省平度市因土地征收而引发的"纵火事件"就是一个明显的例子。据报道，平度市杜家疃村村民所看护的土地，早已于2006年完成征收，且征收手续完备、合法，但当初的土地征收过程中没有经过村民大会讨论通过的民主程序，部分村民表示"毫不知情"。且据知情人披露，在办理土地征收手续过程中，存在着大面积伪造村民签字、指印的行为。① 基层政府出于土地财政甚至官员私利而侵害农民土地产权的现象时有发生。

有效保护农民土地产权面临理论和实践困境。一方面，农村土地归集体所有，集体经济组织享有土地的所有权，有权处置土地。而在实际运作中，集体土地所有权往往控制在地方政府甚至主要官员手中。另一方面，农民享有土地使用权（包括农业用地的承包权和住宅用地的使用权），这是一种长期使用权，或是一种没有确定期限的使用权，这种使用权可以视为一种准所有权（物权）。从准所有权（物权）的角度看，农民亦有权处置土地。这里就产生了权力与权利的对立。从土地产权的实际运行看，基层地方政府处于强势地位，农民的权利受到压制。在法律条文上，《中华人民共和国土地管理法》第11条规定："农民集体所有的土地，由县级人民政府登记、造册，核发证书，确认所有权"，第46条规定："国家征用土地，依照法定程序批准后，由县级人民政府予以公告并组织实施"；《中华人民共和国土地管理法实施条例》第25条规定："对补偿标准有争议的，由县级以上地方人民政府协调；协调不成的，由批准征用土地的人民政府裁决。征地补偿、安置争议不影响征用土地方案的实施"。可见，在征地过程中，地方政府履行着土地的"确权"与"确权纠纷的处置"、

① 参见《平度纵火事件的多重纠纷和纠结》，《北京青年报》2014年3月28日。

"补偿方案制订"与"补偿标准争议的处置"等权力，既是运动员，又是裁判员。正因为地方政府在土地征用中处于强势地位，开发商和工商企业等土地需求者往往只与地方政府谈判，农民等土地使用者被撇到了一边。

土地是一种特殊的生产要素，农民作为土地产权的一个主体，其所拥有的产权肯定不是一种完全意义上的产权，在土地集体所有制的情况下更是如此。在不完全产权的情况下有效保障农民行使产权，需要注意以下几个方面的问题。

第一，完善集体经济组织的治理结构，以有效制衡集体经济组织领导人的行为。在集体经济组织中，农民享有双重身份，均可以形成权力制衡：一是农民是集体经济组织的成员，是土地所有者中的一员，他有权参与集体经济组织的重大决策，尤其是有关土地征收、转让、流转以及补偿等方面的重要决策。把农民排除在土地征收、出让、流转及补偿决策过程之外违背了集体经济组织的基本性质。要完善集体经济组织的治理结构，形成权力制衡机制，切实保障信息的公开透明，决策的民主参与，以有效抑制行政权力和官员私利对农民利益的侵占。二是农民作为土地的长期承包者，享有准土地所有权，这种准土地所有权应该构成行政权力的有效制衡。除非为了满足公共利益的需要，征收农民的土地，必须获得农民的同意，并给予经济合理的补偿。

第二，在满足土地规划和用途管制的条件下，充分保障农民在土地流转和收益方面的权利。农民行使土地产权要受到土地规划和用途管制的限制，基本农田不能转作他用，这是农民土地产权不完全的一种重要表现。但在满足土地规划和用途管制的条件下，农民有权按照市场原则出租、转让、抵押土地，可以用土地入股，并获得相应的收益。对于按政策规定转为经营性用地的土地，农民则应享有比较充分的产权，包括处置权、交易权和收益权。

第三，清晰界定公共利益，防止借公共利益之名侵害农民的土地产权。我国宪法修正案中规定：国家为了公共利益的需要，可以依照法律规定对公民的私有财产实行征收、征用并给予补偿。出于公共利益而对私有财产的征收具有强制性，产权主体无法依据产权进行抵制，而且对征收的补偿往往难以覆盖所有的损失。例如，生计损失一般难以获得充分补偿，财产的特殊价值更加难以弥补。因此，如果不对公共利益进行清晰的界定，一些政府部门就有可能假借公共利益之名侵害公民的私有财产，扮演

“掠夺之手”的角色。我国《宪法》虽然规定为了“公共利益的需要”，可以依法“征用”私有财产，但何为“公共利益的需要”，一直没有明确。在财产征用实践中，判断公共利益及其合理限度的权力主要集中于政治领导人和行政官员，许多被冠以“公共利益”之名的项目，其公益因素十分有限甚至根本没有。[①] 清晰界定公共利益，是保护农民土地产权的重要前提之一。所谓公共利益，就是公众的共同利益，用于“公共利益”的土地主要包括国防用地、基础设施用地（公路、铁路、港口、管道等）、公用事业用地（学校、医院、公园、基本养老设施等）等，它们是社会、经济发展的基础条件。从理论和实践上讲，公共利益的范围是不难确定的。目前对公共利益的界定过宽，把促进经济建设甚至增加地方财政收入的项目都纳入“公共利益”的范畴，以致招商引资、房地产开发都被纳入征地范围。在清晰界定公共利益以后，只有用于公共利益的土地，政府才可以采取行政手段征收。而即便是出于公共利益而征用的土地，也要给予经济上合理的补偿，以避免由被征用人来承担公共利益的成本，同时也有助于准确评估公共利益的成本，提高经济资源用于公共利益的效率。

（三）保障农民获得合理的土地增值收益

获得合理的土地增值收益是农民土地产权的重要体现，也是农民分享经济发展成果的重要途径。农民是经济发展和经济市场化的受益者，但从总体上看，农民分享经济发展成果的比例低于他们所做的贡献。改革开放之前，由于工农业产品的价格“剪刀差”，农民所创造的价值被转移到城市和政府手中。改革开放后，大量农民外出务工，推动了经济快速增长，但他们仅仅挣得较低的工资收入，所创造的经济剩余留在了务工地或进入了国家财政，但他们没有享受到务工地的公共服务和社会福利，在社会总体公共服务中也没有享受到相应的比例。幸运的是，农民的土地随着经济发展水平的提高和经济市场化程度的加深在快速升值，让农民从土地升值中获益，是改善农民经济地位，实现农民产权，增加农民收入的难得机遇。

但受制地方政府土地财政，农民在土地增值收益中获取的比例很低。据东部某省一个镇的调查，失地农民得到的征地补偿费仅占出让地价款比例的30.6%，而各级政府部门所得到的税、费、基金占出让地价款的比例

① 刘庆杜：《浅析我国宪法对私有财产的保护》，《法治博览》2014年第1期。

高达69.4%，土地增值收益的绝大部分为政府部门所得。①

农民获得的土地增值收益偏低有两个原因：一是法律规定的征地补偿标准就偏低。《中华人民共和国土地管理法》第47条规定："征收耕地的土地补偿费，为该耕地被征收前三年平均年产值的六倍至十倍"，而土地承包法则规定，土地的承包期为30年，期限届满可以延长，补偿的期限远短于承包期限。二是征地补偿费的计算标准不合理。目前土地补偿费是以土地年产物或附着其上的建筑物的价值为标准计算的，这种计算方法只适合于农业社会，而不适合现代市场经济。在我国，无论是城市土地，还是农业用地（特别是城市郊区和经济发达地区的农业用地），随着市场深化，都已经被资本化了。土地越来越被作为一种资本来交易。因此，土地征收价格就不能仅仅由土地的年产物和附着物（房屋）的价值来决定，而应该由它所带来的未来收入流的贴现值来决定。从东部某省一个镇的情况看，目前耕地补偿费最高每亩7万元，已经超过了政策规定的补偿标准。但在东部地区，土地的资本属性日益凸显，土地进入市场后可以带来高额的资本化收益，每亩交易价格高达几十万元甚至几百万元。②

保障农民获得合理的土地增值收益，以下两点很重要：

第一，回归农民作为土地产权主体的地位，确保农民行使产权主体应该享有的各项权能。对于符合规划和用途管制而进入建设领域的土地，要确保农民的交易主体资格，土地价格由市场决定，土地收入归农民和农村集体经济组织所有。国家可以通过资本税来分享一部分土地增值收益③，并借以调节农民因土地增值而获得的过高收入。

第二，以"资本"看待土地，改变目前以土地年产物和附着物价值来确定土地征收价格的做法。土地的交易价格应该以土地作为一种资本所带来的未来现金流为主要依据。以未来现金流为标准来确定土地价格，会提高土地使用成本，从而使得某些在目前征地条件下可以进行的建设项目难以进行。但这并不是一件坏事，它可以促使土地资源的节约，实现土地资

① 胡家勇：《地方政府"土地财政"依赖与利益分配格局——基于东部地区Z镇调研数据的分析与思考》，《财贸经济》2012年第5期。

② 同上。

③ 基础设施水平、经济发展水平、环境条件、治安状况、营商环境乃至公共服务水平等都会显著影响土地价格，而这些都与政府的努力和公共财政投入密切相关。因此，政府获得一部分土地增值收益具有经济上的合理性。

源的可持续利用，为后代留下宝贵的经济资源。

主要参考文献

［美］威廉·鲍莫尔、罗伯特·利坦和卡尔·施拉姆：《好的资本主义 坏的资本主义，以及增长与繁荣的经济学》，中信出版社2008年版。

［美］拉古拉迈·拉詹、路易吉·津加莱斯：《从资本家手中拯救资本主义：捍卫金融市场自由，创造财富和机会》，中信出版社2004年版。

［英］亚当·斯密：《国民财富的性质和原因的研究》（中译本，下卷），商务印书馆1988年版。

［法］萨伊：《政治经济学概论》，商务印书馆1997年版。

［奥］冯·米塞斯：《自由与繁荣的国度》（韩光明等译），中国社会科学出版社1995年版。

［美］约翰·麦克米兰：《市场演进的故事》（中译本），中信出版社2006年版。

招商银行、贝恩公司：《2011中国私人财富报告》，2002年版。

世界银行、国务院发展研究中心联合课题组：《2030年的中国：建设现代、和谐、有创造力的社会》（中译本），中国财政经济出版社2013年版。

冯兴元、何广文等：《中国民营企业生存环境报告（2012）》，中国经济出版社2013年版。

冯兴元、苏小松：《第三波移民潮：法律安全作为一大原因》，《中国民商》2013年第3期。

李剑阁：《下一步改革的两条主线：市场化取向，多种经济成分共同发展》，《中国改革》2013年第1期。

黄孟复：《中国民营经济发展报告（2011—2012）》，社会科学文献出版社2012年版。

黄孟复：《坚定不移地促进民营经济蓬勃发展》，《中国流通经济》2012年第12期。

黄孟复：《改革要怎么改？改什么？》，《中国民商》2013年第3期。

《马克思恩格斯文集》第7卷，人民出版社2009年版。

《马克思恩格斯文集》第4卷，人民出版社2009年版。

《马克思恩格斯全集》第1卷，人民出版社1956年版。

厉以宁：《谈谈产权改革的若干问题》，《北京日报》2013年12月2日。

刘庆杜：《浅析我国宪法对私有财产的保护》，《法治博览》2014年第1期。

胡家勇：《地方政府“土地财政”依赖与利益分配格局——基于东部地区Z镇调研数据的分析与思考》，《财贸经济》2012年第5期。

Robert H. Bates, 2006. *The Role of the State in Development*. Oxford University Press.

The World Bank, 2002. *Building Institutions for Markets*. Oxford University Press.

第三章　构建各种所有制经济平等竞争共同发展的体制机制

民营经济已经成为我国经济、社会发展的重要驱动力之一。党的十八大报告指出，“毫不动摇鼓励、支持、引导非公有制经济发展，保证各种所有制经济依法平等使用生产要素、公平参与市场竞争、同等受到法律保护”，但各种所有制经济平等竞争、共同发展仍面临诸多体制制度障碍。构建各种所有制经济平等竞争、共同发展的制度条件需要从三方面着手：一是构建有效保护各类产权的公平法治环境；二是构建非公有制经济自由进入机制；三是构建各种所有制经济平等使用生产要素的体制环境。

一　构建有效保护各类产权的公平法治环境

各种类型的财产获得有效而同等的法律保护，是市场经济顺利运转的制度基础，也是各种所有制经济平等竞争的前提条件。经济学把产权的清晰界定和有效保护，以及合同的有效执行和纠纷的公平仲裁视为市场经济最基本的支持性制度。“产权界定和保护之所以重要，就在于它能为各经济主体提供正当的激励，并鼓励充分的竞争。”①

改革开放以来，非公有制经济及其财产的法律地位和受保护程度是不断上升的。1954 年的《宪法》规定限制和逐步取消资本家私有制。1982 年通过的《宪法》修正案允许成立雇员不超过 7 人的个体经济。1988 年通过的《宪法》修正案允许成立雇员超过 7 人的私营企业。1999 年通过的《宪法》修正案将个体经济和私营经济等非公有制经济作为社会主义市场经济的重要组成部分，个体、私营经济的法律和经济地位得到明显提升。2004 年通过的《宪法》修正案对非公有财产保护的规定进一步加强

---

① 胡家勇等：《构建有效政府》，中国社会科学出版社 2010 年版，第 2 页。

了，该修正案指出："国家保护个体经济、私营经济等非公有制经济的合法的权益和利益"、"公民的合法的私有财产不受侵犯"、"国家依照法律规定保护公民的私有财产权和继承权"。2007 年通过的《物权法》规定，"保障一切市场主体的平等法律地位和发展权利"、"国家、集体、私人的物权和其他权利人的物权受法律保护，任何单位和个人不得侵犯"。2007 年党的十七大报告指出，"坚持平等保护物权，形成各种所有制经济平等竞争、相互促进的格局"。2012 年党的十八大报告重申，"保证各种所有制经济依法平等使用生产要素、公平参与市场竞争、同等受到法律保护"。

尽管有关保护非公有制经济产权和确立它们平等法律地位的立法取得了历史性进步，但在实现中，非公有制经济的产权保护状况和平等法律地位不容乐观，主要表现在以下几个方面：一是政府机构拥有巨大的行政权力，而不受限制的行政权力往往成为侵害非公有制经济产权的一个根源；二是司法系统没能做到对非公有制经济的公平裁决；三是非国有企业税费负担过重，过高的税费负担可以视为对私人产权的一种侵害。

因此，确定有效、平等的法治环境，是构建各类经济主体平等竞争，释放经济活力的基本前提。党的十八届三中全会通过的《中共中央关于全面深化改革若干重大问题的决定》指出："国家保护各种所有制经济产权和合法利益，保证各种所有制经济依法平等使用生产要素、公开公平公正参与市场竞争、同等受到法律保护，依法监管各种所有制经济。"①

二　构建非公有制经济自由进入机制

生产要素的自由流动，企业的投资自由，是价值规律和市场机制发挥资源配置基础性作用的基本前提。因此，放松对非公有经济投资领域的限制，使其能够自由进入和退出特定行业，是建立公平竞争市场环境，完善社会主义市场经济体制的内在要求。

进入 21 世纪，国务院出台了许多重要的拓宽非公有制经济投资领域的政策性文件。2005 年 2 月国务院颁布了《关于鼓励支持和引导个体私营等非公有制经济发展的若干意见》，俗称非公经济"旧 36 条"。该文件把放宽市场准入作为促进非公有制经济发展的基本政策措施，提出"贯彻平

① 《中共中央关于全面深化改革若干重大问题的决定》，人民出版社 2013 年版，第 8 页。

等准入、公平待遇原则”，“允许非公有资本进入法律法规未禁入的行业和领域”，并具体指明了非公有制经济可以进入的领域，包括电力、电信、铁路、民航、石油等等能源、交通、通信领域；城镇供水、供气、供热、公共交通、污水垃圾处理等公用事业和基础设施领域；教育、科研、卫生、文化、体育等社会事业领域；银行、证券、保险等金融领域；国防科技工业建设领域，以及参与国有经济结构调整和国有企业重组，西部大开发、东北地区等老工业基地振兴和中部地区崛起。

为了进一步促进民间投资的发展，拓展非公有制经济的发展空间，2010 年 5 月国务院又颁布了《关于鼓励和引导民间投资健康发展的若干意见》，俗称非公经济“新 36 条”。“新 36 条”与“旧 36 条”相比，对非公有制经济开放的领域更广泛、更明确和更具体。该文件对进一步拓宽民间投资领域和范围提出了以下原则：一是鼓励和引导民间资本进入法律法规未明确禁止准入的行业和领域，对各类投资主体同等对待，不得单对民间资本设置附加条件；二是政府投资主要用于关系国家安全、市场不能有效配置资源的经济和社会领域，对于可以实现市场化运作的基础设施、市政工程和其他公共服务领域，应鼓励和支持民间资本进入；三是国有资本的重点领域是关系国民经济命脉的重要行业和关键领域，在一般性竞争领域，要为民间资本营造更广阔的市场空间；四是将民办社会事业作为社会公共事业的重要补充，加快形成政府投入为主，民间投资为辅的公共服务体系。

国务院的非公经济“旧 36 条”和非公经济“新 36 条”对民营经济几乎放开了可以放开的所有领域，不仅包括一般性的竞争领域，而且包括垄断领域的竞争性环节，基础设施领域和社会事业领域可以放开的部分，甚至开放了国防科技工业建设领域，不可谓不彻底。2012 年，为了具体落实对非公经济的开放政策，国务院要求相关部委制定鼓励和引导民间投资的实施细则，截至 2012 年 7 月底，42 项民间投资实施细则已按国务院要求全部出齐。

各级政府对非公经济的开放政策取得了实效，民营资本的投资空间扩大了，并开始迈向基础设施领域、现代服务业领域和社会服务领域。但非公有制经济市场准入仍然很困难，许多在政策上已经对非公有制经济开放，甚至鼓励非公有制经济进入的领域，仍然挡着一道“玻璃门”或“弹簧门”，可望而不可即。

从私人控股企业固定资产投资的行业分布完全可以看出私人资本进入某些重要领域仍比较困难。2008—2011 年，私人控股企业固定资产投资主要分布在制造业，批发和零售业，住宿和餐饮业，房地产业，农、林、牧、渔业，居民服务和其他服务业等传统的一般竞争性领域，而分布于电力、热力的生产和供应业，交通运输、仓储和邮政业，金融业，水利、环境和公共设施管理业，教育、卫生、社会保障和社会福利业等产业的比例较低，详细情况见表 3－1。

表 3－1 **分行业私人控股企业固定资产投资比重** 单位：%

行业	2007 年	2008 年	2009 年	2010 年	2011 年
制造业	57.3	60.4	67.0	69.0	71.8
批发和零售业	65.6	67.3	71.5	71.4	70.8
住宿和餐饮业	64.3	66.6	71.8	70.8	70.0
房地产业	61.7	56.3	54.8	55.6	52.9
农、林、牧、渔业	33.4	40.1	40.3	42.1	49.9
居民服务和其他服务业	55.2	61.6	55.2	48.1	43.2
采矿业	26.2	29.6	34.5	38.3	41.8
文化、体育和娱乐业	20.0	23.8	29.4	31.5	34.7
租赁和商务服务业	32.0	36.3	32.9	13.7	39.5
科学研究、技术服务和地质勘查业	18.5	24.7	25.5	26.9	32.0
建筑业	33.3	32.0	31.7	29.5	28.3
电力、热力的生产和供应业	12.9	13.6	13.6	15.4	19.0
金融业	9.5	9.6	13.9	13.4	16.4
信息传输、计算机服务和软件业	4.0	7.8	8.6	10.7	14.2
卫生、社会保障和社会福利业	10.9	11.8	11.4	10.4	11.1
交通运输、仓储和邮政业	5.9	7.5	7.6	8.6	11.5
教育	10.7	12.3	11.0	10.8	10.8
水利、环境和公共设施管理业	6.1	6.6	6.7	7.6	9.7
公共管理和社会组织	4.0	5.9	5.8	6.9	7.6

资料来源：根据历年《中国统计年鉴》数据整理。

在一般竞争性领域，非公有制经济已经可以比较自由地进入和退出，但政府的宏观调控政策、产业政策和信贷政策往往构成非公有制经济的进入障碍。在宏观经济紧缩时期，民营经济往往首当其冲，其投资项目往往得不到批准和银行信贷。在产业政策领域，政府往往出于“重复建设”和“产能过剩”的考虑而限制民营企业进入某些行业。

在教育领域，1987 年国家教委颁布了《关于社会力量办学的若干暂行规定》；1997 年国务院颁布了《社会力量办学条例》；2002 年颁布了《中华人民共和国民办教育促进法》，民营资本已经开始进入各级各类教育领域。根据统计，2011 年，我国民办高校有 698 家，独立学院 309 家，民办其他高等教育机构 830 家，民办高中阶段教育机构 5250 家，民办初中阶段教育机构 4282 家，民办普通小学 5186 家，民办幼儿园 115404 家，民办培训机构 21403 家。但民营资本进入教育领域仍存在一些障碍，主要是政策不配套和公办与民办教育机构的地位不平等。比如，政府往往对民办高校不授予硕士生或博士生招生和学位授予资格，民办教育机构的教师在职称评定、工资津贴、档案调转、养老、医疗保险等方面不能享受与公办学校同等待遇，民办学校的学生在助学贷款、购买火车票半价优惠等方面不能享受与公办学校学生同等待遇。政府对民办学校的盈利限制也比较严格。《社会力量办学条例》规定，民办学校不得以营利为目的，这也在一定程度上阻止了民营资本进入教育领域。

在医疗卫生领域，2000 年国务院体改办等八部门联合下发了《关于城镇医疗卫生体制改革的指导意见的通知》；2010 年国办发布了《关于进一步鼓励和引导社会资本举办医疗机构意见》；2012 年，国务院印发了《“十二五”期间深化医疗卫生体制改革规划暨实施方案》。截至 2011 年底，全国民营医疗机构数为 45.7 万所，占医疗机构总数的 47.9%，床位数的 9.7%。但民间资本进入医疗卫生领域仍面临着许多障碍，如获得政府部门的审批较难，与公立医院相比，民营医院在人才、资金等方面享有不平等待遇，民营医疗机构大多不是医疗保险和公费医疗报销的定点医院等等。

在传统垄断行业，民营资本的进入难度很大。2011 年，石油和天然气开采行业，私人投资仅占全部投资的 4%，电力、燃气及水的生产和供应业为 15%，电力、热力的生产和供应业为 15%，燃气生产和供应业为 29%，交通运输、仓储和邮政业为 9%，电信和其他信息传输服务业为

4%，水利、环境和公共设施为8%。在这些行业，有些是因为“自然垄断”特征使目前的在位企业（主要是国有企业）居于垄断地位，导致许多潜在的竞争者被排斥在该行业之外，甚至一些竞争性业务也由于被授予行政垄断权而使潜在竞争者受到排挤和打压。

在公用事业和基础设施领域，民营资本的进入难度亦很大。虽然非公经济“旧36条”和“新36条”开放了包括城市供水、供热、供气、公共交通、排水、污水处理、市政设施、垃圾处理和城市绿化等公用事业和基础设施领域，但民营资本进入的障碍很多，主要是行政垄断和垂直一体化的市场结构阻碍着民营经济的进入。

破除民营经济进入障碍，构建平等竞争环境，需要从以下几个方面着手。

第一，破除意识形态障碍。非公有制经济进入的意识形态障碍几乎涉及所有产业。在公众和决策者的潜意识中，只要有可能，最好还是让公有制经济从事相应的投资，提供相应的产品和服务。在那些涉及文化宣传、有关国计民生和盈利性较高的领域，如教育、新闻出版、公用事业、基础设施、医疗、金融等领域，意识形态方面的进入障碍更为突出和严重。因此，消除意识形态障碍，特别是审批官员的意识形态偏见，对于打破非公有制进入的“玻璃门”是很重要的。

第二，形成相对均衡的市场竞争态势。进入21世纪以来，非公有制企业的数量迅速增加，实力也在增强。2005年到2011年，全国私营企业户数从471.95万户增加到967.68万户，增加了1.05倍，平均每年增加12.7%；个体工商户从2463.90万户增加到3756.47万户，增加了0.52倍，平均每年增加7.3%。户均注册资本，私营企业由129.9万元增加到266.5万元，个体工商户由2.4万元增加到4.3万元。但相对垄断企业，非公有制经济仍处于弱势。垄断企业依靠自己的资本实力，同时借助政府的行政力量，在市场上拥有非公有经济无法比拟的竞争优势。非公有制经济无论是在经济实力还是市场影响力上，都远不如垄断性企业，从而造成它们之间竞争力量的不对称和市场地位的不平等。

一些国有企业的竞争优势实际上是从政府政策上获取的。如2006年《国务院办公厅转发国资委关于推进国有资本调整和国有企业重组指导意见》规定，国有企业要在以下11个重点行业占据主导地位：煤炭开采和洗选业，石油和天然气开采业，黑色金属矿采选业，有色金属矿采选业，石油加工、炼焦及核燃料加工业，黑色金属冶炼及压延加工业，有色金属冶炼及压延加工业，运输设备制造业，电力、热力的生产和供应业，燃气生产和供应业，水的生产和供应业。通过对这11个行业相关数据的分析发现，国有企业确实占据绝对优势，而私营企业明显处于劣势。

一些国有企业则是凭借国有资本优势和在金融市场上的特殊地位获得竞争优势。它们甚至借这些优势进入竞争性领域。以房地产为例，最先进入到竞争性领域。随着房地产业的发展，特别是房价和利润的飙升，许多资本实力雄厚的国有企业纷纷进入房地产业，参与土地竞买，“地王”频繁出现于各大城市的土地拍卖市场上。2011年8月，国务院法制办发布《房地产开发企业资质管理规定（征求意见稿）》，全面提高了房地产企业从一到四级房地产开发资质的认定门槛，其中，一级资质的注册资本由原来的不低于5000万元提高到不低于2亿元，房地产行业的进入难度提高。

消除力量对比的不均衡是构建平等竞争的前提。首先需要调整国有经济结构和缩减国有经济部门，使国有经济和国有资本主要分布在自身功能领域，即公共品领域。国有经济和国有资本的规模和结构应主要由这一点来决定。世界银行在一份研究报告中指出，“要重新定义中国的国有经济政策，需要强调国有制的重点应当是公共品提供”。[①] 在竞争能够发挥作用的领域，应该由民营经济和民营资本唱主角，国有经济不能凭借行政力量和资本优势来打压民营资本。只有国有经济回归到自己的本位，才能从总体上改变国有经济与非公有制经济力量对比悬殊和竞争地位不平等的局面。再是需要对国有经济的“主导地位”进行科学的理解。国有经济居于“主导地位”的部门不能过于宽泛，不能用行政手段来确保国有经济的“主导地位”，在国有经济居于“主导地位”的部门和领域，不一定需要政府提供大部分资本，政府可以通过资金扶持来支持民营经济进入，借助民营经济来完成政府想实现的某些经济社会功能，同时提高该领域的竞争性。

第三，打破垄断的市场结构。垄断的市场结构是非国有经济进入某些重要领域的重要障碍。电力、电信、铁路、民航、邮政等自然垄断性领域，政府政策都对非国有经济实行了开放，但目前垄断性的垂直一体化市

---

① 世界银行和国务院发展研究中心联合课题组：《2030年的中国：建设现代、和谐、有创造力的社会》，中国财政经济出版社2013年版。

场结构把非国有经济挡在了这些领域之外。

在自然垄断领域，既有自然垄断性业务，也有竞争性业务，而且垄断性业务和竞争性业务往往呈现垂直一体化结构。垄断性业务由于规模经济和沉淀成本巨大，需要由一家或少数几家企业经营，而竞争性业务则可以放开，自由进入。目前垄断性业务由政府授权给国有企业经营，同时国有企业还经营该领域的竞争性业务。这样，国有企业就在自然垄断领域占据了绝对优势地位，它们可以出于自身利益的需要，通过控制垄断环节来阻止潜在竞争者提供竞争性业务。

这方面的例子很多。以电力行业为例，非公经济“旧 36 条”和“新 36 条”都对电力行业的开放作了明确的规定，2012 年 6 月国家电力监管委员会发布了《加强电力监管支持民间资本投资电力的实施意见》，在市场准入、监督电网公平调度、可再生能源无歧视接入电网、电价改革等方面作出了具体规定，但民营企业投资电力的兴趣依然不大。主要原因是五大中央企业控制着国家电网，同时经营发电业务，它们完全可以通过对输电业务的垄断阻止民间资本投资发电业务。20 世纪 80 年代，发电领域民间资本的比例达 15%，如今已下降到 3% 以内，五家电力中央企业占到我国电力市场份额的 66%。

打破垂直一体化的垄断市场结构对于民营经济进入重要行业，特别是自然垄断行业尤其重要。首先必须把自然垄断领域中的垄断业务与竞争性业务分开，垄断业务实行垄断经营，竞争性业务则彻底开放；其次是在垂直一体化的市场结构中，经营垄断业务的企业不能同时经营竞争性业务，以免经营垄断业务的经营者凭借垄断环节阻止其他企业进入竞争性业务领域。

第四，大幅度削减行政审批。行政审批往往会把非公有制经济挡在某些领域之外，大力精简行政审批，是打破“玻璃门”、“弹簧门”的重要举措。

非公有制经济之所以难以进入到许多政策允许进入的行业和领域，与政府审批环节过多、审批标准过高、对民营企业要求偏严、审批官员意识形态偏见和规避政治风险有很大关系。李克强总理在《国务院机构职能转变动员电视电话会上的讲话》举了一个企业“审批难”的例子：“企业新上一个项目，要经过 27 个部门、50 多个环节，时间长达 6—10 个月”。对 1539 家企业近三年审批情况的调查也表明了大致一样的情况：平均每家企业每年要向政府申报审批项目17.67个，单个项目涉及的审批部门平均为5.67个，审批程序平均为9.4道，受调查企业审批时间平均值为171.35天，其中最长约为1500天。[①] 据对江苏省民营企业准入调查，许多企业都认为，审批环节对民营企业的资金、技术和市场标准要求过高（见表3－2），从而导致民营企业难以进入某些行业和领域。

表3－2　**江苏省民营企业市场准入障碍调查（占调查企业数的百分比）**　（单位:%）

市场准入标准	资金要求过高	43.5
	市场要求过高	49.5
	技术标准过高	38.4
	不同企业差别待遇	35.5
	其他	1.4

资料来源：徐志明、高珊、曹明霞：《利益博弈与民营经济政策执行困境：基于江苏省1087家企业的实证分析》，《江海学刊》2013年第1期。

社会主义市场经济的基本要义是把市场机制作为资源配置的基本手段，因此，除了环境、生产安全、食品药品安全等涉及外部性的方面需要行政审批外，资源配置活动、投资活动都应由市场主体自主决策和自担风险。市场主体的自我激励和自我约束基本能够保证资源得到最佳配置。

我国行政审批制度改革已经取得了明显成就，在2002—2012年的十年间，国务院分六批共取消和调整了2497项行政审批项目，占原总数的69.3%。新一届政府加大了行政审批改革的步伐，至目前共取消和下放了165项行政审批事项，重点是经济领域投资、生产经营活动的项目，包括一些对企业投资项目的核准、涉及企业生产经营活动的许可、企业、社会组织和个人的资质资格认定等。但行政审批改革还没有完成，还必须进一步削减行政审批事项，减少行政审批环节。同时，审批官员要抛弃所有制偏见和意识形态偏见，在审批事项和审批标准上对各类市场主体同等对待，做到公平、公正和公开。

① 陈清泰、张永伟：《行政审批何其多》，《人民日报》2013年6月17日。

三 构建各种所有制经济平等使用生产要素的体制环境

土地、资本和劳动力是三种基本生产要素，平等获取和使用这些生产要素的权利，是各种所有制经济公平竞争、共同发展的基本条件，也是市场机制配置资源的基本前提。

党和政府的重要文件对各种所有制经济依法平等使用生产要素作出了比较明确的规定。党的十六大报告指出，对于私营、个体等非公有制经济，要“在投融资、税收、土地使用和对外贸易等方面采取措施，实现公平竞争”，十六届三中全会通过的《中共中央关于完善社会主义市场经济体制若干问题的决定》重申了这一点。非公经济“旧 36 条”提出，加大对非公有制经济的信贷支持力度，拓宽直接融资渠道，“非公有制企业在资本市场发行上市与国有企业一视同仁”。《国务院关于进一步促进中小企业发展的若干意见》针对中小企业“融资难”提出了改善中小企业金融服务、拓宽中小企业融资渠道、完善中小企业贷款体系等方面的政策措施。《中共中央关于制定国民经济和社会发展第十二个五年计划的建议》指出，“营造各种所有制经济依法平等使用生产要素、公平参与市场竞争、同等受到法律保护的体制环境”，党的十八大报告重申“保证各种所有制经济依法平等使用生产要素、公平参与市场竞争、同等受到法律保护”。

改革开放以来，我国生产要素市场，特别是劳动力市场得到了长足的发展，各种市场主体都有获得生产要素的机会。但是，不同所有制经济获取生产要素，特别是重要生产要素的权利还是不平等的，一些企业享有超越其他企业的地位和优先权。这在金融市场上表现得极为明显。表 3-3 显示，个体私营经济在银行信贷中所占的比例与它们在经济增长和就业上的贡献是明显不对称的。2006—2011 年，个体私营经济贷款占全部银行贷款的比例平均为 14.12%，比它们在全社会固定资产投资中所占的比例低 11.38 个百分点，比它们在全社会就业中所占的比例低 5.27 个百分点。

表 3－3　　个体私营经济获得的贷款与它的贡献不相称　　单位：%

年份	个体私营经济固定资产投资占全社会固定资产投资的比例	个体私营经济就业占全社会就业的比例	个体私营经济贷款占全部贷款的比例
2006	22.21	15.66	9.42
2007	24.11	16.93	14.34
2008	24.75	18.10	13.75
2009	24.84	20.04	12.77
2010	27.84	21.58	14.76
2011	26.27	23.95	16.59
2006—2011 年平均	25.50	19.39	14.12

资料来源：《中国统计年鉴》相应年份；黄孟复主编《中国民营经济发展报告（2011—2012）》，社会科学文献出版社 2012 年版。

民营经济不仅存在“融资难”，而且存在“用地难”。据对江苏省民营企业用地情况的调查，民营企业公平用地的权利目前无法保证，用地程序烦琐、用地指标不足、土地价格高是制约民营经济发展的重要因素，分别占总样本的 54.9%、54.6% 和 52.5%，还有 17.2% 的企业认为土地出让过程不透明（见表 3－4）。

表 3－4　　江苏省民营企业用地难调查　　单位：%

调查主题	选项	占总调查企业的比例
用地政策问题	用地和建设程序烦琐	54.9
	用地指标不足	54.6
	土地价格高	52.5
	土地出让不透明	17.2
	其他	1.8

资料来源：徐志明、高珊、曹明霞：《利益博弈与民营经济政策执行困境：基于江苏省 1087 家企业的实证分析》，《江海学刊》2013 年第 1 期。

保障各种所有制经济公平使用生产要素的权利，最重要的是进一步改革我国的金融市场（特别是银行体系和资本市场）和土地市场。撇开贷款审批环节的意识形态偏见，我国金融市场的结构从根本上讲不适合非公有制经济的融资需要。非公有制经济主要是一些中小微企业，它们的信贷需求具有数额较少、周期较短、时间性和灵活性强、缺乏抵押品等特点，而服务于当地的民间银行能够较好地满足中小微企业的融资需求。但是，我国的银行结构以国有大银行为主，大银行基于信息和业务成本等方面的考虑，往往偏好于大企业的大笔信贷业务和金融批发业务，而向中小微企业贷款对它们来说则是不划算的。尽管为了解决中小微企业的贷款难问题，中国工商银行等国有大银行成立了中小企业信贷部，但这仍不能解决中小微企业的贷款难问题。

不仅如此，拉·波塔、洛佩兹·德－西拉内斯和安德烈·施莱弗等人的研究表明，政府所有权在银行业中占过高的比例，会对金融发展产生抑制作用："我们发现，政府对银行更高的所有权与随后金融体制更慢的发展、更低的经济增长率，特别与更低的生产率联系在一起。"① 因此，国有资本占绝对优势的大银行制度会导致金融抑制，不利于激发经济活力，阻碍了全要素生产率的提高。

因此，放开民间资本进入银行业，对于非公有制经济公平获得生产要素，特别是信贷资本尤其重要。从更广泛的意义上讲，放开民间资本进入银行业，会促进我国金融深化。民间资本进入银行业的政策依据已经比较充分，国务院颁布的非公经济"旧36条"明确指出，"允许非公有资本进入金融服务业"，"允许非公有资本进入区域性股份制银行和合作性金融机构"，"允许符合条件的非公有制企业参与银行、证券、保险等金融机构的改组改制"。非公有经济"新36条"明确提出，"允许民间资本兴办金融机构"，"支持民间资本以入股方式参与商业银行的增资扩股，参与农村信用社、城市信用社的改制工作"，"鼓励民间资本发起或参与设立村镇银行、贷款公司、农村资金互助社等金融机构"。2013年6月19日李克强总理主持召开国务院常务会，提出推动民间资本进入金融业，鼓励民间资本参与金融机构重组改造，探索设立民间资本发起的自担风险的民营银行和金融租赁公司、消费金融公司等，进一步发挥民间资本在村镇银行改革发展中的作用。但是，民间资本进入银行业的程度还很低，金融抑制现象还

---

① ［美］拉·波塔、洛佩兹·德－西拉内斯和安德烈·施莱弗：《政府对银行的所有权》，《比较》2003年第6期。

很严重。出于维护存款人和公共利益的考虑，银监局对设立新的银行机构采取了审慎的态度，一直以来实行严格的审批制，而不是核准制或登记制。一些民营企业希望获得直接设立银行机构的机会，但由于严格的机构准入限制，实际上难以进入金融业，推进民间资本进入银行业需要采取切实有效的措施，以消除“玻璃门”问题。一是扩大民间资本在大型商业银行的参股比例，以改善大型商业银行的治理结构、信贷行为和各类经济主体与金融机构之间的信息、信誉传递机制；二是科学制定民间资本进入银行业的准入标准，推动民营银行的设立，这一点在目前显得尤为重要。民间中小型金融机构的设立标准不必过高、过严，应该让民营资本自我识别机会和自担风险，更大程度地发挥市场机制在甄别风险上的作用。同时，进一步加强金融监管，并尽快建立存款保险制度，分散存款人风险，保证存款人的资金安全，控制金融体系的系统性风险和维持金融体系的稳定。

一旦民营银行成长起来，非公有制经济的“融资难”问题就可望从根本上得到解决。同时，民营银行和国有资本主导的大型商业银行还能形成良性的分工合作关系：国有大型商业银行从事大企业（既包括国有大企业，也包括非国有大企业）的贷款和金融批发业务，民营银行则从事中小微型企业的贷款和金融零售业务，以发挥自己的信息和地缘、人缘方面的优势。

除了推进民营银行的设立外，还要加快利率市场化改革，提高债券融资比重，深化股票市场改革，给非公有制经济提供更多的融资机会。

土地制度改革和土地市场发育对于保证非公有制经济平等获得土地这一重要生产要素是十分重要的。要改革政府垄断的征地制度和政府在土地一级市场上的垄断地位，发挥土地市场在土地资源配置中的基础性作用。要加快培育土地二级市场，重新配置存量土地资源，以提高土地供应量和交易量，借以增加非公有制经济主体获得土地资源的机会，降低土地价格。要精简非公有制经济用地程序，增加土地市场透明度，消除公有制经济主体在获取土地资源上享有的优先权和其他特权。

主要参考文献

胡家勇等：《构建有效政府》，中国社会科学出版社2010年版。

冯兴元、何广文等：《中国民营企业生存环境报告（2012）》，中国经济出版社2013年版。

世界银行和国际金融公司：*China – Doing Business* 2012。
李剑阁：《下一步改革的两条主线：市场化取向，多种经济成分共同发展》，《中国改革》2013 年第 1 期。
黄孟复：《中国民营经济发展报告（2011—2012）》，社会科学文献出版社 2012 年版。
招商银行和贝恩公司：《2011 中国私人财富报告》，打印资料。
中国银行和胡润研究院：《2011 中国私人财富管理白皮书》，打印资料。
黄孟复：《坚定不移地促进民营经济蓬勃发展》，《中国流通经济》2012 年第 12 期。
世界银行和国务院发展研究中心联合课题组：《2030 年的中国：建设现代、和谐、有创造力的社会》，中国财政经济出版社 2013 年版。
李克强：《国务院机构职能转变动员电视电话会上的讲话》，2013 年 5 月 13 日。
陈清泰、张永伟：《行政审批何其多》，《人民日报》2013 年 6 月 17 日。
徐志明、高珊、曹明霞：《利益博弈与民营经济政策执行困境：基于江苏省 1087 家企业的实证分析》，《江海学刊》2013 年第 1 期。
［美］拉·波塔、洛佩兹·德 – 西拉内斯和安德烈·施莱弗：《政府对银行的所有权》，《比较》2003 年第 6 期。

第四章　推进由“先富”到“共富”的阶段性转换

“共同富裕”是社会主义的本质特征和根本目标，是社会主义制度最大的优越性。在《经济学手稿（1857—1858年）》中，马克思就已明确指出，在新社会制度中，“社会生产力的发展将如此迅速……生产将以所有人的富裕为目的”。[①] 邓小平将“共同富裕”作为社会主义的本质之一，指出“社会主义的本质，是解放生产力，发展生产力，消灭剥削，消除两极分化，最终达到共同富裕。”[②] 经过30多年的改革开放，我国综合国力显著提高，但贫富差距明显扩大。过大的收入和财富差距，会增加产权保护和社会“维稳”的成本、禁锢社会阶层间的流动性、滋长社会浮躁心态和激进情绪，从而损害长期增长和社会和谐稳定的根基。中国要跨越“中等收入陷阱”，成为发达经济体，必须构造较为平等的收入分配格局。综合考虑，我国已迎来由“先富”到“共富”的转换阶段，在理论和发展战略上明确这一阶段性战略转换具有重要意义。

一　从纵向和横向角度把握我国贫富差距的历史和现状

经过改革开放30多年的快速发展，我国已经成为中等偏上收入国家[③]，较为顺利地完成了“先富”阶段的战略目标，为“共富”目标的实现打下了坚实的物质基础。但与此同时，我国的居民贫富差距在这一过程

---

① 《马克思恩格斯全集》第46卷（下），人民出版社1980年版，第222页。

② 《邓小平文选》第3卷，人民出版社1993年版，第373页。

③ 2010年世界银行对不同国家收入水平的分组标准：按人均GNI（国民总收入）计算，1005美元以下是低收入国家；1006—3975美元是中等偏下水平；3976—12275美元是中等偏上水平；12276美元以上为富裕国家。

中快速拉大，攀升至高位。我们可以从纵向的时序比较和横向的国际比较两个方面来具体把握这一问题。

1. 改革开放以来中国居民收入差距拉大速度过快

改革开放初期，我国居民收入基尼系数一直维持在0.3左右的较低水平，进入20世纪90年代后开始迅速攀升，并于1994年首次超过0.4的警戒线。[①] 其后虽有短暂回落，但总体的上升趋势依然明显。2003年基尼系数超过0.46，之后居民收入差距逐渐稳定，并徘徊于0.47左右的较高水平（见图4－1）。需要指出的是，由于高收入群体普遍存在瞒报低报收入的现象，依据官方数据计算的基尼系数往往会低估真实的收入差距状况。[②] 有证据表明，这一低估的程度已越来越大：近年来，国内高收入群体逐渐展现了强大的消费能力，仍不富裕的中国已成为世界第二大奢侈品消费市场；2012年6月1日美国波士顿咨询公司（BCG）发布的《全球财富报告》指出，中国百万美元富豪家庭数量达143.2万户，排名全球第3，《福布斯》杂志对此评论道，“2009年中国在超级富豪人数榜上还是第13位，没有一个国家实现过这样的跳跃”；由于高收入的被调查者倾向于瞒报收入，官方的城乡居民收入调查数据较之资金流量表的数据低估了居民总收入，然而即使以资金流量表的数据为基础，2008年我国仍有5.37万亿元的灰色收入未被列入统计，这大大高于2005年的2.67万亿元。[③] 考虑到上述问题，有学者估计，我国2007年的真实基尼系数应为0.53，[④] 这较之官方调查数据的计算结果高出了12.5%。由于未列入官方统计的瞒报收

---

① 按照国际惯例，基尼系数在0.2以下表示居民之间收入分配“高度平均”；在0.2—0.4之间为“比较合理”；0.4—0.6为“差距偏大”；0.6以上为“高度不平均”。国际上一般以0.4作为警戒线，在此水平之上，社会不稳定性将会凸显。如果超过0.6时，社会将处于高度不稳定状态，易于出现大规模的动乱乃至爆发革命。

② 如王小鲁认为：“我们的问卷里还设计了这么一个问题：如果有统计员来采集你的家庭收入数据，你会不会把真实情况告诉他？最低收入组大概有70%的人说会，最高收入组大概有70%的人说不会。接下来还有一个题：如果不会，你可能会告之你的收入为多少？被调查人需要填一个数，也就是他们可能会告诉调查员自己的收入为几万。我们再拿这个数和其声明是真实的收入做比较，平均计算下来前者是后者的30%。这和统计局得出的与我们直接估算出来的比例差不多。这样看来，高收入居民特别是最高收入居民的收入在统计的时候有大量的遗漏。”参见 http：//veisen. blog. sohu. com/54451954. html。

③ 王小鲁：《灰色收入与国民收入分配》，《比较》2010年第3辑。

④ 李实、罗楚亮：《中国收入差距究竟有多大？——对修正样本结构偏差的尝试》，《经济研究》2011年第4期。

入、灰色收入呈不断上升的趋势①；2003 年后真实的基尼系数很可能仍将略有上升。

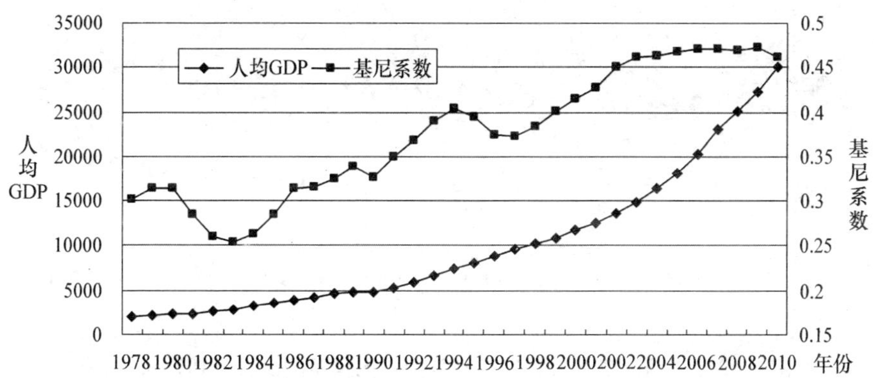

图 4－1　中国改革开放以来经济发展过程中所伴随的收入差距扩大（1978—2010）

数据来源：根据历年《中国统计年鉴》相关数据采用城乡加权法计算。

图 4－2 展示了按城乡、行业、地区等特征划分的居民收入差距演进情况。从中可以看出，除地区收入差距外，各种收入差距整体上均处于上升态势，其中，农村内部差距在 2004 年便超过了基尼系数 0.4，城镇内部差距也已十分接近这一警戒线水平。伴随着城市化进程中的大规模城乡人口流动，城乡收入差距持续快速扩大的态势得以抑制，但城乡收入比依然悬殊。城乡收入差距占据了中国总体收入差距的一半左右，是中国收入差距最大的结构性来源。行业收入差距目前所采用的是行业门类的统计口径，若进一步将行业细分，所计算出来的基尼系数还将进一步上升至 0.18 以上。另外，垄断行业高收入的问题十分突出，仅从公开的工资数据计算，行业垄断就已导致行业收入差距上升约 25%，与非垄断行业相比，垄断行业非合理地高出相当于平均收入水平 1/4 的份额。如果加入非公开的收入和各种隐性的福利等，我国的行业收入差距程度还将更大。

① 王小鲁：《灰色收入与国民收入分配》，《比较》2010 年第 3 辑。

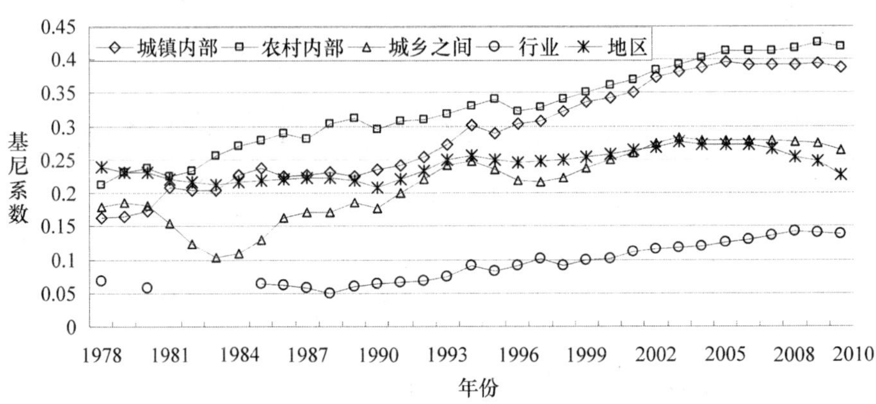

图 4－2 中国改革开放以来各种类型收入差距的演进（1978—2010）

注：地区差距运用的是分省人均 GDP 数据；① 行业差距运用的是行业门类的工资数据，其中 1979 年、1981—1984 年未公布相应数据。

数据来源：根据历年《中国统计年鉴》、《新中国统计六十年资料汇编》中相关数据计算。

收入差距衡量的是财富流量上的不平等，由于贫富群体间的收入流动性一般较低，现实中骤富骤贫的现象并不普遍，这就使得收入差距会沿着流量变化的方向累积，进而导致居民间财富不平等的同向扩大。由于边际消费倾向递减，② 财富存量不平等的扩大速度要快于我们所经常讨论的收入不平等，进而财富的不平等程度远大于收入的不平等程度。《中国家庭金融调查报告》估算，中国城市家庭总资产均值为 247.6 万元，中位值为 40.5 万元。这意味着中国城镇家庭财富呈严重的右偏分布，穷人较之富人的数量极多，富人较之穷人的财富极大，社会财富占有高度不均。该调查的主持者甘犁指出："抽样调查的样本里，非常有

① 地区间居民的生活水平差异，或者更全面地概括为福利水平的差异，不仅包括个人收入的差异，还包括诸如医疗、卫生、教育、交通基础设施等公共产品享受方面的差异，而上述公共产品的提供是以地区经济发展水平为基础的，包括政府等部门的支出。因此，人均国内生产总值（GDP）这一指标较之居民人均收入在衡量地区差距时更具代表意义。

② 边际消费倾向递减使得富人较之穷人在满足消费之后有更多的收入用以储蓄，比如，穷人年收入为 x，边际消费倾向为 a；富人年收入为 y；边际消费倾向为 b；那么 $x<y$，$a>b$，由此可知，财富积累 $(1-a)x<(1-b)y$，且 $(1-b)y/(1-a)x>y/x$。

钱的人很多，资产最多的10%家庭占全部家庭总资产的比例高达84.6%。”[①] 北京大学发布的《中国民生发展报告2015》称，中国家庭财产基尼系数从1995年的0.45扩大到2012年的0.73，顶端1%的家庭占有全国约三分之一的财产，底端25%的家庭拥有的财产总量仅在1%左右。[②] 从现有研究报告看，我国的财富基尼系数可能达到0.7以上。这在很大程度上解释了为什么在当前中国人民普遍并不富裕的情况下，房价却持续上涨且需求依然充沛，2011年70%的瑞士名表为中国人所购买，世界豪车跑车生产商开始专门为中国消费者量身设计车型等一系列“反常”现象。

2. 中国已位居收入差距偏大国家的行列

根据世界银行的报告，以基尼系数衡量的中国居民收入差距已高达0.49，在所统计的全球124个国家中排在第95位，处于下四分位之后；根据联合国《人类发展报告2007—2008》，以基尼系数衡量的中国居民收入差距高达0.469，在所统计的全球126个国家中排在第93位，接近于下四分位。上述两组横向可比的权威数据均表明，中国目前已位列收入差距偏大国家的行列，收入不平等状况不容乐观。根据《人类发展报告2007—2008》提供的数据，我们绘制了世界各国居民收入基尼系数的密度分布图（图4-3）。该图显示，各国收入差距水平呈单峰右偏分布，总体均值为基尼系数0.409，峰值（即众数值）约为基尼系数0.37。基尼系数0.5以上和0.3以下区间内的国家分布较稀疏，大部分国家集中分布于基尼系数0.3—0.5的区间内。总体而言，世界上大部分国家的收入差距都能够控制在警戒线以内，但从均值来看，收入差距过大目前仍是一个世界性的问题，收入差距水平偏大的国家需进一步加大缩小收入差距的努力。中国的基尼系数位于密度峰值和总体均值的右侧，意味着中国已位列收入差距偏大的国家之一，并且所面临的抑制收入差距扩大的要求相对更为迫切、任务也更为艰巨。

---

① 项凤华、马乐乐：《中国城市家庭资产平均247万元？众网友齐声自嘲“拖后腿了”〈中国家庭金融调查报告〉负责人接受快报采访，回应四大质疑》，《现代快报》2012年5月16日。

② 李建新等：《中国民生发展报告2015》，北京大学出版社2015年版。

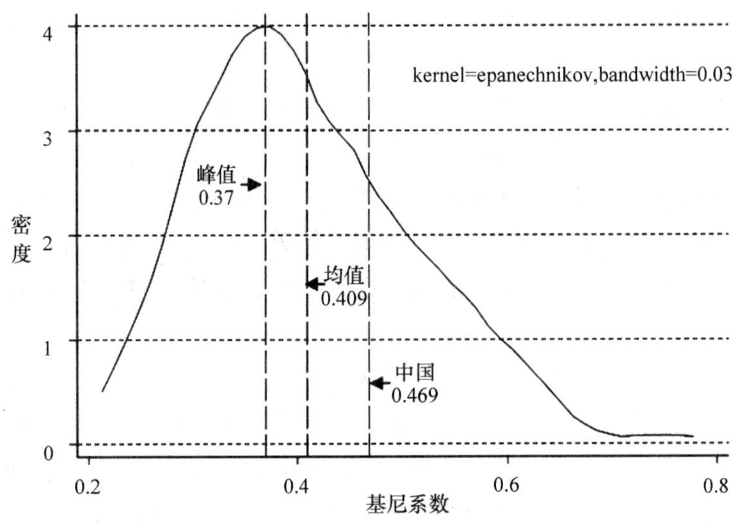

图 4-3　以基尼系数衡量的世界各国收入差距水平密度分布状况（2006）

数据来源：根据 Human Development Report 2007/2008 相关数据整理。

二　从国际经验看经济发展与收入差距的关系

在经济学研究中，公平与效率的取舍一直是个颇具争议的话题。打破平均主义大锅饭、推动效率优先的改革，在某种程度上意味着暂时牺牲平等乃至公平，以换取 GDP 的快速增长，这蕴含着公平与效率不可得兼的命题。现在我们对这一命题展开思考，迫切需要弄清两点问题：以公平换增长的政策应以何标准来捕捉转折点，进而在此后将公平摆在更为突出的战略位置；公平与效率的置换比率如何，两者是否在任何发展阶段都是不可兼得的。库兹涅茨在 1955 年发表的《经济发展与收入不平等》中提出了著名的倒“U”假说，指出“收入分配不平等的长期趋势可以假设为：在前工业文明向工业文明过渡的经济增长早期阶段迅速扩大，尔后是短暂稳定，然后在增长的后期逐渐缩小”。一个国家或地区经济发展过程中伴随着收入差距“先恶化，后改善”的趋势近乎是必然的。[①] 对此，我们绘制了 2006 年各国基尼系数与对数人均 GDP 的散点图（见图 4 - 4），以考察经济发展水平与收入差距之间的联系。

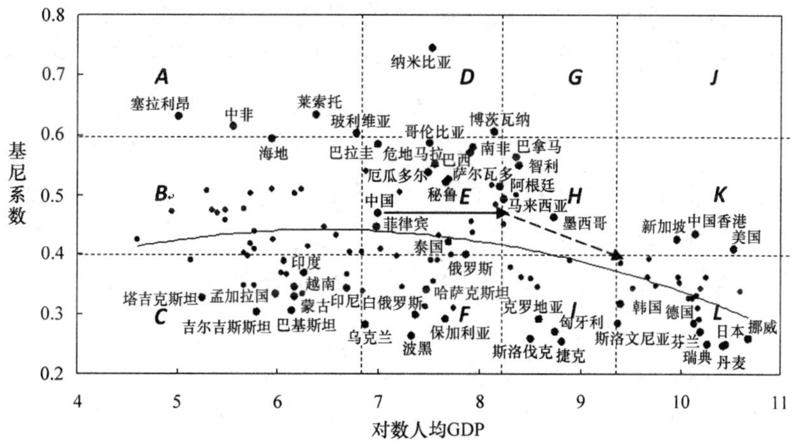

图 4 - 4　若干国家和地区基尼系数与对数人均 GDP 的散点图（2006）

注：纵轴虚线依据基尼系数 0.4、0.6 将世界各国划分为收入分配比较合理、差距偏大和高度不平均 3 组；横轴虚线依据世界银行提出的标准，以人均 GDP905 美元、3595 美元、11116 美元为界将世界各国划分为低收入、中下等收入、中上等收入和高收入国家 4 组。

数据来源：Human Development Report 2007/2008；World Development Indicators 2008。

图 4 - 4 按基尼系数由低到高，将各国划分为收入分配比较合理（0.2—0.4）、差距偏大（0.4—0.6）和高度不平均（0.6 以上）三组。[②] 在横轴方向上，依据世界银行提出的标准，按人均 GDP 由低到高，将世界

① 库兹涅茨在解释倒“U”假说时认为，收入差距在经济发展早期阶段逐步恶化的原因有两个，一是储蓄和积累集中在少数富裕阶层，而储蓄和积累又是经济增长的动力，因而在经济增长中必然是穷者越穷，富者越富；二是工业化和城市化是经济增长的必然结果，而城市的居民收入比农村更加不平等，所以城市化水平的提高必然带来收入分配的恶化。他认为现实中有一些因素能够抵消收入分配差距的扩大，从而使收入不平等的状况由恶化向逐步缓和转变。这些因素是：法律干预和政治决策，如遗产税、累进所得税制和救济法的实施；人口中富人的比重由于其比穷人更倾向于控制生育而下降，导致若干年后固定比重的最富裕阶层中有收入相对较低的人口进入，从而使这一阶层的相对收入份额下降；技术进步和新兴行业的不断出现，不可避免地导致来源于旧行业的财产和收入的比重在总收入中逐步减少。

② 现实中，以国别划分的基尼系数低于 0.2 的高度平均的社会并不存在，因此我们的分组未考虑这一情况，反映在纵轴上便是以基尼系数 0.2 为起点来绘图。

各国划分为低收入（905 美元以下）、中下等收入（906—3595 美元）、中上等收入（3595—11116 美元）和高收入国家（11116 美元以上）四组。上述分组相互交叉，共得到 12 个子区域，分别由 A—L 标识。图 4 - 4 中还绘制了一条回归线以拟合分布趋势，经反复实验，二次项方程的拟合优度最高，这也意味着经济增长与收入分配之间在一定程度上存在着倒 U 型的演进轨迹。在各个国家（或地区）散点中，我们着重标识了四类国家：一是在各个经济发展水平上收入差距离均差较大的国家，直观来看就是远离共同趋势线的“瑕点”国家，包括高于和低于趋势线两类国家；二是重要的发达国家和发展中国家，如美国、日本、德国三大资本主义经济体和俄罗斯、巴西、印度、南非等金砖国家；三是中国周边的邻近国家；四是与我国发展阶段相仿的新兴经济体国家。有的国家兼具上述几个特征。从比较分析中可以得出以下四点结论：

第一，趋势线的上升阶段仅限于低收入区间，在中等收入区间和高收入区间中均是下降的，并且在高收入国家中，伴随着收入水平的提高，收入差距下降的速度呈现加速态势。

第二，样本相对于趋势线的离散程度随着收入水平的提高而减弱，发达国家尤为明显地向共同趋势集中。G、J 两个远离趋势线的区域没有样本分布，K 区域仅有三个靠近该区域收入差距下限的样本。发达国家高度集中于 L 区域，中上等收入国家分布于 H 和 I 两个低差距区域，低收入和中低收入国家则跨越了三个收入分配区间。

第三，相对于经济发展水平而言，拉美和南部非洲国家的收入差距水平明显偏高，前苏东转型国家和北欧福利国家的收入差距水平明显偏低，而中国则属于差距水平相对偏高的国家。这里需要引起我们关注的是，传统资本主义国家和前社会主义转型国家，在收入分配上相对更为平等，与收入差距较高的我国形成了鲜明的对比。这易于使广大中低收入群众联想到，资本主义制度比社会主义制度更有利于形成惠及他们的分配格局，从而动摇他们对社会主义能够实现公平正义的信念。

第四，中国周边各国大多位于趋势线以下，说明它们在经济发展过程中大多保持了相对良好的收入分配格局。尤其是日本和韩国，在成长为发达经济体的过程中，收入差距一直维持在较低的水平，实现了公平和效率的兼得。这里需要引起我们关注的是，周边各国与我国的联系相对更为紧密，分配不平等方面的反差也更易于被国内观察到，进而人们的相关心理落差也更易于被放大，这使得我们较之拉美和南部非洲国家更易于凸显自身收入差距偏大的问题。另外，目前周边国家中仅有尼泊尔在收入差距程度上高于我国，缅甸虽然没有相应数据，但估计亦不下于我国，也正是在这两个国家，政治和社会长期处于动荡之中。这些经验性的事实应引起我们的高度重视。

上述分析对库兹涅茨规律既有否定的一面，也有支持的一面，具体地：不发达阶段，国家的经济增长未必以收入差距的快速扩大为必要条件；而收入趋于平等却是发达国家的一项必要条件和必备特征；发展中国家要跳出中等收入陷阱，跃升为发达国家，必须实现收入差距的稳步下降。

参考图4－4中箭头所示，目前，中国已跃升为中上等收入国家，但是收入差距过大状况却没有明显改观，且偏离趋势线的程度在不断地扩大，这显然有悖于以上总结的规律。如果继续保持这一状况不变，中国很可能将长期停留于中等收入陷阱H区域，而无法像日本、韩国等国家一样跨入高收入发达国家的行列。因此，我国发展路径的选择，应是沿着虚线箭头所示方向，在经济快速发展的过程中，致力于缩小收入差距，从而成功由中等收入陷阱H区域跨入标准的发达国家L区域。

三　收入差距过大损害经济社会发展基础

收入差距过大是步入中等收入陷阱国家的一个突出特征。过大的收入差距将会给经济、社会带来方方面面的负面影响，其中的某些潜在影响在我国已经开始显现。

第一，收入差距过大易于造成社会不稳定、治安恶化，从而增加产权保护和社会维稳的成本。有诸多的研究证据对此加以了支持和描述。联合国“犯罪趋势与刑事司法体系运转情况调查”显示，凶杀率与收入不平等状况显著相关的，在富裕程度相仿的条件下，收入不平等程度更高的美国比英国高出4倍多，比日本高出12倍多。从1988年至今，中国刑事犯罪率的年均增长速度达到了12.5%，超过了同期人均GDP的年均增长速度，[①] 其中，2004年的犯罪增长率更是高达14%。虽然目前中国的犯罪率仍低于西方发达国家，但是改革开放以来中国犯罪率的增长速度却是同期

① 胡联合、胡鞍钢、徐绍刚：《贫富差距对违法犯罪活动影响的实证分析》，《管理世界》2005年第6期。

西方发达国家的3—4倍。在1988—2004年间，中国的相对收入差距每上升1%，将导致刑事犯罪率显著上升0.37%；绝对收入差距每上升1%，刑事犯罪率将显著上升0.38%。[①]

第二，收入差距持续扩大到一定程度，将可能引发政治动荡。对于这一风险，邓小平早在1990年就曾直接指出过。现实中，在现当代，发达国家几乎没有出现非正常的政权更迭和群众性暴力革命，而很多既贫穷落后又收入差距偏大的亚非拉国家，则长期陷入了战争内乱或政权频繁更迭。这些国家即使上层政治稳定，仍不免有社会秩序真空地带的存在，如巴西的贫民窟、墨西哥贩毒势力的巢穴城市，这令社会充斥了暴力、凶杀和毒品。没有社会的稳定作为前提保障，国家经济发展也将无从谈起。这也正是为什么我们在改革和发展的过程中，始终要强调“稳定高于一切”。但是，近年来，由于经济利益分配不公所引发的群体事件屡见报端，部分地区维稳形势比较严峻。

第三，收入差距过大禁锢了社会阶层间流动，造成了不平等的世代传递，有违社会公平正义的原则，阻碍了人的自由发展。社会资源主要由经济资源、组织资源和文化资源组成，与这三种资源相对应的收入、权力、声望，往往统一掌握在少部分群体手上。利用这些资源及关系网络，社会顶端阶层可利用各种方式和选择来实现优势地位的代际传递，如通过加大经济投入（包括贿买）、利用社会关系在就学就业和事业发展过程中为子女提供诸多便利等。目前在国内，这种现象已非常普遍，以致民间流行将当代社会戏谑称为“拼爹时代”。蔡志强总结指出，中国至今尚未形成稳定的橄榄型社会结构，中间阶层总体比例较小，阶层固化的趋势明显加速，表现为社会纵向流动的通道日渐狭窄，下层社会向上流动受阻，社会结构调整速度变慢，制度变革与调整的动力减弱。[②]

第四，收入差距过大滋长了现代社会的浮躁心态与激进情绪，这给我国当前的经济和社会发展埋下了诸多隐患。联合国儿童基金会一份关于儿童幸福的报告，展示了收入不平等与15岁儿童理想之间的关系：收入越不平等，儿童长大后越不愿意从事低技能的工作。但是，在较不平等的国

① 陈春良、易君健：《收入差距与刑事犯罪：基于中国省级面板数据的经验研究》，《世界经济》2009年第1期。

② 蔡志强：《社会阶层固化的成因与对策》，《学习时报》2011年11月27日。

家中，理想和实际机会与期望值之间存在巨大差距。[①] 在收入差距偏大的社会中，一方面，人们普遍抱有“当大官，发大财”、“成名成腕儿”的功利性诉求，然而却又普遍缺乏脚踏实地、吃苦耐劳的精神和相应的突出技能；另一方面，在盲目孜孜以求的社会中，人们更专注于如何快速实现自身诉求，而较少考虑相应的社会责任和道德义务，由此导致了普世道德的约束力急剧减弱，笑贫不笑娼的晦暗思想却大行其道。《2012 中国大学生就业压力调查报告》显示，近70%的大学毕业生期望在副省级以上城市和省会城市工作，愿意在乡镇工作的比例只有0.8%。2011 年2 月20 日全国总工会发布的《新生代农民工调查报告》指出，与传统的农民工相比，他们更注重自我，然而职业发展空间小，无法满足实现自我发展的愿望，导致他们的工作满意度较低，工作更换频率是传统农民工的2.9 倍。甚至面对现实与理想的落差，很多“80 后”、“90 后”的年轻人选择了消极逃避的态度，以致虽然中国总体上的就业压力依然较大，但是很多工作岗位却缺乏应聘者，工资的大幅提高依然无法解决民工荒问题。更有甚者，为了实现“伟大抱负”，参与传销、赌博等犯罪活动，乃至直接实施偷窃、抢劫；利用现代网络散播哗众取宠的表演和言论，以达到吸引眼球、迅速成名的目的。

第五，收入差距过大所引致的社会不稳定，令聚集了大量财富的富裕阶层缺乏安全感，从而热衷于投资移民。与此同时，巨额的财富也被转移至了国外，国家经济发展的成果亦随之蒸发。近两年，这一问题在我国已高度凸显出来。招商银行发布的《2011 中国私人财富报告》显示，中国有50 万人投资资产超过千万人民币。千万富翁投资移民意愿强烈，该报告受访的亿万富翁中，约27%已经完成了投资移民，47%的人正在考虑移民，两者合计占74%。英国广播公司（BBC）2011 年9 月7 日发表题为《中国富豪“为安全”希望移民国外》的文章指出，有60%的中国富豪已移民，或者正在申请、考虑移民，拥有海外资产的中国富豪已达1/3。美国移民局2012 年6 月公布的数据显示，2011 年美国的投资移民中70%来自中国大陆。富豪阶层作为改革开放政策的最大受益者，却逃避了为国家和民族应尽的义务和责任，他们当下所进行的大规模资产外移活动，将中国经济快速发展的成果大量交由外国来分享，而中国未来经济发展的财富

① ［英］理查德·威尔金森、凯特·皮克特：《不平等的痛苦——收入差距如何导致社会问题》，新华出版社2010 年版。

基础却遭到了严重的削弱。

四 实现工作重心由“先富”到“共富”的阶段性转换

选择恰当的时机将经济工作的重心由“先富”转向“共富”是改革初期便确立的一项既定发展战略，也是社会主义共同富裕本质的必然要求。早在1992年邓小平就谈到由“先富”到“共富”政策转向的时间问题，他说：“中国发展到一定程度后，一定要考虑分配问题……到本世纪末就应该考虑这个问题了。”① 1993年9月他又谈到了解决贫富不均、迈向共同富裕的紧迫性，他说：“十二亿人口怎样实现富裕，富裕起来以后财富怎样分配，这都是大问题。题目已经出来了，解决这个问题比解决发展起来的问题还困难。分配的问题大得很。我们讲要防止两极分化，实际上两极分化自然出现。要利用各种手段、各种方法、各种方案来解决这些问题……少部分人获得那么多，大多数人没有，这样发展下去总有一天会出问题。分配不公，会导致两极分化，到一定时候问题就会出来。这个问题要解决。过去我们讲先发展起来。现在看，发展起来以后的问题不比不发展时少。”②

根据世界各国经济发展规律和经验的启示，同时鉴于收入差距过大所带来的越来越多的负面影响和各种危害，我国当前已迎来了由“先富”到“共富”阶段转变的时机。20世纪末以来陆续制定和实施的西部大开发战略、农村税费改革、东北振兴和中部崛起战略，即为这一阶段性转变的几个突出性的标志事件。及至2010年，收入分配改革被第一次写进了政府工作报告，2011年又写入了“十二五”规划，意味着这一阶段性转变即将全面推开。随着前期一系列政策的效果逐步显现，我国地区居民之间、城乡居民之间的生活、收入水平差距在近几年已开始逐渐缩小，共同富裕发展战略的阶段性转变开局良好。例如，我国的总体基尼系数自2003年以来便已不再明显上升，2006年达到顶点后开始逐年缓降；城乡间差距作为总体收入差距形成的重要因素，在2003年达到顶点后一直保持稳定。但是，由于前期不平衡增长战略具有的惯性，整体收入分配改革的具体方

---

① 中共中央文献研究室编：《邓小平年谱（1975—1997）》（下），中央文献出版社2004年版，第1356—1357页。

② 同上书，第1364页。

案尚处于酝酿之中，涉及经济结构的收入分配调节在短期内见效缓慢等原因，共同富裕的目标仍需长期的艰苦努力才能基本实现。

从战略高度出发，在政策上正式明确我国经济发展已经由“先富”向“共富”的阶段转换，具有重要的理论和现实意义。一方面，改革开放以来所取得的经济成就为调节收入分配和构建和谐社会创造了必要的物质基础，公有制为主体、多种所有制经济共同发展的基本经济制度为此提供了强有力的制度基础；另一方面，缩小贫富差距，避免陷入中等收入陷阱的客观要求已十分迫切。基于这两个基本因素，我们认为，将中国发展的战略重心由“先富”转向“共富”的时机已经成熟，这既具备必要的物质条件，也具有很强的现实紧迫性。对此，除了持续大力推进西部大开发和收入分配改革等战略措施外，还应正式将“先富带后富，最终实现共同富裕”确立为未来经济发展的工作重心，从而使全社会的力量更加集中到实现共同富裕这一社会主义的根本目标上来。

主要参考文献

蔡志强：《社会阶层固化的成因与对策》，《学习时报》2011 年 11 月 27 日。

陈春良、易君健：《收入差距与刑事犯罪：基于中国省级面板数据的经验研究》，《世界经济》2009 年第 1 期。

《邓小平文选》第 3 卷，人民出版社 1993 年版。

胡联合、胡鞍钢、徐绍刚：《贫富差距对违法犯罪活动影响的实证分析》，《管理世界》2005 年第 6 期。

胡联合：《转型与犯罪：中国转型期犯罪问题的实证研究》，中共中央党校出版社 2006 年版。

李实、罗楚亮：《中国收入差距究竟有多大？——对修正样本结构偏差的尝试》，《经济研究》2011 年第 4 期。

［英］理查德·威尔金森、凯特·皮克特：《不平等的痛苦——收入差距如何导致社会问题》，新华出版社 2010 年版。

王小鲁：《灰色收入与国民收入分配》，《比较》2010 年第 3 辑。

武鹏、周云波：《行业收入差距细分与演进轨迹》，《改革》2011 年第 1 期。

武鹏：《行业垄断对中国行业收入差距的影响》，《中国工业经济》2011 年第 10 期。

中共中央文献研究室编：《邓小平年谱（1975—1997）》，中央文献出版社 2004 年版。

Kuznets, S.（1955）, “Economic Growth and Income Inequality”, *American Economic Review* 65：1 – 28.

第五章　公有制促进共同富裕的现实着力点

我国经济社会发展已步入新阶段，实现共同富裕已成为当下经济发展和深化改革的一项重要任务。公有制经济，特别是国有经济存在的重要依据之一就是它具有促进社会公平的效应，但这一点目前并没有得到很好的实现。坚持公有制的主体地位，必须发挥它在促进共同富裕上的作用，在当前条件下，需要抓住三个着力点和重要环节：合理提取和配置国有企业红利，防止国有资本收益内部化、私有化，将更多的国有资本及其收益用之于民；提高国有资本及其收益充实社会保障资金的力度，着力构建社会安全网；合理处置国有土地出让收益，满足保障房建设等民生项目的资金需求。

一　国有企业的利润分配、社会责任与共同富裕

国有企业在促进落后地区和民族地区的经济增长，推动区域均衡发展中发挥了重要作用。据测算，在城市内部、农村内部、城乡间和行业间收入差距持续扩大之时，我国的地区差距在窄幅波动中趋向下降，地区差距的基尼系数已由2003年峰值时的0.2757下降到2010年的0.2267，降幅达17.8%。[①] 这在一定程度上得益于国有企业的贡献，尤其是国有企业在中西部地区的投资。

自1999年提出西部大开发战略以来，面对中央出台的多项促进各地区、各民族共同富裕的战略举措，国有企业参与其中，收到了良好的区域均衡发展效果。例如，在西部大开发过程中，国有企业承担了大部分建设投资。2010年，国有经济固定资产投资占西部地区的40%，显著高于

---

① 武鹏：《行业垄断对中国行业收入差距的影响》，《中国工业经济》2011年第10期。

27%的全国平均水平。2010年新疆工作会议之后，中央直属国有企业加大了参与民族地区建设的力度，预计“十二五”期间在新疆的投资规模将超过1万亿元，对新疆工业增加值的贡献率将超过70%。[①] 区域均衡发展的实践表明，在“允许一部分人先富裕起来，先富带后富，最后达到共同富裕”的战略实施过程中，基于公有制经济的资源调控能力、“集中力量办大事”等社会主义特有的制度优势表现明显。

但是，在居民收入分配领域，国有企业所扮演的角色却往往遭受诟病。例如，国有垄断企业的员工往往获取了过高的收入，拉大了居民之间的收入差距；部分国有企业生产经营过程中铺张浪费现象严重，树立了不良的社会形象；国有企业的收益并未充分用于提供基本公共服务，等等。实现公有制的主体地位和国有经济的主导作用，必须发挥它们在促进共同富裕方面的功能。目前重点需要抓住以下三个关键环节。

第一，合理提取和配置国有企业利润，将更多的国有资本收益用之于民。

国有企业红利作为国有资本收益，是国有资本所有权的重要体现，是国家代表全体人民收取和管理的重要社会财富，理应合理提取、用之于民。计划经济时期，国有企业上缴的红利曾是国家财政的重要组成部分，但鉴于经济体制转型过程中各种矛盾和历史负担亟须梳理和克服，该制度自1994年予以暂停，直至2007年9月国务院发布《关于试行国有资本经营预算的意见》后才重告恢复。此后，国有企业上缴红利的数额和比例逐年增加。但即便如此，目前的上缴比例仍显过低。2010年，中央企业实现净利润总额8490亿元，共上缴红利788亿元，尚不到净利润总额的10%。[②] 若考虑到大部分尚未列入征缴范围的部属和地方国有企业，国有资本收益的上缴比例将更低。按照国际惯例，上市公司股东分红比例为税后可分配利润的30%—40%，而国有资本向国家上缴盈利普遍高于这个水平，如英国盈利较好的国有企业上缴的盈利相当于其税后利润的70%—80%。而自2007年恢复红利征缴以来，我国中央企业中上缴比例最高的资源性行业和垄断行业，也仅仅只有税后利润的10%。即使2011年后将

① 郑晓波：《豪掷7000多亿百余家央企产业援疆》，《证券时报》2011年8月22日。

② 相关数据来源于：国务院国资委新闻发言人彭华岗2011年11月9日接受新华社记者专访，详细内容请参见http：//www. sasac. gov. cn/n1180/n1566/n259730/n6971460/13225387. html。

上限提高到15%，也仍不及国际通行水平的一半。除了未能实现“合理提取”外，国有企业红利在支出使用方面，也未能充分实现“用之于民”。如在已上缴红利中，用于民生方面的公共支出和补充社保基金的部分只有90亿元，仅占红利总额的11.4%。[①]

尽管在国有资本红利征收和使用的具体方式上有所差别，但提取国有企业中国有资本的经营收益，并用于社会公共事业和改善民生，在很多国家都业已形成了一套系统性通行规则。未来，我国应当继续提高国有企业的红利上缴比例，彰显国有资本属于全体人民的所有制本质。参照发达国家的相关成熟经验，最终达到的合理缴纳比例应为50%左右。其中，资源性和垄断性国有企业的红利上缴比例还应在此基础上进一步提高。在红利的使用方面，应加强对民生方面的投入，除了用于民生性公共支出和补充社会保障基金外，还应拓展到扶贫、助学等再分配支出领域，以缩小初次分配所形成的收入差距，尤其是打破贫穷的代际传递，逐渐实现人的基本发展机会的公平。

第二，强化对国有企业收益流向的监管，防止国有资本收益内部化、私有化。

部分国有企业尤其是垄断性国有企业，高管和员工的高收入和高福利已引起全社会的广泛诟病和不满，甚至有的国有企业在亏损的同时，仍旧派发高额的工资和福利。这种行为实质上是将国有资本的收益内部化、私有化。例如，2010年，中央企业实现利润总额为1.13万亿元，其中，公积金等留存收益约占25%，红利上缴仅占7%。[②] 据测算，国有资本占据主导地位的垄断行业，工资水平高出全社会平均工资水平的1/4，引致行业收入差距上升约25%。[③] 这意味着，部分公有经济不仅未能促进社会财富的公平分配，反而拉大了收入差距。这与社会主义共同富裕的目标明显背道而驰，也有违公有制的本质属性。

除了工资福利超发外，国有企业生产经营过程中的过度消费行为也较为突出，不时有“天价茅台”、“办公楼奢华装修”等事件曝光，大量国有资本收益被恣意挥霍。M. Jensen and W. Meckling在“委托—代理”理论

① 相关数据来源于：《国企收益内部化知多少》，《网易解读》第312期。

② 同上。

③ 武鹏：《行业垄断对中国行业收入差距的影响》，《中国工业经济》2011年第10期。

的开创伊始就已指出，企业管理人员会利用所掌握的资源配置权力，对可以提高自身利益的项目进行投资，如扩张企业规模、修建豪华办公室和购置高级办公设备等。[①] 由于所有者缺位问题尚未得到有效解决，国有企业所面临的“委托—代理”困境较之其他所有制企业更为严峻，如果没有更加严格的制度化监管，资产流失、收益浪费等问题将难以得到较好的治理。

一些典型的高收入国有垄断企业在超发工资和福利的同时，还在向政府申请巨额补贴，变相索回已上缴的红利。例如，中石油、中石化等国有垄断石油企业每年均向中央财政要求上百亿元的补贴，远超过所上缴的红利数额。以 2008 年的中石化为例，共获得了 503 亿元财政补贴，而其归属于本公司股东的利润仅为 297.69 亿元，按 10% 国有红利上缴比例计算，上缴数额不到 30 亿元，远远低于国家财政补贴的规模。

综合上述问题，政府应加强对国有企业尤其是国有垄断企业的监督审计，制定科学合理的劳动力成本控制标准和薪酬标准，并将这些标准纳入对企业经营者的考评，与其升迁奖惩相挂钩。就寡头垄断行业而言，虽然寡头企业之间很容易实现合谋以攫取更多的垄断收益，但企业的管理经营者在升迁的道路上存在竞争关系，这会抑制他们之间的合谋行为。在具体的评价过程中，可以采用“标尺竞争”的方式来解决监管者所面临的信息不对称。而要控制低效率的过度投资、降低铺张浪费等代理成本，则应限制国有企业管理人员可支配的现金数量。[②] 对此，分派红利和提高分红比例是一个有效易行的措施。[③] 政府补贴则必须与行业劳动报酬水平相挂钩，对职工收入高于社会平均水平的垄断企业，政府补贴应更加谨慎，以免政府补贴最终转化成垄断行业的职工收入，这不仅不能达到补贴的初衷，还会恶化行业间的收入差距。对于确实有正当申请理由的，政府应密切跟踪审计补贴的使用情况，谨防其被垄断企业内化成自身收益。通过采取上述措施，一方面可以抑制收入差距的不合理拉大，另一方面可以增加可供上

---

① M. Jensen and W. Meckling (1976), “Theory of the Firm: Managerial Behavior, Agency Costs and Ownership Structure. ,” *Journal of Financial Economics*, Vol. 3: pp. 305 – 360.

② S. J. Grossman and O. D. Hart (1980), “Takeover Bids, the Free – Rider Problem, and the Theory of the Corporation,” *The Bell Journal of Economics*, Vol. 11: pp. 42 – 64.

③ R. S. Hansen, R. Kumar and D. K. Shome (1994), “Dividend Policy and Corporate Monitoring: Evidence from the Regulated electric Utility Industry,” *Financial Management*, Vol. 23: pp. 16 – 22.

缴的红利，以资助民生支出。

第三，国有企业应切实肩负起应尽的社会责任，注重实现社会效益。

很多国有企业的经营业务具有公益性质，这在中央企业层面包括石油石化、电网、通信服务等领域的企业，在地方企业层面包括供水、供气、污水处理、公共交通等领域的企业。国有企业作为市场经营的主体，经济效益自然是其目标之一。但与此同时，由于国有资本的属性，国有企业还应注重社会效益的创造，肩负起高质高量地满足民生需求的责任。

较之世界其他国家，我国国有企业在社会效益创造方面尚有较大的差距。如国有电信企业长期获取巨额垄断收益，但通信资费远高于发达国家，宽带网速远低于世界平均水平。全球最大的 CDN 服务商美国 Akamai 公司 2012 年 1 月 31 日公布的 2011 年全球网速数据显示，平均网络连接速度最快的国家或地区是韩国，中国香港、日本分居二、三名，中国大陆仅排在第 90 名。在“网速低于 256Kbps 的慢速互联网用户比例”的比较中，中国大陆的表现仅优于印度，位列全球“第二慢”。另有 DCCI 互联网数据中心发布的《中国宽带用户调查》指出，中国绝大部分互联网用户使用的是“假宽带”，即实际宽带下载速率低于运营商提供的名义宽带速率。中国大陆网民实际每月为 1Mbps 宽带的支出是越南的 3 倍，美国的 4 倍，韩国的 29 倍，中国香港的 469 倍。再如成品油价格问题，当国际油价上涨时，国有石化企业积极推动国内成品油提价，而当国际油价下降时，它们则拖延乃至阻挠国内成品油价格相应地下调。2010 年 10 月 9 日后，为抵制发改委下调汽柴油价格，中石油、中石化甚至采取了限量供给柴油、人为制造油荒的行动，导致物流运输的部分瘫痪和城市物价的较快上涨，给企业的正常生产和人民群众的正常生活带来了较大的负面影响。

长期以来，国有公益性企业，尤其是自然垄断行业中的国有企业，财务收支不透明，极易出现隐瞒谎报实际经营支出、抬高名义经营成本的问题，由此所产生的公共品和服务价格虚高，严重侵蚀了人民群众的利益。如 2011 年 2 月至 2012 年 2 月，广州市价格成本调查队对广州市自来水公司 2008 年至 2010 年度的供水成本进行了监审。在这份“监审清单”中，一立方水被企业多报成本 0.348 元，比真实成本 2.016 元“虚高”了 17.26%。其间，为改善水源，广州实施了西江引水工程，由于项目建设成本超支，广州自来水公司意欲调高水价。该项目总投资 79.7 亿元中政府投入的 17.3 亿元被计入了定价成本，而按成本监审规定是不应计入的。

此外，还有诸如吃喝等业务招待费用多报了449万元，虚报管网漏损率增列成本3168万元等账目问题。但就在广州自来水公司自身违规、粗放、欺诈性经营已昭然若揭的情况下，其供水范围内的水费仍由1.32元/立方米上涨到1.98元/立方米，广州市民自此将多支付50%的水费。① 诸如一边声称经营亏损、一边发放高额工资和福利的现象，在电力等其他公益性垄断国有企业也多有存在。

因此，政府一方面应强化对公益性国有企业社会效益的考核，使得包括低收入群体在内的全体国民都能够普遍享受到国有资产所带来的廉价便利的通信、水电等公共服务，提升生活质量和幸福感；另一方面应增强公益性国有企业经营情况的透明度，晒出他们的“业务账单”供社会、群众评判，抑制其侵害群众权益、变相侵夺公众财富的行为。

二　国有经济、社会保障体系建设与共同富裕

健全的社会保障制度是社会和谐稳定的安全网，是社会文明进步的重要标志。20世纪90年代以来，我国以国际上前所未有的速度实施了一系列社会保障项目，包括城镇与农村人口养老和医疗保险，工伤和生育保险，“低保”和社会救助等。但现有的社会保障网还难以应对人口老龄化、城乡一体化、劳动力和社会保障权利大规模流动等挑战。建立一个包容性强、可持续的社会保障制度，急切需要做以下工作：一是提高养老保险的覆盖面，把农村居民、农民工、城镇非正规部门就业者都纳入到养老保险体系中来。目前，作为一个重要社会经济群体的农民工，参加养老保险的比例只占其总数的1/4；二是提高社会保障的统筹层次，解决社会保障网碎片化问题，促进劳动力跨地区、跨行业、跨所有制流动。三是确保社会保障体系的财务可持续性，特别是要偿还社会保障的历史欠账，做实个人账户“空账”。据世界银行粗略估计，我国养老金的隐性债务相当于2008年GDP的82%—130%。② 党的十八大提出，“以增强公平性、适应流动性、保证可持续性为重点，全面建成覆盖城乡居民的社会保障体系”；“整

---

① 参见《一方水虚报3毛5？——一份供水成本监审报告揭示的秘密》（http://news.xinhuanet.com/fortune/2012-06/26/c_112290860.htm）

② The World Bank (2012), “China 2030: Build a Modern, Harmonious, and Creative High-Income Society”.

合城乡居民基本养老保险和基本医疗保险制度，逐步做实养老保险个人账户，实现基础养老金全国统筹”。应对以上挑战，构建一张可靠的社会安全网，需要向社会保障体系注入大量资本和现金流，在这方面，国有经济基于自身性质，应该有所作为，并且可以大有作为。

2009 年我国启动了“减持”、“转持”部分国有股充实全国社会保障基金的工作，[①] 到 2011 年年底，全国社保基金累计转持境内国有股 1036.22 亿元，其中股票 813.44 亿元，现金 222.78 亿元；2005 年执行境外国有股“减持改转持”政策，至 2011 年底，全国社保基金累计转持境外国有股 542.79 亿元。[②] 截至 2011 年底，中央财政性资金累计拨入社保基金的 4920 亿元中，其中源于国有股减转持的收入占 43.1%，金额达 2119 亿元。[③] 在上述举措的推动之下，我国社保基金规模实现了快速增长，满足了支出规模加速扩张的资金需求，推进了社会保障项目的“全覆盖”进程。2012 年，全国参加城镇职工基本养老保险、基本医疗保险、失业保险、工伤保险和生育保险人数分别为 30379 万人、53589 万人、15225 万人、18993 万人和 15445 万人，比 2011 年分别增长了 7.0%、13.2%、6.3%、7.3% 和 11.2%。[④] 社会保障待遇水平稳步提高。企业退休人员基本养老金连续多年统一调整，由 2000 年的月人均 544 元提高到 2011 年调整后的 1511 元，6000 多万企业离退休人员养老金做到了按时足额发放。2011 年，职工基本医疗保险住院医疗费用中统筹基金次均支付 6112 元，比上年增长 8.2%，城镇居民基本医疗保险住院医疗费用中基金次均支付 2891 元，比上年增长 10.7%。“低保”标准和失业、工伤保险待遇标准多次提高。[⑤] 在我国整体经济发展水平不高、社会保障历史欠账较多、经济转型过程中各种矛盾错综复杂的背景下，将社会保障提高到现有水平，是

---

① 根据《境内证券市场转持部分国有股充实全国社会保障基金实施办法》，股权分置改革新老划断后，在境内首次公开发行股票并上市的含国有股的股份公司，须按首次公开发行时股份数量的 10%，将股份公司部分国有股转由全国社保基金理事会持有，股权不足 10% 或已经卖掉的则划拨现金。

② 相关数据来自全国社会保障基金理事会发布的《2011 年全国社会保障基金年度报告》。

③ 相关数据来自全国社会保障基金理事会第四届理事大会第二次会议上戴相龙理事长的报告《稳中求进　总结提高　以优异成绩迎接党的十八大胜利召开》。

④ 相关数据来自 2013 年 1 月 25 日人力资源和社会保障部举办的 2012 年工作情况新闻发布会上新闻发言人尹成基的介绍。

⑤ 相关数据来自《2011 年度人力资源和社会保障事业发展统计公报》。

难能可贵的，国有经济和国有资本发挥了重要作用。

但还应看到，随着社会保障覆盖范围的不断扩大和待遇水平的提高，资金筹措将面临越来越大的压力。提交给第十二届全国人民代表大会第一次会议审议的2013年全国社保基金预算报告显示，2013年社保基金预算收入增速为9.9%，而支出增速为16.8%，两者相差近7个百分点，以致2013年全国社保基金收支结余与2012年相比将下降1000亿元。依这一趋势发展下去，尤其是考虑到人口老龄化阶段的快速到来，社保资金缺口的潜在隐患很快就会凸显出来。国有经济对社保基金的支持力度必须相应加大。

从理论上讲，利用国有资本及其收益填补社保资金缺口和个人账户“空账”，是一种对以往隐性负债的合理偿付，而不应简单理解为让国有资本替政府“埋单”。计划经济时期，个人收入分配仅限于个人消费品分配，在个人收入分配之前，就已经扣除掉了“用来满足共同需要的部分”和“为丧失劳动能力的人等等设立的基金”等社会保障支出部分①。政府作了相应的扣除，就应该负担起相关劳动者养老、医疗等方面的保障义务。在实际经济循环中，对劳动者收入所作的社会保障“扣除”形成了国有资本。从更广泛的意义上讲，传统体制下重积累、轻消费的工业化模式和城乡二元分割体制，使得国家对当时的劳动者形成了庞大的隐性负债。一方面，城镇职工的工资被压制在一个较低水平上，他们所创造的价值大部分被用于生产性资本的积累；另一方面，通过工农产品价格“剪刀差”，农民所创造的相当一部分价值被转移到了工业和城市，最终形成了生产性积累。可见，目前庞大的国有资本存量在很大程度上是由长期以来城乡劳动者个人收入在社会保障方面所作的“扣除”、低工资下城镇职工的“剩余劳动”、工农产品价格“剪刀差”所转移的农产品价值积淀、滚动而来的。这些劳动者在进入养老阶段享受由国有资本及其收益提供的养老、医疗等保险金，事实上也是在享用自己工作时为国家和社会所创造的价值。可见，将国有资本及其收益用于补充社保资金，在很大程度上是一种“从哪里来，回哪里去”的正常路径循环。并且，目前国有股“转减持”和国有企业红利拨付的力度还远未达到过去的“扣除”和“转移”水平。

因此，无论是从国有资本性质，还是从契约公平的角度出发，国有资

① 《马克思恩格斯文集》第3卷，人民出版社2009年版，第433页。

本及其收益补充社保资金的力度都应继续加大。从实际操作层面上看，也确实存在巨大提升空间。在2013年第十二届全国人民代表大会第一次会议上，财政部《关于2012年中央和地方预算执行情况与2013年中央和地方预算草案的报告》显示，2012年中央国有资本经营支出为929.79亿元，其中调入公共财政预算用于社会保障等民生支出为50亿元，国有股减持收入补充社保基金支出17.21亿元，二者合计仅占中央国有资本经营支出的7.23%。而2013年中央国有资本经营预算补充社保基金进一步降低为11.34亿元，较2012年降低了近35%。着眼当下，虽然全国整体性的社保支付困难尚未到来，但在个别省份，特别是历史负担较重的东北三省，社保资金吃紧的现象时有显现。对此，应该在中央和地方两个层面，通过向社保基金增拨国有股，变现国有股（特别是竞争性领域的国有股）和提高国有企业分红比例向社保基金注入更多现金流等措施，提高国有资本及其收益补充社会保障资金的力度，从而彰显国有资本全民所有的本质属性和国有经济在解决重大民生问题上的主导作用。

三　城镇土地国有、保障房建设与共同富裕

随着社会经济的发展，存量有限的城市土地资源日益稀缺，商品房的价格随之不断攀升。即使剔除泡沫因素，由市场决定的房价对于广大中低收入城镇居民也是难以承受的。目前，居民的财产，主要是房产的差距已很明显，低收入群体的居住条件甚至出现了恶化。《中国家庭金融调查报告》显示，中国家庭财富呈严重的右偏分布，财富占有高度不均，收入最高10%家庭的储蓄占当年总储蓄的74.9%，而大量低收入家庭储蓄很少。这就使得很多买得起房的城市家庭拥有不止一套住房，多余的住房主要用于投资甚至投机。与此同时，相当数量的城市低收入家庭连购买一套自住房都十分困难，基本生活居住需求难以得到保障。因此，解决中低收入城镇居民的住房问题，对于实现社会公平的意义十分重大，要求也十分迫切。

为满足广大工薪阶层的基本生活住房需求，中央政府在全国范围启动了大规模的保障房建设工程。应该说，城镇土地国有为保障房建设奠定了制度优势，有助于满足低收入居民的基本住房需求。一方面，土地国有为保障房建设用地的获取提供了便利，中央和各地政府相继采取了建立保障

房用地储备、优先低价供给保障房用地等优惠政策和措施。例如，原国土资源部部长、国家土地总督察徐绍史在2012年1月7日召开的全国国土资源工作会议上表示，“今年供地指标要从严从紧投放。耕地保护要严而又严，没有讨价还价的余地”，但“保障性住房的用地要‘应保尽保’，计划指标单列”；2011年12月修订的《广州市保障性住房土地储备办法》提出，广州市住房保障办公室可以代表政府在土地市场上行使优先购买权，收购土地纳入保障性住房土地储备。另一方面，土地出让金是保障房建设的一项重要资金来源。2011年，用于保障房建设的土地出让金总额为1000亿—1500亿元，占政府出资规模的约1/3。此外，有的地方还利用对公有土地的掌控，采取了其他一些促进保障房建设的措施。如2011年9月云南省人大常委会对云南城镇保障性住房建设专题询问会上，住房和建设厅厅长罗应光指出，对企业利用存量土地建设公租住房等保障性住房的，经规划部门批准将原用途变更为住宅用地后，无须补缴土地出让金。

但仍需看到，我国城镇保障房建设的资金压力依然较为紧张，城市生活的各种成本也在不断加大，人民生活的幸福感仍有待提升。为此，应大力推进对国有土地出让收益更加合理地使用，以满足保障房建设等民生事业的资金需求。

大部分国有土地出让收益划归地方支配，其中有相当部分并未得到合理的使用。2010年审计署公布的对全国11个省区土地出让收入的审计结果显示，11个城市改变土地出让收入用途57亿元，其中有7个市支出2.1亿元，用于弥补国土、城建等部门工作经费不足；有4个市违规支出2.38亿元，用于建设、购置办公楼、商务楼、职工住宅等；有6个市支出39亿元用于高校新校区、会展中心、剧院、软件园等公共工程建设；有4个市支出9.68亿元，用于增加政府投资企业注册资本。[①]

目前，土地出让收入一个重要的、合理的利用途径，就是用以填补保障房建设的巨额资金缺口，以满足广大中低收入人民群众的基本住房需要。据估计，2011年1000万套保障房建设约需资金1.3万亿—1.4万亿元，2010年的土地出让金约为2万亿元。保障房建设资金构成方面，政府

---

① 2011年以来中央各部门陆续下发文件，要求地方政府从土地出让净收益中提取10%用于保障房建设、10%用于教育投入、10%用于水利建设，加上2004年规定计提15%用于农业土地开发，目前已有45%的土地出让净收益被中央予以安排。

出资约3500亿—4500亿元，其中，中央财政投入1030亿，地方土地出让金投入1000亿—1500亿，地方发债及其他途径筹措资金1500亿—2000亿，社会筹措资金约9000亿元，这一部分主要由银行信贷解决（中信证券研究部，2011）。可见，银行贷款和发债等融资占了绝大部分。这一方面增加了资金来源的不稳定性，给保障房建设进度带来了制约和隐忧；另一方面提高了建设成本，增加了购买者和租用者的负担。

与此同时，全国土地出让金只有不到10%用于保障房建设，仅占保障房建设资金来源的10%左右。如果能进一步提高土地出让金用于保障房建设的比例，将极大地缓解保障房建设的资金压力。考虑到制度方面的原因，这一比例的提高可能是渐进的。一个过渡性的措施是，将划拨给保障房建设的土地的出让金优先用于投资回报风险较高的公租房和廉租房建设，以满足最低收入阶层的基本住房需求。此外，可以考虑延期支付乃至直接减免保障房建设所需缴纳的土地出让金，以缓解保障房建设的资金压力，降低建设成本。

从长远着眼，应改革现行国有土地出让收益的使用方向，提高用于保障房建设的比例，使人民群众作为国有土地的所有者，能够直接享受到国有土地财产的出让收益，而不是在购房置业的过程中被单向地抽取财富。这就需要对巨额土地出让收益的流向加强监管，避免国有财富用于行政滥消费和地方政府的工资福利超发，政绩工程和形象工程，以及不太急切的基础设施建设，[①] 并公开必要的信息以便于社会监督。

主要参考文献

胡家勇、武鹏：《推进由“先富”到“共富”的阶段性转换》，《经济学动态》2012年第12期。

唐伟、黄双江：《我国基础设施建设中重复建设问题分析》，《现代商贸工业》2011年第11期。

胡锦涛：《坚定不移沿着中国特色社会主义道路前进　为全面建成小康社会而奋斗》，人民出版社2012年版。

武鹏：《行业垄断对中国行业收入差距的影响》，《中国工业经济》2011年第10期。

武鹏：《共同富裕思想与中国地区发展差距》，《当代经济研究》2012年第3期。

---

① 唐伟、黄双江：《我国基础设施建设中重复建设问题分析》，《现代商贸工业》2011年第11期。

郑晓波：《豪掷7000多亿　百余家央企产业援疆》，《证券时报》2011年8月22日。

中信证券研究部：《银行业专题研究报告：保障房建设资金来源研究》2011年7月22日。

M. Jensen and W. Meckling (1976), "Theory of the Firm: Managerial Behavior, Agency Costs and Ownership Structure", *Journal of Financial Economics*, Vol. 3: pp. 305 – 360.

R. S. Hansen, R. Kumar and D. K. Shome (1994), "Dividend Policy and Corporate Monitoring: Evidence from the Regulated electric Utility Industry", *Financial Management*, Vol. 23: pp. 16 – 22.

S. J. Grossman and O. D. Hart (1980), "Takeover Bids, the Free – rider Problem, and the Theory of the Corporation", *The Bell Journal of Economics*, Vol. 11: pp. 42 – 64.

M. Jensen (1986), "Agency Costs of Free Cash Flows, Corporate Finance and Takeover", *American Economic Review*, Vol. 76: pp. 323 – 329.

The World Bank (2012), "China 2030: Build a Modern, Harmonious, and Creative High – Income Society".

第二篇

政府职能转换

第六章　政府职能的根本转变

与经济体制改革和经济发展总进程相比，我国政府职能转变明显滞后。政府“越位”和“缺位”并存，经济增长依然没有摆脱政府主导，政策失灵现象大量存在，以GDP为目标的政绩考核机制带来投资冲动和粗放式增长。政府职能的根本转变是全面深化改革和适应经济发展新常态的关键。“让市场在资源配置中起决定性作用”应成为界定政府经济职能的基本准则。为此，应压缩政府支配的资源量，使其保持在政府履行应尽职能的水平上，为市场配置资源释放尽可能大的空间；完善政府治理结构，将政府权力和行为严格限制在法治范围内；重塑政府间关系，改革政绩考核机制，将居民的感受作为主要政绩指标；在公共服务领域，强化政府的规划、支出和监管责任，同时充分利用市场机制提高公共服务的品质和效率。

一　政府职能的根本转变是完善社会主义市场经济体制的关键

中国经济体制改革是从高度集中的计划经济体制开始的。在计划经济体制中，政府的职能无所不包，几乎所有生产要素乃至消费品都由政府计划配置。列宁在俄国十月革命前夕撰写的《国家与革命》一文中，曾把社会主义经济比作“国家辛迪加”：“全体公民都成了一个全民的、国家的‘辛迪加’的职员和工人。全部问题在于要他们在正确遵守劳动标准的条件下同等地劳动，同等地领取报酬”，[①]“整个社会将成为一个管理处，成为一个劳动平等和报酬平等的工厂”。[②]“大工厂”或“国家辛迪加”思想

① 《列宁专题文集·论马克思主义》，人民出版社2009年版，第271页。

② 同上书，第272页。

影响深远。而在现代市场经济体制中，价值规律和市场信号才是资源配置的决定性力量，利益诉求是经济运转的基本驱动力。这就意味着政府在整个经济中的角色必须发生根本性的变化，必须从资源的配置活动中退出来。但从现实情况看，政府介入资源配置活动的程度仍然很深，仍然频繁干预本应由企业家和个人作出的决策。仅从全社会固定资产投资来看，2013 年，国有部门投资仍占全社会固定资产投资的 27.25%，说明政府仍然支配着庞大的生产性资源。因此，最大限度地减少政府对微观事务的干预和参与，给市场主体释放足够的活动空间，是发挥市场在资源配置中决定性作用的关键。

另一方面，现代市场经济是建立在一套完备的支持性制度之上，而制度建设是政府的基本职责。现代市场经济的支持性制度包括完善的产权制度，统一开放、竞争有序的市场体系，合理有效的宏观经济调控，公共服务有效而公平的供给等。

完善的产权制度之所以重要，就在于它能为各类经济主体提供正当的激励，鼓励人们积累财富、配置资源和开展竞争。威廉·鲍莫尔、罗伯特·利坦和卡尔·施拉姆指出：如果不能有效保护人们的财产权，“就不能指望个人会冒着失去自己的资金和时间的风险，投资于运气不济的冒险项目。这里，法治——特别是财产和合同权利——尤为重要。”① 约翰·麦克米兰认为，“政府在市场设计中的一个基本任务就是确定财产权利，因为最简单的摧毁市场办法就是破坏人们对自己财产安全的信念。”② 拉古拉迈·拉詹和路易吉·津加莱斯则认为，“竞争性市场要发展起来，第一步就需要政府尊重和保护公民的财产权利，包括那些最弱和最无助的公民的财产权利。”③

建立统一开放、竞争有序的市场体系，核心是要保证市场的自由准入、交易的平等、开放和透明，政府在这里起着维护者和仲裁者的作用。政府本身的公正和透明是建立这样一种市场体系的基本要求。随着市场体系的演化，对平等、公正和透明的要求会越来越高。例如，市场经济发展早期阶段的交易大多是简单的现货交易，欺行霸市、缺斤短两和以次充好

---

① ［美］威廉·鲍莫尔、罗伯特·利坦和卡尔·施拉姆：《好的资本主义 坏的资本主义，以及增长与繁荣的经济学》，中信出版社 2008 年版，第 6 页。

② ［美］约翰·麦克米兰：《市场演进的故事》，中信出版社 2006 年版，第 11 页。

③ ［美］拉古拉迈·拉詹、路易吉·津加莱斯：《从资本家手中拯救资本主义：捍卫金融市场自由，创造财富和机会》，中信出版社 2004 年版，XXIV。

等各种损害市场的行为往往很容易识别。但在像资本市场、现代服务业以及远期交易这样复杂的交易市场上，为防止内幕交易和商业欺诈而要求的信息披露就是难度很大的一项专业性工作，占据优势的一方也更容易操纵交易过程。规范的信息披露对中小投资者和现代服务业的消费者很重要，是资本市场和服务业的稳定和繁荣的基础，但企业、大投资者或占有信息优势的一方可能会出于自身的利益而扭曲信息。因此，对于不断复杂化的交易，政府的有效监管和公正透明比以往任何时候都显得重要。不断出现的食品、药品和安全生产事件，以及商业欺诈事件也一再提醒我们，完善的监管体制对于建立良好的市场竞争秩序和保护消费者权益具有极端重要性。建立统一开放、竞争有序的市场体系，还需要打破地区封锁和地区之间市场割裂，而解决这一问题的关键在于打破基于现有政绩考核体制和财税体制之上的行政垄断，这与政府职能的根本转变也是分不开的。

校正市场失灵是政府的一项重要使命。但是，政府在校正市场失灵时如果出现自身失灵，结果可能会更糟。因此，避免政府失灵对于推进国家治理体系和治理能力现代化，完善社会主义市场经济体制非常重要。政府失灵的原因是多方面的，如政府自身的信息局限和利益偏好，以及政府可能会被某些利益集团所操纵，等等。而避免政府失灵首先需要转变政府职能。

加快转变政府职能也是加速转换经济发展方式的关键所在。过去 30 多年中国经济增长的明显特点是"要素驱动"和"政府投资驱动"，这种粗放式的增长模式在经济发展初期还是有效的，因为这时的政府角色相对明了："提供道路、铁路、能源和其他基础设施以补充民营部门投资之不足，为自由贸易和投资政策提供条件以鼓励技术追赶，当市场与协调失灵问题抑制具有国际竞争力且符合本国比较优势的产业发展时，实施相应的产业政策。"① 靠这种粗放式的增长模式，中国维持了 30 多年的高速经济增长。但这一增长模式已走到了尽头。一是人口、资源、环境等要素红利和全球化红利正在衰减，单纯的要素驱动和投资驱动无法推动中国跨越"中等收入陷阱"，进而从中等收入国家迈入高收入国家。二是要素驱动和投资驱动会导致要素价格和要素市场的扭曲，高投入、高耗能、高排放、高污染、低创新、低附加值的增长模式难以扭转。同时，这一增长模式往

① 世界银行、国务院发展研究中心联合课题组：《2030 年的中国：建设现代、和谐、有创造力的社会》（中文版），中国财政经济出版社 2013 年版，第 19 页。

往伴生机会不均、收入差距过大、贪污腐败盛行、社会矛盾尖锐等社会问题，不利于社会的和谐稳定。三是随着要素驱动和技术模仿潜力的衰减，社会需求日益多样化，经济中不确定性的增强，以及产业结构从价值链低端向高端的转移，创新作用凸显。在经济增长新阶段，政府直接介入经济活动，可能会阻碍而不是促进增长。“因此，政策重点需要更多转向发展民营部门，确保市场足够成熟以有效配置资源，同时使企业足够强健和富有创新能力，能够参与高技术领域的国际竞争。”①

二 政府职能转变滞后与政策失灵

改革开放以来，我国政府职能一直在适应市场经济发展和经济全球化进程不断进行调整和优化。但我国改革开放毕竟是从高度集中的计划经济体制出发的，政府在改革中始终处于强势地位，除非政府主动意识到自身改革的必要，或者面临较大的外部压力，否则，政府职能转变就会或多或少地受到政府自身的干扰。这些干扰，除了政府舍不得放弃权力和由此带来的利益外，另外一个同样重要的原因是，在市场和法制不完善的情况下，政府很自然地期望自己能够替代市场和企业家的作用。由于各种因素的综合作用，政府职能的转变明显滞后于整体改革进程，以致成为全面深化改革的关键。

1. 政府“越位”与“缺位”

政府“越位”指政府干了本应该由市场、企业、个人和社会去干的事情；政府“缺位”则指本应由政府履行的职责，政府却没有尽职尽责。

地方政府热衷于投资项目就是政府“越位”的一个明显例子。地方政府以其控制的庞大资源兴办投资项目，或直接介入企业投资活动，形成了一轮又一轮的投资冲动。地方政府对经济活动，特别是投资活动的直接参与，不仅是历次宏观经济波动的一个重要根源，而且是产能过剩的主要推手，造成了极大的资源浪费。根据相关数据，2012 年年底，我国钢铁、水泥、电解铝、平板玻璃、船舶的产能利用分别为 72%、73.7%、71.9%、73.1% 和 75%，明显低于国际通常水平。除了这些传统产业产能过剩以

① 世界银行、国务院发展研究中心联合课题组：《2030 年的中国：建设现代、和谐、有创造力的社会》（中文版），中国财政经济出版社 2013 年版，第 19 页。

外，有色、石化，如氮肥、电石等一度热销的产品也因供大于求而出现销售困难。一些新兴产业也出现产能过剩，如太阳能电池产能过剩达95%，风电设备产能利用低于60%。产能过剩自20世纪90年代初就开始出现了，是我国经济发展中的一大顽疾，长期得不到根治，一个重要原因就是地方政府的投资冲动。地方政府“实际上已经变成一个投资型企业，借助地方融资平台进行资本运作，且组织得像一个一般的公司，官员行为也更像企业老总，其中心任务是通过各种手段扩大投资，以便创造更多的GDP和更多的财政收入。于是，政府直接介入微观经济活动，成为市场竞争的重要主体，但又不承担市场竞争的后果。”①

政府“越位”的另一个例子是政府至今仍保留着大量的行政性审批。2013年在全国130多个城市开发房地产项目的恒大集团，“从买地到竣工交楼，再到给小业主办房产证，少的要盖50多个章，多的要盖110多个章”，“而且有一些是雁过拔毛的”；“行政审批时间一拉长，成本就上去了，房价也就上去了”。② 政府对企业投资项目的审批可能是为了防止重复建设和投资失误，初衷是良好的。但政府部门没有信息和技术优势，也不承担相关责任，也就难以保证审批的科学性和公正性，失误同样难免。而且为了应对审批，企业需要花大量的时间和精力与政府部门打交道。伴随着管制和审批的是政府滥收费，使得中国个体私营企业的成本不断提高。③ 如果审批中夹杂着个人利益和部门利益，它扭曲资源配置的可能性和危害性就更大。

在政府“越位”的同时，存在着大量政府“缺位”现象，突出表现在以下三个领域：信息基础设施、市场监管和公共服务。

第一，社会经济赖以顺畅运行的信息基础设施还没有建立起来。产权的法律确认、公众财产和收入信息库、公民和法人信誉（诚信）信息库、养老、医疗账户全国统一信息库等等，这些都是现代市场经济赖以运行的信息基础设施。如果没有完善的信息基础设施，市场的运转就会存在摩擦和阻力，交易成本就会很高，有些交易甚至不能进行。对于产权法律确认的重要性，马克思早就有深刻的分析。马克思在《黑格尔法哲学批判》中指出，“占有，是一个事实，是不可解释的事实，而不是权利。只是由于

---

① 张弛、张曙光：《靠市场化解过剩产能，促转型有赖深度开放》，《河北经贸大学学报》2014年第1期。

② 许家印：《房地产行业雁过拔毛的太多》，《新京报》2014年3月6日。

③ 尹鸿伟：《告别“收费政府”还有多远》，《南风窗》2007年第11期。

社会赋予实际占有以法律的规定，实际占有才具有合法占有的性质”。[①] 也就是说，即使占有已经成为事实，但如果不在法律上加以确认，它就还不能成为一种具有真正排他性的经济、社会权利。我国目前产权法律确认工作滞后的一个明显例子就是土地、农民房屋等财产的测量、登记、颁证等确权工作还远没有完成，阻碍了土地使用权有序流动、农业规模经营、农民财产抵押、农民的市民化等，并从根本上损害了农村土地市场的发育。财产和收入信息库、公民和法人信誉信息库、养老、医疗账户全国统一信息库是一个经济体的基本信息库，影响财税体制、交易透明度、劳动力流动，但这方面的工作才刚刚起步，远没有完成。

第二，没有有效履行监管职能。现代市场经济条件下，政府的微观经济职能不多，但仍有一项重要的微观经济职能，那就是市场监管（包括经济监管和社会监管），以保障市场交易秩序、产品质量、工作场所和环境安全。在这方面，政府没有尽到应尽职责，导致产品质量安全事件、生产安全事件、环境污染事件，以及商业欺诈和不公平交易事件频发，如“苏丹红”事件、“大头娃娃”（奶粉）事件、“三聚氰胺”（牛奶）事件、“太湖蓝藻”事件，以及煤矿安全和建筑安全事件等等。

第三，公共服务职能不到位。教育、医疗、养老、环境保护是政府应该发挥重要职能的核心公共领域，但政府并没有把公共资源尽可能地投向这些领域，导致公共服务短缺和分布不均等。2012 年，在政府财政总支出中，教育支出占 16.86%，社会保障与就业支出占 9.99%，医疗卫生支出占 5.75%，节能环保支出占 2.35%，四项支出共占 34.95%，刚刚超过 1/3。因此，仅仅从财政支出结构上看，政府职能还没有转换到以提供公共服务为主上来。

2. 政府仍控制过多的经济资源

政府控制资源过多，是指政府实际控制的资源超过了政府履行自身应尽职能的需要。当政府实际控制的资源超过了适度的规模，行政配置资源的弊端就会充分显露出来，同时还滋生着大量的腐败机会。

与传统体制相比，政府控制的资源在社会资源总量中的比例下降了，但政府仍通过多种途径控制着庞大的资源。首先是国有经济。经过多年的国有企业改革，国有经济的比重已明显下降。但政府退出的主要是那些竞

---

① 《马克思恩格斯全集》第 1 卷，人民出版社 1956 年版，第 382 页。

争性领域中的中小企业，而垄断领域仍控制在国有企业手中，它们利用垄断地位获取超额利润，而且数量惊人。政府通过垄断部门的国有企业和竞争领域的优质国有企业控制着大量的经济资源。

政府获取各类收入是政府控制经济资源（流量）的常用方式。改革开放以来，政府财政收入占 GDP 的比例虽然呈下降趋势，但政府通过预算外收入形式控制着巨额流量资源。土地出让金就被称为地方政府的第二财政。2008 年以来，除个别年份，地方政府土地出让收入呈持续增长态势，2014 年，全国土地出让收入达 42940.30 亿元，创历史新高。土地出让收入占 GDP 的比例已经由 2008 年的 3.30% 上升到 2014 年的 6.75%，这说明，政府通过土地出让收入的形式占有了高速经济增长所带来的相当一部分财富增量。土地出让收入与政府财政收入的比例很高，2008 年为 16.92%；2014 年上升为 30.60%；说明政府通过土地出让收入吸取了相当一部分经济资源。土地出让收入已成为地方政府可支配财力的主要来源。有学者估计，2004— 2012 年，土地出让收入占地方财政收入（本级）的比例多数在 4—7 成之间。①

表 6 - 1　　**2008—2014 年政府土地出让收入**　　单位：亿元，%

年份	土地出让收入	占 GDP 的比例	与财政收入的比例
2008	10375	3.30	16.92
2009	13964.76	4.10	20.38
2010	29109.94	7.25	35.03
2011	33173	7.01	31.94
2012	28517	5.50	24.32
2013	41250	7.25	31.94
2014	42940.30	6.75	30.60

政府债务也是政府控制和实际占用资源的一种重要方式。根据国家审计署 2013 年 12 月发布的全国政府性债务审计结果公告，截至 2013 年 6 月

① 《今年卖地收入将再破 3 万亿占地方财政收入比重约 50%》，《第一财经日报》2013 年 12 月 30 日。

底，全国各级政府负有偿还责任的债务206988.65亿元，负有担保责任的债务29256.49亿元，可能承担一定救助责任的债务66504.56亿元。[①] 照此计算，2012年，各级政府负有偿还责任的债务与GDP比例已经达到39.9%，是当年财政收入的1.77倍。政府债务性收入在我国经济社会发展、基础设施建设和改善民生等方面发挥了重要作用，但考虑到地方政府支出有许多不合理的地方，巨额债务潜藏着大量经济资源的浪费和经济风险。

政府控制金融资源是我国政府控制经济资源的一种重要方式。我国金融体制改革滞后于整体改革，绝大多数金融机构为政府所有，或政府控股，政企不分、政资不分尤其严重。政府有很多方式来控制金融资源的配置，金融资源的流动也明显受到政府政策、审批和官员的影响，存在严重的配置扭曲。

政府控制过多经济资源的一个直接后果就是国民收入分配、投资与消费以及投资结构的失衡。政府支配过多资源，而又往往偏好于投资，结果投资不断膨胀，消费受到压抑，经济增长迟迟不能进入良性轨道。国民收入分配失衡、投资与消费失衡又导致了以巨额外贸顺差为特征的外部经济失衡，致使中国整体经济对外依赖性大大提高。由此可见，在政府实际控制大量资源的情况下，市场秩序的自然演进就会受阻，政府主导的发展模式就难以改变。

3. 政策失灵

与政府职能转变滞后相伴的是政策失灵的大量存在。所谓政策失灵，是指政府政策没有达到预期目的，甚至适得其反。

现实经济生活中不难找到政策失灵的例子，2009年以来以抑制房价上涨为目标的房地产政策就是一例。2009年，我国房价开始进入新一轮上涨周期。在之前刺激政策的作用下，2009年上半年房价开始出现普遍上涨，北京、上海等大城市房价上涨更加迅猛。为了抑制房价的过快上涨，2009年6月以来，国务院和相关政府部门密集出台了大量以抑制房价过快上涨为目标的调控政策，且越来越严厉，行政色彩越来越浓。据不完全统计，2009年12月至2013年2月，国务院及有关部门共出台9项重大房地产调

---

① 参见国家审计署网站（http：//www. audit. gov. cn/n1992130/n1992150/n1992500/3432077. html）。

控政策，调控措施包括差别化利率、限贷、限购、限价等等。但这些房价调控政策并没有达到预期目标，更不用说购房者的愿望。统计数据显示，在2009年以来房价调控政策的密集出台期，房价仍一直处于上升态势，商品房平均销售价格涨幅一直在6%以上，一线城市房价上涨速度更是惊人。房价调控政策还减少了租房市场的可供出租的房屋数量，进而导致房租的上涨，这对低收入群体，特别是刚入职的年轻人造成了非常不利的影响，这可能是政策制定初期所没有预料到的。

政策失灵的原因是多方面的。首先，政策失灵有其内在因素。应该承认，政府在决策时往往会面临信息约束，政府不可能对决策对象和政策的作用机理完全了解。在这种情况下，决策失误的可能性就难以避免。蒂莫斯·贝斯利对政府所面临的信息局限作了分析，他指出："政府并不是全能的上帝，不可能在介入某一经济活动时对政策过程的各种可能情况都有完全的把握"，而"任何一种形式的无知都有可能导致政策决断的失误"。(Timothy Besley，2006）政府调节微观经济活动和试图控制市场交易的政策需要大量的微观信息，而这些信息是极度分散和隐秘的，政府获取和处理这样的信息是极度困难的。因此，政府出台微观干预政策，如价格控制、产品和服务配给、信贷和生产要素配给等，所面临的信息约束更严厉，失误的可能性更大。

第二，经济体制转型期，政策效果在很大程度上受到中央与地方关系的影响。分权化改革既给了地方更多的独立利益，也给了地方更多的经济权力，从而形成中央与地方的博弈关系。地方政府往往会根据自身利益来选择性地执行中央政策，造成中央政策在执行过程中的扭曲。当许多地方政府都按自身利益行事时，就会造成大面积的违规行为，形成法不责众的局面。

第三，部门利益和既得利益集团利益也会导致政策失效。对某些部门而言，凡是能巩固、谋取自身利益的政策，则积极"作为"；凡是与自身利益相抵触、难以谋取自身利益的政策，则消极"不作为"[①]。在部门利益膨胀的同时，各种利益集团迅速产生和发展起来，它们也对公共政策的制定和执行产生广泛而深远的影响。总之，部门利益和利益集团的影响会导致政策扭曲、迟滞和无效。

---

① 江涌：《警惕部门利益膨胀》，《瞭望新闻周刊》2006年第41期。

三 加快政府职能根本转变的着力点

基于改革开放 38 年经验，依据社会主义市场经济体制的内在逻辑，加快政府职能转换需要从以下五个基本方面着手：

第一，从现代市场经济的内在逻辑出发界定政府职能。

“让市场在资源配置中起决定性作用”应成为界定政府经济职能的基本准则。社会主义市场经济是现代市场经济，必须遵循一个基本理念，那就是“让市场在资源配置中起决定性作用”，并以此来界定政府的作用范围。实践证明，市场机制是迄今为止人类所拥有的最为有效的资源配置工具，因为市场机制能够以最快的速度、最廉价的费用、最简单的形式把资源配置的信息传递给利益相关者，而利益相关者又能够自主决策并作出迅速的反应，从而使各类资源处于有效流动和动态优化配置之中。

市场经济的最大优势在于，它通过市场中错综复杂的网络和千丝万缕联系，动员起了潜藏在千百万人中的财富、资源、知识、信息、技能和各种潜在的创造力，使它们成为生产力发展的不竭源泉。人民群众是财富的创造者，而市场机制是动员人民群众参与财富创造的好机制。而且，借助于市场机制，人民群众不仅创造着财富，同时也分享着财富，享受着选择的自由。

因此，绝大部分资源配置活动和基于个人偏好的选择，都应该交给市场主体，同时把相应的责任和风险分散到作出决策的主体身上。政府只做那些市场做不好或做起来不经济的事务。从这一逻辑出发，在社会主义市场经济中，政府的作用可以概括为构建“四大框架”：一是构建现代市场经济的制度框架，主要构建完善的产权保护和市场监管制度；二是构建现代生产力框架，包括构建完善的基础设施网络，使之与产业结构和消费结构的现代化相适应，当前特别要加快信息基础设施的建设和完善，使各类信息的流动更加顺畅，费用更加低廉；三是构建完善的社会福利框架，提供养老、医疗、教育、生态、扶贫和系统性社会风险等方面的资金保障，提高人民群众的安全感和幸福感；四是构建完善的宏观调控框架，通过有效的预调、微调机制，确保微观主体确立良好而稳定的预期，实现经济的平稳增长。在明确界定了政府职能以后，政府就应该把公共资源和行政能力集中投入到自己的职能领域。

第二，把政府支配的资源量控制在政府履行自身应尽职能的水平上。

回顾政府职能转变的历程，不难看出，如果不把政府支配的资源缩减到政府履行应尽职能所需要的合理水平上，政府职能就不可能实现根本性转变，政治对经济的僭越就不可避免，市场主体对政府机构和官员的依附也就不可避免。把政府支配的经济资源减少到合理水平，就能为市场配置资源释放尽可能大的空间，同时为那些与政府谈判力较弱和距离远，但能够对经济增长作出更大贡献的市场主体创造出更宽松的环境。政府减少对经济资源控制，也就降低了政府扭曲要素配置和要素价格的可能，同时增强政府作为市场公平竞争维护者的可能。如果让市场来做更多的选择，政府政策偏差将会小许多。当企业而不是政府成为经济增长的基本诉求者和推动力时，就能够淡化依靠 GDP 考核推动经济增长的作用。政府更有可能把注意力转移到保护产权、维护市场秩序、管理宏观经济和提供公共产品上来。

减少政府支配的资源量，着力点是加快推进金融体制改革、审批制度改革和土地市场发育，使非政府资源的配置尽可能地市场化。

第三，重塑政府间关系。

涉及两个方面：一是合理配置政府间事权和财权；二是建立科学的官员政绩考核体系。在科学界定政府职能的前提下，地方分权格局不能改变。分权的实质就是使公共政策的决策者尽可能靠近他所影响的公众。对于地方公共事务，地方政府通常拥有信息优势，地方政府的决策往往更有利于民众的参与，地方政府的行为往往更易于监督。在明确划分事权的基础上，合理划分政府间财权，使财权与事权相匹配，同时建立起科学、规范、透明的政府间财政转移支付体系。对政府官员的考核要改变以往以 GDP 为核心的状况，除 GDP 增长外，尽可能把社会安全状况、环境质量、居民收入、就业水平、生活水平，乃至居民的日常生活感受纳入到官员政绩考核之中。更为重要的是，要把政府的服务对象——公众——对政府施政的满意度和个人感受纳入到官员的政绩考核之中，让辖区内公众的评价能够切实影响到官员的仕途，同时加大新闻媒体的监督作用。只有这样，目前存在的政府之间的策略博弈才能得以缓解。

第四，建立有效的政府治理结构。

“推进国家治理体系和治理能力的现代化”有赖于建立有效的政府治理结构，而对政府权力实施有效约束是建立有效政府的重要前提。法治是建立良好政府治理和提升制度质量的基石，改善政府治理的首要任务是建立法治政府，用法律规范和制约政府权力，使之在法律框架内运行。政务活动信息的公开、透明和自由流动对于提高政府效率、方便公众参与，从而改善政府治理也很重要。政务信息透明和自由流动把政府及其工作人员直接置于公众的监督之下，而公众的监督是一种最为广泛、最为持久，也是最为有效的监督。

第五，加快推进公共服务领域改革。

公共服务领域是政府的主要职能领域，也是目前问题很多、公众反映最为强烈的领域。对于公共服务领域的改革，有三点值得强调：一是强化政府的公共服务责任，特别是投入责任，提高基本公共服务的水平和质量；二是改革政府履行公共服务职责的方式，使其与现代市场经济的运行机理相融合，具体而言，政府将主要通过规划、支出和监管的方式来履行提供公共品和公共服务的职责；三是在公共服务领域引进竞争机制和非政府力量，通过建立公私伙伴关系，提高公共服务的品质和效率。

主要参考文献

《列宁专题文集·论马克思主义》，人民出版社 2009 年版。

《马克思恩格斯全集》第 1 卷，人民出版社 1956 年版。

《中共中央关于全面深化改革若干重大问题的决定》，人民出版社 2013 年版。

［美］威廉·鲍莫尔、罗伯特·利坦和卡尔·施拉姆：《好的资本主义　坏的资本主义，以及增长与繁荣的经济学》，中信出版社 2008 年版。

［美］约翰·麦克米兰：《市场演进的故事》，中信出版社 2006 年版。

［美］拉古拉迈·拉詹、路易吉·津加莱斯：《从资本家手中拯救资本主义：捍卫金融市场自由，创造财富和机会》，中信出版社 2004 年版。

世界银行、国务院发展研究中心联合课题组：《2030 年的中国：建设现代、和谐、有创造力的社会》（中文版），中国财政经济出版社 2013 年版。

张弛、张曙光：《靠市场化解过剩产能，促转型有赖深度开放》，《河北经贸大学学报》2014 年第 1 期。

钱颖一：《政府与法治》，《比较》2003 年第 5 期。

张军：《分权与增长：中国的故事》，《经济学季刊》2008 年第 1 期。

Timothy Besley, 2006. *Proncipled Agents? The Political Economy of Good Government*. Oxford University Press.

Holmstrom, B. and P. Milgrom, 1991, "Multitask Principal – Agent Analyses", *Journal of Law, Economics, and Organization* 7, pp. 24 – 52.

第七章　政府机构设置：集中还是分立

政府机构改革是中国经济体制改革的重要组成部分，而政府机构职能的设计与组合则是政府机构改革的重要组成部分。本章运用政治经济学的原理，借鉴共同代理理论，比较了政府机构职能设置中的集中与分立，认为政府职能互补和灵活应对特定情况是机构职能组合中必须作出的权衡，并对利益集团影响下政府机构设置的一些方式进行了讨论。

一　引言

中国政府机构改革是中国行政管理体制改革的重要组成部分，从 1982 年以来，大的政府机构改革已进行了五次之多①。改革开放之前，中国实行计划经济体制，政府机构围绕着计划经济配置资源的需要而设置，经济体制改革开始后，部委等政府机构开始适应市场经济的需要而转变了部分职能。可以说，转变政府职能使之适应经济和社会发展的要求，是政府机构改革的主导因素，并在历次机构改革，特别是 1993 年机构改革中取得了重要进展。不过，即使明确了与市场经济相适应的职能，但在政府职能的组合和具体操作方式上，仍然存在很多变数。比如，同样是某些政府职能，它们的履行可以归并到一个大部委或机构里，也可以进行分割，由几个部委或机构分别完成。政府职能履行方式上的区别对政府机构职能的恰当实现起着无可忽略的反作用。政府机构设置不当，有可能会实质性地损害政府职能的实现。

例如，食品安全问题是关系到老百姓日常生活的大事，从“三聚氰胺”到“瘦肉精”，再到“染色剂”和“地沟油”等等，都成为全社会高度关注的热点问题。食品安全事故的层出不穷，是诸多种因素的结果，但政府主管

① 五次大的政府机构改革分别是 1982 年、1988 年、1993 年、1998 年和 2003 年的政府机构改革。

部门监察的失职，是其中的主要原因之一。以“瘦肉精”为例，按照现有食品安全监管体制，采取的是分段监管方式，从养猪场到餐桌的不同环节由不同部门监管，[①] 涉及的部门有农业部、商务部、卫生部、工商总局、质检总局、食品药品监管局等部门。从理论上讲，分段监管“瘦肉精”似乎可以各司其职，但实际操作上却有“扯不完的皮”，社会舆论形象地称之为“七八个部门管不住一头猪”。不过，这种指责过于笼统。分段监管最大的问题是协调不易、重复监管或者监管空白带来的效率损害。就“瘦肉精”事件，每个环节都有相应的机构监管，理论上是不存在监管空白的。作为一个事故链，其中任何一个环节监管不到位，哪怕是重复监管或无协调，“瘦肉精”事件就不会发生。可见，从防止“瘦肉精”而不是监管效率损失的角度看，问题在于每个环节的监管都没有到位。当然，每个环节的重要性是不一样的，最重要的环节是“瘦肉精”药品的监管和饲养环节的监管，在政府职能机构的设置上，这是值得考虑的问题。在“瘦肉精”监管中，尽管规定由农业部牵头，但农业部还负责其他诸多职能，畜牧业只是其中的一部分。在“瘦肉精”事件大规模爆发之前，农业部的主要工作关注似乎没有放在这上面，其他部门如卫生部等也是如此。在“瘦肉精”及类似的食品安全监管中，政府监管机构的设置方式会产生明显的影响。

另一个事例与房地产市场发展相关。1998 年进行房地产市场改革，最初的设计是商品房和社会保障房（经济适用房）各司其职，“对不同收入家庭实行不同的住房供应政策。最低收入家庭租赁由政府或单位提供的廉租住房；中低收入家庭购买经济适用住房；其他收入高的家庭购买、租赁市场价商品住房”[②]。但在后来的执行过程中，房地产开发倒向商品房，保障房在很长时间内基本被边缘化。随着房价节节攀升，房地产市场的这种扭曲也越加严重，从而引发严重的社会问题。在中央部委中，住建部（原建设部）负有房地产发展与行政调控房地产市场两种职责。这两种职能都集中在住建部手里，是政府机构职能集中设置的一个缩影。而在政府职能之间不易协调，甚至在可能存在冲突的情况下，政府职能的集中设置可能会对相关职能的执行产生明显的影响。很明显，商品房开发可能是一种更为明显的政绩，还能为

---

① 参见 2010 年中央编办《关于进一步加强“瘦肉精”监管工作的意见》。

② 引自 1998 年 7 月《国务院关于进一步深化城镇住房制度改革加快住房建设的通知》。通知还要求：“停止住房实物分配，逐步实行住房分配货币化；建立和完善以经济适用住房为主的多层次城镇住房供应体系”。

某些利益团体带来潜在寻租机会，而保障性住房就没有这方面的明显效应，甚至会与之冲突。

从以上两个例子中可以看出，在政府机构设置中，需要考虑相应职能之间的配合和冲突，以及其他影响的因素，在集中或分散设置上作出妥善安排。

我们考虑的问题是，对于既定的一组政府职能，如何按照它们之间的内在联系和重要影响因素进行政府机构设置。政府机构的集中设置，是把既定的一组政府职能集中在一个统一的政府机构里，分散设置则是把这些职能分散在不同的政府机构里。

组织机构设计是管理学中的经典命题。不过，对于政府机构来说，还存在其特殊性，即它承担的公共决策容易受到各种政治因素的影响。在这里，我们尝试用经济学原理对政府机构的集中还是分散设置作初步分析。按照委托代理理论，政府本质上可以看成是多委托人多任务的共同代理问题。[①] 政府受到各种参与公共事务的利益团体的影响，同时承担着不同的职能或任务，据此，我们利用 Dixit（1996）的共同代理模型[②]，在 Tommasi（2007）的基础上，[③] 分析特定职能组合下政府机构集中或分散设置各自的利弊原则，以及在利益集团可能的影响下，这些设置原则的一些新的条件。

二　模型

考虑 m 个特定的政府职能构成的职能集合，$X' = (x_1, x_2, \cdots, x_m)$ 为政府在这 m 个职能上提供的政府服务水平。同时，政府服务提供的对象是全社会，社会可由若干个团体（组织或个人）组成。为适应政府职能划分与归并的研究需要，不妨把社会划分为 n 个团体，或利益集团，每个团体都从政府的 m 个职能活动获益，或者受到影响。团体 i 由 n_i 个人组成：

---

① Martimort, D. the multiprincipal nature of government [J]. *European Economic Review*, 1996 (40): pp. 673 - 685.

② Dixit, A. *the Making of Economic Policy: A Transaction - Cost Politics. Approach* [M]. Cambridge, MIT Press, 1996.

③ Tommasi, Weinschelbaum. Centralization vs. Decentralization: A Principal—Agent Analysis [J], *Journal of Public Economic*, 2007 (9): pp. 369 - 389.

$n = \sum_{i=1}^{n} n_i$①。

社会是委托人，政府是代理人，按照委托代理模型的标准假定，委托人是风险中性的，则每个类型 i 委托人存在以下线性偏好：

$$b_{i1} \cdot x_1 + b_{i2} \cdot x_2 + \cdots + b_{im} \cdot x_m = B_i' \cdot X \qquad (1)$$

其中 b_{ij}，$i=1$，…，N，$j=1$，…，m，是类型 i 的委托人从政府第 j 个职能服务中每一单位产出获得的效用水平。我们考虑政府各项职能总能为相关团体带来福利，$b_{ij} \geqslant 0$。

对于提供服务的政府来说，对应每个职能的服务水平，存在一个投入 t_i，$t_i \geqslant 0$，即投入不可能为负，当 $t_i = 0$，也就是这项职能实际不存在。对于 $T' = (t_1, t_2, \cdots, t_m)$，有 $X = T + \varepsilon$，即产出等于投入和误差项之和。$\varepsilon' = (\varepsilon_1, \varepsilon_2, \cdots, \varepsilon_m)$ 为零均值的正态分布，且协方差矩阵 Ω 为对角矩阵，这意味着不同误差项之间的协方差为零。也就是说政府不同职能之间的产出分布不存在关联性。这个假定可以认为是合理的，因为政府不同职能之间的任务一般无法直接比较，它们各自面临的外生冲击也没有可比性。按照委托代理理论的标准假设，政府职能部门作为代理人是风险规避的。假定政府部门的效用函数为 $U(w) = -exp(-rw)$，其中 w 是委托人给予的支付 z 减去投入成本的二次型 $1/2\ T'CT$。为简单起见，矩阵 C 是对角矩阵，也就是一种类型的投入成本与其他任务投入水平的成本不相关，在标准的多任务委托代理模型的假设中，C 是正定矩阵，因此，增加一类职能服务的刺激会导致其他职能服务投入的减少，而我们为了比较政府部门设置的不同类型而简化了这一假设。

按照我们的划分，政府部门机构设置可以有集中和分立两种情况。政府机构集中设置在模型上就是只存在统一的一个政府机构，它从事所有 m 项职能；政府机构分立设置则是分设成 m 个部门，每个部门负责其中一项职能。对于集中设置的政府机构来说，所有委托人都只能和这个机构打交道，而对于分立设置的政府机构来说，不同的委托人可以和不同的政府职能部门打交道。为简单起见，我们假设对某一类型的委托人，他们最多只与承担某一个职能的政府机构打交道。例如，类型为 i 的社会团体，其 n_i 个委托人只与类

① 委托人的划分在这里只考虑某项职能对他们的影响的不同，例如教育，所有委托人都可以受益，但不同团体受益程度未必一样。

型为 i 的政府机构打交道。这个假定实际上也暗含着 $n=m$，即在分立设置下，社会利益集团总数与政府职能机构总数相等。当 $m>n$，$m-n$ 个政府机构则不受利益集团的影响，相对于本书而言无关宏旨，去掉即可；当 $n>m$，说明至少对某个政府机构存在两个及以上利益集团的影响，而这样的政府机构不过是政府机构集中设置的一个特例。

在政府机构集中设置的情况下，相当于只存在一个代理人，它的收入为：

$$w = z - 1/2T'CT = z - 1/2\sum_{j=1}^{m} c_j t_j^2 \qquad (2)$$

其中 $z = \sum_{i=1}^{m} n_i z_i$ 为全体委托人的支付，z_i 为每个类型 i 的委托人的支付。

在政府机构分立设置的情况下，每个利益集团对应一个代理人，每个政府机构 i 的收入为：

$$w_i = n_i z_i - 1/2 c_i t_i^2 \qquad (3)$$

对于委托人来说，每个类型 i 委托人期望效用为 $\sum_{j=1}^{m} b_{ij} t_i - z_i$，全体委托人的期望效用为：

$$\sum_{j=1}^{m}\left(\sum_{i=1}^{m} n_i b_{ij} t_j\right) - z \qquad (4)$$

作为通常假定的标准情况，即不存在信息不对称、委托人可以直接观测到 t 和全体委托人联合行动，我们把这种情况下的最优结果作为一个标准。委托人作出福利最大化的选择，在政府机构集中设置的情况下是：

$$\sum_{j=1}^{m}\left(\sum_{i=1}^{m} n_i b_{ij} t_j - 1/2 c_j t_j^2\right) \qquad (5)$$

最优的产出水平 $t_j^1 = \dfrac{\sum_{i=1}^{m} n_i b_{ij}}{c_j}$

在政府机构分立设置情况下，每个政府机构 j 的委托人的选择是：

$$\sum_{i=1}^{m} n_i b_{ij} t_j - 1/2 c_j t_j^2 \qquad (6)$$

最优产出水平为 $t_j^2 = \dfrac{n_j b_{jj}}{c_j}$。

比较 t_j^1 和 t_j^2，不难看出，在政府机构的各项职能存在互补的情况下，即当 $b_{ij}>0$，有 $t_j^1>t_j^2$，这就是职能机构设置的一般原则：对于互补的职能，把它们合并在一起设立一个统一的机构比分散设置要好。例如，在交通运输管理上，公路、铁路、民航、水运每种交通方式存在互补的可能①，每种交通方式的主要受益者也可以从其他交通方式的发展获得好处，交通管理职能就具有互补性质，对此建立统一的交通管理部门，进行统一规划就具有合理性。

当然，在实际当中，信息不对称是存在的。在信息不对称的情况下，委托人只能观测到 x，委托人可以采取线性报酬机制：$z=\alpha' x+\beta$。α 是单位激励向量，β 为使代理人满足激励约束的一个常数。由于代理人是风险规避的，它的确定性等价（CE）是：

$\alpha' t+\beta—1/2r\alpha' \Omega\alpha—1/2T'CT$，即：

$$\sum_{j=1}^{m}\alpha_j t_j+\beta-\frac{1}{2}r\sum_{j=1}^{m}\alpha_j^2\sigma_j^2-\frac{1}{2}\sum_{j=1}^{m}c_j t_j^2 \tag{7}$$

代理人选择 t_j 最大化确定性等价可得：

$$t_i=\frac{\alpha_i}{c_i} \tag{8}$$

在政府机构集中设置下，委托人效用是 $\sum_{j=1}^{m}(\sum_{i=1}^{m}n_i b_{ij}x_j-\alpha_j x_j-\beta)$。期望社会总剩余则为 $\sum_{j=1}^{m}((\sum_{i=1}^{m}n_i b_{ij})\frac{\alpha_j}{c_j}-\frac{1}{2}r\alpha_j^2\sigma_j^2-\frac{1}{2}c_j(\frac{\alpha_j}{c_j})^2)$，最大化导致 $\alpha_j^3=\frac{\sum_{i=1}^{m}n_i b_{ij}}{1+rc_j\sigma_j^2}$，并得到 $t_j^3=\frac{\sum_{i=1}^{m}n_i b_{ij}}{c_j}\frac{1}{1+rc_j\sigma_j^2}$。

类似地，在政府机构分立设置下，对每个政府机构 j 委托人效用是 $\sum_{i=1}^{m}(n_i b_{ij}x_j-\alpha_j x_j-\beta)$，最大化社会总剩余导致 $\alpha_j^4=\frac{m_j b_{jj}}{1+rc_j\sigma_j^2}$ 和 $t_j^4=\frac{n_j b_{jj}}{c_j}\frac{1}{1+rc_j\sigma_j^2}$。

比较 t_j^3 与 t_j^4，不难发现在信息不对称情况下，只要政府机构职能之间存在互补性，即 $b_{ij}>0$，政府机构集中设置比分散设置要好②。

---

① 这里我们只是简单假定基础设施越多越好。

② 类似地，不难看出，如果各项职能之间的成本也具有互补性，那么政府机构集中设置也会由于成本节约的好处而更具有吸引力。像食品药品的监管，具有成本互补性，就可以成立统一的监管机构。

接下来我们更关注的是委托人分散行动的情况，这正是共同代理理论所要揭示的。在分散行动下，给定其他委托人的支付都是固定的，每个委托人 l 都单独对代理人提供支付，$z^1=\alpha^1+\beta^1$，其中 $\alpha^1=(\alpha_1^1, \alpha_2^1, \cdots, \alpha_m^1)$。代理人获得的是委托人支付的总和，其 CE 仍然是 $\alpha' t+\beta—1/2r\alpha'\Omega\alpha—1/2T'CT$，其中 $\alpha=(\alpha_1, \alpha_2, \cdots, \alpha_m)$，而 $\alpha_j=\sum_l \alpha_j^l$。

先考虑政府机构集中设置的情况。$A_i^l=\sum_{k\neq l}\alpha_i^k$，即委托人 l 外的加总激励机制，类似地有 B^l，在排除了委托人 l 的激励机制下，类似（8），努力水平就是 $t_i=\frac{A_i^l}{c_i}$；类似（7）：其 CE 变成：$\sum_{j=1}^m\frac{(A_j^l)^2}{c_j}+B^l-\frac{1}{2}r\sum_{j=1}^m(A_j^l)^2\sigma_j^2-\frac{1}{2}\sum_{j=1}^m\frac{(A_j^l)^2}{c_j}$。如果委托人 l 加入，代理人 CE 成为 $\sum_{j=1}^m\frac{(A_j^l+\alpha_j^l)^2}{c_j}+B^l-\frac{1}{2}r\sum_{j=1}^m(A_j^l+\alpha_j^l)^2\sigma_j^2-\frac{1}{2}\sum_{j=1}^m\frac{(A_j^l+\alpha_j^l)^2}{c_j}$。因此签订含委托人 l 的合同带来的额外收益是 $\sum_{j=1}^m((\alpha_j^l)^2+2A_j^l\sigma_j^l)(\frac{1}{2c_j}-\frac{1}{2}r\sigma_j^2)+\beta^1$。委托人 l 在没有加入下的收益是 $\sum_{j=1}^m b_{ij}\frac{A_j^l}{c_j}$，其中 i 是委托人所属类型。加入则为 $\sum_{j=1}^m(b_{ij}-\alpha_j^l)\frac{A_j^l+\alpha_j^l}{c_j}\beta^l$，额外收益就是 $\sum_{j=1}^m(b_{ij}\frac{\alpha_j^l}{c_j}-\alpha_j^l\frac{A_j^l+\alpha_j^l}{c_j})-\beta^l$。通过最大化双方额外收益，同时利用委托人对称的假设，即 $\alpha_j=\sum_l\alpha_j^l=N\alpha_j^l$，得到分散委托人的总和激励机制 $\alpha_j^5=\frac{\sum_{i=1}^m n_ib_{ij}}{1+nrc_j\sigma_j^2}$，相应地代理人努力水平为 $t_j^5=\frac{\sum_{i=1}^m n_ib_{ij}}{c_j}\frac{1}{1+nrc_j\sigma_j^2}$。

与联合委托人的情况类似，在政府机构分立设置下，分散委托人的总和激励机制为，$\alpha_j^6=\frac{n_jb_{ij}}{1+n_jrc_j\sigma_j^2}$，相应代理人努力水平为 $t_j^6=\frac{n_jb_{jj}}{c_j}\frac{1}{1+n_jrc_j\sigma_j^2}$。

委托人分散行动，是一种更为接近现实的情况。在共同代理假定下，比较 t_i^5 和 t_i^6，可以看到，尽管在政府机构分散设立的情况下，如果存在职能互补的情况，政府机构职能互补的因素未能完全考虑在内，但政府机构集中设立也导致了因太多委托人而激励弱化的缺陷（$n>n_i$）。类似于财政分权文献中财政分权制度使地方政府"更接近人民"（closer to people），分立设置下的专职政府机构也更容易就其特定职能对利益相关者或者说委托人的诉求作出反应。因此，在实际政府机构设计中，政府职能互补和政府职能更灵活地对特定情况作出反应，在这二者之间必须作出权衡。从农业部分离出食品监管就是这个原理。在农业部这个机构里，相对于其他的职能及其背后的利益诉求，食品监管得到重视的可能会弱一些。同样，原来由卫生部负责的药品监管，是卫生部职能的自然延伸，与卫生部其他职能也具有互补性。但随着药品的日益复杂和药品监管重要性的日益提高（某项职能j重要性的提高反映为 $\sum_{i=1}^{m} b_{ij} > 0$ 且越来越大），药品监管就需要单独剥离出来，成立食药监局来履行。类似地，在金融监管体制上，随着金融业混业经营的普及和金融控股公司的出现，呼吁打破分业监管模式，设立综合性的金融监管委员会的呼声日益增多。不过，如果考虑到一国究竟是银行还是证券，或其他金融行业占有显著地位，那么单独为此设立监管机构还是有必要的①，即使设立了金监委，该行业的监管也应是其职能重点。

三 利益集团的影响

以上讨论政府机构集中还是分立设置的假定都是在政府职能之间是否存在互补性，即$b_{ij}>0$，从而考虑互补性与太多委托人导致激励弱化因素之间作出的权衡。现实中，政府机构设置还会受到广泛存在的相关利益集团的潜在影响。当出现特殊利益集团时，比如说其中某些委托人团体就是特殊利益集团，它们的利益就会与其他社会团体利益存在相冲突的可能。这些利益集团就会以各种方式影响政府机构的相关决策，从而对社会福利产生扭曲。这也意味着当存在损害他人利益的利益集团j，对于相应政府职能j，会有若干i，$b_{ij}<0$。

考虑利益集团影响下的政府机构设置，这里可以考虑以下两种情况：

一是对于利益集团j，对于职能j，$b_{jj}>0$，$\sum_{i=1}^{m} b_i j \leqslant 0$，这意味着对于该职能$j$，它对于利益集团$j$是有利的，但对其他多数社会团体却是有害的，典型的是对所有$i \neq j$，$b_{ij} \leqslant 0$。从社会福利的角度来说，按照（5）式和（6）式，很显然，最优的t_i应为0，即这项政府职能就不该存在。t_i（为正）越大，对社会福利的损害也越大。按照共同代理模型下的t_j^5和t_i^6，可以看出，当政府机构

① 这里没有考虑监管俘获的可能。

分散设置的时候，$t_j^8 = \frac{n_j b_{jj}}{c_j} \frac{1}{1 + n_j r c_j \sigma_j^2} > 0$，即促使政府在该项职能的投入为正，产生有害的结果。当政府机构集中设置的时候，$t_j^7 = \frac{\sum_{i=1}^{m} n_i b_{ij}}{c_j} \frac{1}{1 + N r c_j \sigma_j^2} = 0$（受到 $t_j \geqslant 0$ 约束）。这时政府机构集中设置就有利于摆脱单个部门利益集团的影响和俘获，政府职能集中设置后，单个利益集团对这个“更大”政府部门的影响力就相对下降了。这个更大政府部门相对也更不容易被单个利益集团所俘获。以食品全监管为例，像“瘦肉精”、“三聚氰胺”的查处等这些具体监管由地方负责，而地方政府对外流到其他地区的产品不会那么用心，也更容易受到本地利益集团的影响[①]。因此，组建有统一控制和指导权的监管机构可能是更好的选择[②]。当然，前述食药监局是指应从卫生部分立出来，这里是指食药监局本身应是统一机构。

另一种情况与上面则正好相反，对于职能 j，有 $0 < \sum_{i=1}^{m} b_{ij} < b_{jj}$，即这项职能对社会整体仍然是有必要的，但由于某些利益集团 j 的有害行为，即有某些 i，$i \neq j$，$b_{ij} \leqslant 0$，可能使得这项职能的供给不足。按照（5）式规定的社会福利，t_i 在达到最优之前是越大越好，比较集中和分立的设置，$t_j^9 = \frac{\sum_{i-1}^{m} n_i b_{ij}}{c_j} \frac{1}{1 + N r c_j \sigma_j^2} < t_j^{10} = \frac{n_j b_{jj}}{c_j} \frac{1}{1 + n_j r c_j \sigma_j^2}$，政府机构的分立设置更优，它可以让那些供给不足的职能重新得到发挥。这里职能供给不足的原因是尽管某项政府职能

① 在分段监管中，监管机构还有其他工作，比如，监管食品安全未必是其主要职责，监管机构被其他工作的利益所“俘获”，未必都关心原本只是工作一部分的食品安全监管。

② 2011 年，出于食品安全监管考虑，国办发 48 号文开始规定将工商质检机构由垂直管理变为属地管理，主要目的是为了理顺省级以下食品安全监管体制，强化由地方各级政府统一负责的食品安全监管责任。按照这里的分析，这种做法取得成效的前提是，除了政府食品安全委员会可以更好地协调和领导成员机构外，还要求地方政府不能被利益集团所俘获，例如不能为保护地方重要企业而纵容造假违法等，否则就达不到预期的效果。这就要求党政的垂直管理体系是有效的，这也正是机构集中设置的要求。关于政府机构垂直管理或属地管理的选择，这是与本书相关而又不同的话题。尹振东等对此作了研究，指出垂直管理在否决坏项目上优于属地管理，特别当地方容易存在政企合谋时更是如此。但好项目也可能更容易被否决，因为垂直管理部门对经济增长和财政利益没那么关心。如把垂直管理和职能的集中、属地管理和职能的分散做类比的话，这一结论与本书中利益集团影响的两种情况类似。参见尹振东《垂直管理与属地管理：行政管理体制的选择》，《经济研究》2011 年第 4 期。

j 是社会适意的，$\sum_{i=1}^{m} b_{ij} > 0$ ，但其他一些利益集团却可能因此受损，即存在某些 i，$i \neq j$，$b_{ij} \leqslant 0$，这些利益集团在政府机构集中设置下，会极力发挥自己的影响力进行阻挠，从而导致该职能的供给不足，或阻碍相应政策的实施。在分散设置下，这些利益集团的干扰反而可能减少。这也说明，对于政府机构职能的安排，尽量不要将相互冲突的职能目标安排在一个政府部门内，以免造成利益的冲突。

四 结论

通过上面的分析，我们得出了有关政府机构职能集中还是分散设置的一些初步结论：政府机构的设置需要依照职能是否互补，提供职能服务成本是否互补，以及利益集团可能影响的大小来作出权衡[①]。回到食品安全监管中的“瘦肉精”问题，按照实际监管中地方利益集团的影响，目前分段监管的最大问题在于，每段监管都不是相关监管部门的主要工作，在“瘦肉精”等事件大规模爆发之前的预防阶段，相关部门可能更关注其他方面的工作。因此，应该成立一个全国统一的食品安全监管机构，向各地派出垂直分支机构。例如，主要职责可以由药监局来承担[②]，药监局的本位职能就是食品药品的安全监管[③]。其他部门仍可参与分段监管，但药监局承担主要责任，实现以品种监管为主，分段监管为辅。至于地方政府，除非有强有力的问责机制（相当于把地方政府的主要职能固定到包含食品安全的公共服务），否则地方政府出于发展经济的目的，就有纵容造假的动机，从而造成职能冲突。从世界各国的实践看，食品安

---

① 当然还存在其他因素，如历史和组织文化因素等。例如，美国联邦警察体系中毒品管制局（DEA）是单独执法机构而没有纳入联邦调查局（FBI），其中一个原因是毒品调查经常需要警察做卧底，而这为胡佛时期的 FBI 组织文化所拒绝。

② 食品安全委员会目前主要是一个协调机构，而不是一个实质的行政机构。如果协调得法，食品安全委员会当然可以成为一个统一的监管机构，甚至它还有级别规格更高的好处，这是药监局不具备的。以药监局为主的监管，并不是说其他部门就撒手不管，只是这个工作主要由药监局承担，并负主要责任，这也是前言中职能集中设置的定义。而前述的分段监管缺陷就是至少会存在一个以上监管机构失职，但因为没有明确主要责任者，以及不是相应机构的主要职责，从而使失职处罚难以落实。

③ 随着商品贸易的扩大，食品流通区域会迅速扩大，这也需要全国性的监管机构。

全监管都朝向统一监管机构的方向发展，或者加强部门间的沟通协调。[①] 还有，随着反垄断的重要性越来越大，需要考虑将分散在发改委、商务部和工商总局的相关职能集中到一个以反垄断为主要职责的机构中。对于保障房建设，按照利益集团影响的第二种情况，为减少利益集团的干扰和目标冲突，应成立负责保障房建设的专门机构，或者淡化住建部在发展建筑业和房地产开发上的职能。

主要参考文献

尹振东：《垂直管理与属地管理：行政管理体制的选择》，《经济研究》2011 年第 4 期。

尹振东、聂辉华、桂林：《垂直管理与属地管理的选择：政企关系的视角》，《世界经济文汇》2011 年第 6 期。

王耀忠：《食品安全监管的横向和纵向配置——食品安全监管的国际比较与启示》，《中国工业经济》2005 年第 12 期。

高秦伟：《分散抑或合并——论食品安全监管机构的设置》，《规制研究》（第 1 辑），格致出版社 2008 年版。

［美］威尔逊：《美国官僚政治》，中国社会科学出版社 1995 年版。

Martimort, D. the multiprincipal nature of government [J]. *European Economic Review*, 1996 (40): pp. 673 - 685.

Dixit, A. *the Making of Economic Policy: A Transaction - Cost Politics. Approach* [M]. Cambridge, MIT Press, 1996.

Tommasi, Weinschelbaum. Centralization vs. Decentralization: A Principal—Agent Analysis [J], *Journal of Public Economic*, 2007 (9): pp. 369 - 389.

---

① 参见王耀忠：《食品安全监管的横向和纵向配置——食品安全监管的国际比较与启示》，《中国工业经济》2005 年第 12 期；高秦伟：《分散抑或合并——论食品安全监管机构的设置》，《规制研究》（第 1 辑），格致出版社 2008 年版。

第八章　政府监管改革

政府监管[①]是政府为实现某些公共政策目标，依据有关法律法规，对特定产业中微观经济主体的进入、退出、资质、价格以及涉及国民健康、生命安全、环境保护和可持续发展等方面进行的引导、干预和规范。[②] 目前，政府监管已成为现代市场经济条件下维护经济健康发展和社会公平的必备措施，几乎所有行业都或多或少地受到了政府的监管，人们的生产生活无不与之密切相关。

党的十八大和十八届三中全会《关于全面深化改革若干重大问题的决定》指出，“经济体制改革是全面深化改革的重点”，而处理好政府和市场的关系是经济体制改革的核心问题，为此必须着力解决好“政府干预过多和监管不到位问题”。可见，科学有效地开展政府监管，改革不合时宜的监管制度，解除过度监管，对于发挥市场配置资源的决定性作用和更好发挥政府作用具有重要意义。本章将围绕政府监管改革问题展开分析，首先分阶段概括我国政府监管的改革历程，而后分析我国政府监管改革仍亟待解决的主要问题，最后提出进一步推动我国政府监管改革的政策建议。

一　政府监管改革历程

与世界大多数国家，尤其是发达国家不同的是，我国的政府监管脱胎于传统的计划经济体制，是在市场经济体制尚不完备的基础上建立起来的。因此，我国政府监管体系的建立和完善，表现为逐步解除和转变计划经济体制下的政府管理职能、并使之不断与社会主义市场经济体制建设相适应的过程。我国现代政府监管的改革实践已历经了30多年，其间发生

---

① “监管”的英文为Regulation，也译作规制或管制。

② 谢地：《政府规制经济学》，高等教育出版社2004年版。

了“开启改革开放”、“确立市场经济体制目标”、“加入世界贸易组织”三个标志性历史事件。以这些事件为节点，我国政府监管的改革历程可划分为三个阶段：

第一阶段（1978—1992 年）：转向现代市场经济条件下政府监管的起步时期。计划经济体制下，政府对微观经济主体的经济活动实施全面控制和直接干预，政府监管完全融于政府计划之中，计划全面替代了市场。改革开放后，面对外资的进入、生产决策权的下放、商品市场的形成、价格的逐步放开等一系列市场经济方向的重大变革，我国适应性地建立了一些基本的法律法规与监管政策，如 1987 年颁布了《价格管理条例》，1982 年和 1988 年相继两次进行了国务院机构改革，构建了新的监管机构框架。可以说，这一阶段经济领域的政府监管改革，一方面是对以往全面监管的一种放松；另一方面是对新经济环境下监管的一种强化，体现出以规制的方法放松规制的特征。在经济性监管外，我国还开始着手建立以往所忽视的社会性监管制度，如 1988 年出台了《标准化法》，1989 年出台了《环境保护法》，1992 年出台了《生产过程安全卫生要求总则》等。总体来看，由于改革的方向尚不完全明确，相关经验尚不丰富，计划经济体制仍保留着有力的影响，这一阶段的政府监管改革在范围领域上仍不够广阔，制度体系方面也不成系统，但为进一步深入推进政府监管改革奠定了必要的基础，积累了有益的经验。

第二阶段（1992—2002 年）：政府监管改革的快速推进时期。党的十四大明确了建设社会主义市场经济体制的目标，从而指明了我国政府监管改革的方向，全方位地推动了与市场经济发展相适应的政府监管制度改革。具体地，在价格形成方面，实现了由双轨制向市场定价的并轨，打破了计划经济式的价格管制，全社会绝大多数商品均已交由市场机制来形成价格；在市场结构方面，对国有垄断行业部门进行了准入改革，积极引入竞争机制，如在电力行业逐步实现了上下游的厂网分开、对电信等行业进行拆分重组；在监管机构方面，通过 1998 年的政府机构改革以及公务员制度的完善，提高了监管部门的办事效率、协调性和监管者的业务素质；在法律法规方面，较前一阶段出台的数量更多、针对性更强的法律法规，如《反不正当竞争法》（1993）、《关于制止牟取暴利的暂行规定》（1995）等；在审批制度方面，通过改革行政审批制度，规范行政审批行为，提高了行政审批体系的透明性，加强了可问责性，进而提高了政府监管质量，与此同时，大刀阔斧地削减取消了涉及城市基础设施建设、房地产开发建设、商贸设施等多个领域的行政审批项目，仅国务院65个部门单位便在2001年清理出审批项目4159项。社会性监管工作也得到了显著强化，陆续出台了一系列相关制度法规，涉及环境保护、健康、安全等诸多社会性规制领域。如在环境监管方面，出台了《固态废物污染环境防治法》（1995）、《环境影响评价法》（2003）和《大气污染防治法》（2004）等法律法规；在健康监管方面，出台了《产品质量法》（1993）、《食品卫生法》（1995）、《药品管理法》（2001）等法律法规；在安全监管方面，出台了《矿山安全法》（1992）、《重大事故隐患管理规定》（1995）和《企业职工工伤保险试行办法》（1996）等法律法规。可以看出，这一阶段是我国政府监管改革的快速推进时期，在诸多领域取得了重要的改革成果。但改革在一定程度上还缺乏系统性和深入性，在部分行政垄断行业的实质性市场准入、监管机构职能重叠和事权不一等方面仍存在着进一步改革的较大空间。

第三阶段（2002年至今）：政府监管重构时期。这一阶段，在进一步完善社会主义市场经济体制和履行WTO协议的双重作用下，我国积极推动了多个领域政府监管制度改革的进一步深入与完善，同时还根据经济社会发展的需要开辟了诸多新的改革领域。在价格方面，进一步放开了农产品、资源性产品等重要物资的定价；在市场准入方面，先后颁布了关于非公经济发展的三十六条，申明了“平等进入、公平待遇”原则，允许非公有资本进入公用事业、基础设施产业、金融服务业、国防科技工业等法律法规未禁入的行业和领域；[①] 在监管机构方面，通过2003年的政府机构改革建立了众多重点行业领域的对口监管部门，实现了监管方面专业分工的细化，如设立了国有资产监督管理委员会、银行业监督管理委员会和食品药品监督管理局等专职监管部门；在法律法规方面，继续致力于服务和推动社会主义市场经济改革，出台了《制止价格垄断行为暂行规定》（2003）、《反垄断法》（2007）等法律法规。此外，还注重加强了对细分业务领域的监督立法，扩展了政府监管的覆盖面，深化了监管的具体职

---

① “非公经济三十六条”是指2005年2月25日发布的《关于鼓励支持和引导个体私营等非公有制经济发展的若干意见》；“非公经济新三十六条”是指2010年5月13日发布的《国务院关于鼓励和引导民间投资健康发展的若干意见》。

能，如颁布了《银行业监督管理法》（2003）、《证券法》（2004）、《境外投资管理办法》（2009）和《财政票据管理办法》（2012）等。社会性监管方面，延续了上一阶段快速推进的步伐，出台了诸多相关法律法规，基本实现了对群众主要关心的健康、安全领域的覆盖，如《安全生产法》（2002）、《道路交通安全法》（2003）、《农产品质量安全法》（2006）、《生产安全事故报告和调查处理条例》（2007）、《食品安全法》（2009）和《药品管理法》（2009）等。在监管机构方面，国家食品药品监督管理总局、国家安全生产监督管理总局等重要的社会性监管部门，分别由被代管的副部级单位独立出来并升格为直属国务院领导的正部级单位，凸显了新时期与人民群众生产生活密切相关的社会性监管工作，越来越受到政府部门的重视。可以看出，这一阶段我国政府监管改革在推进的速度上延续了上一阶段的势头，在推进的范围上又有了进一步的拓展，突出表现在通过一系列的完善和整理，进一步夯实和深化了既往已取得的改革成果，巩固了改革的市场化方向，同时凸显了“以人为本、执政为民”的方针导向。但是这一阶段的改革也暴露出了一个重要的问题，即政府监管工作在实践过程中往往会面临较多方面的阻力，以致部分政策法规难以落到实处，直接降低了政府监管的质量和效果。由此，狠抓“落实”便成为当下政府监管改革的重要着力点。

二　政府监管体制亟待解决的主要问题

目前，我国的社会主义市场经济体制建设尚未完全到位，已形成的市场经济体制仍是框架性的，存在不少漏洞。相应的行政体制改革也仍未捋顺，政府行政能力仍有待提升。要发挥政府监管对社会主义市场经济体制建设的支持作用，更好地服务于广大人民群众，仍有大量的问题和矛盾需要化解。

第一，市场化改革在部分领域的长期停滞，以及相配套的政府行政改革的滞后，导致了部分行政垄断行业的监管机构既当裁判员又当运动员，政企不分、政企合一问题长期得不到解决。在烟草、盐业、铁路、邮政等行业领域，市场化改革的步伐一直较为迟缓，相关政府监管部门对商品服务的供给数量和价格、行业相关标准的制定具有广泛的干预权乃至决定权。而与此同时，相关监管部门的利益直接嵌于行业经营过程之中，其在监管过程中很难做到超然事外、秉公履职。进一步地，要求由这些行业主管部门主动放松不必要的或不合理的监管职责，推动公共利益而不是部门利益的最大化，也无异于与虎谋皮。例如，国家烟草专卖局自2003年开始推动建立直接隶属于国家局的“中烟工业公司”，2005年深化烟草行业改革的《关于进一步理顺烟草行业资产管理体制深化烟草企业改革的意见》公布后，所有主要卷烟生产省份均建立了省级“中烟工业公司”，与省级烟草专卖局分离。自此，我国的烟草生产和销售几乎完全纳入了国家烟草专卖局的计划。在实现了烟草生产销售的上下游垄断后，国家烟草专卖局不仅通过其下属的各个“中烟工业公司”赚取了可观的超额利润，而且通过掌控与地方税收关系颇大的烟草生产指标的分配提升了本部门的地位。然而，由烟草专卖局主导的控烟工作，却由于有悖于其部门利益而难有实质性进展，这一方面损害了公众健康，增加了社会卫生保健负担；另一方面也阻碍了我国加入《烟草控制框架公约》时所作承诺的兑现。①

第二，部分领域中监管机构和被监管对象间广泛存在的利益共容关系，使得监管机构极易从内部被俘获。② 首先，我国的行业监管机构框架脱胎于此前的计划经济体制，这一历史渊源意味着，许多监管机构和被监管对象曾经同属一个部门，有着行政隶属关系，从而导致在监管过程中较易丧失独立性和公正性，并能以较低的交易成本形成利益同盟。其次，在缺乏外部监督的情况下，监管机构和被监管对象间的长期博弈易于实现激励共容的合谋。尤其是在监管机构人员收入水平偏低、行政干预的经济利益再分配功能强大的现实背景下，“官商”一家的现象在部分监管领域较为多发，甚至屡见不鲜。例如，2011年时任最高人民检察院渎职侵权检察厅副厅长李忠诚介绍，从双汇的“瘦肉精”到“毒豆芽”、“毒毛血旺”等食品安全事件，背后都隐藏着行贿受贿、玩忽职守、滥用职权、徇私枉法等职务犯罪。此外，窝案串案多，“查办一人就会带出一串，抓出一窝”。比如河南省检察机关在瘦肉精事件中查处渎职犯罪嫌疑人26人，都

---

① 相关资料可参见《烟草行业政企合一博弈十年》（http://pinglun.cntv.cn/20100921/104278_1.shtml）。

② Eisner, M. A., J. Worsham and E. J. Ringquist, 2000. *Contemporary Regulatory Policy*. Colorado: Lynne Rienner Publishers.

是从事畜牧监管的人员。①

第三，几乎所有的监管活动都伴有租金的产生，而目前由于制约与监督机制的缺失或不健全，这些租金往往会直接或间接地引致政府监管活动偏离公益目标。② 无论是经济性监管还是社会性的监管，其实施的结果要么会创造租金，要么会削减租金，进而对微观主体的收益产生影响。例如，对某些行业实行准入许可或设置安全卫生等方面的进入门槛，会降低该行业的整体竞争水平，提升在位企业的市场势力，进而提高行业的租金水平；对垄断性行业实行最高限价，会抑制企业的垄断定价行为，降低行业的租金水平。由此，只要期望的租金收益大于寻租成本，政府监管的实施就将易于受到寻租行为的影响，甚至在有的情况下，政府部门会通过设置一些不必要的监管环节来主动创租。而我国目前，一方面，行政监督机制不健全、社会监督机制不成熟，以致政府监管中违法违规行为的成本较低、风险较小；另一方面，监管部门行使权力的自主空间较大、独立性较强，权力制约机制仍未充分建立并发挥作用，以致政府监管部门在监管内容和执行力度上具有较大的自由裁量权。这些均强化了对被监管者寻租行为和监管者创租行为的激励，使得我国很多的政府监管行为易于偏离公共利益的目标。例如，为保障道路行车安全，交管部门对汽车驾驶员的培训和考核、机动车安全质量状况等负有监管责任。但是，由于缺乏权力监督，我国驾照考试中"花钱买过"的潜规则比较普遍，正常的政府监管行为被打造成了一条寻租创租的产业链——在被曝光的湛江车管所窝案中，学员集中交钱给驾校教练或领队，再由教练或领队交给考官，或者由驾校直接收取学员600元或700元的"考试费"，由教练或专职的业务员交给考官。其中，个别涉案考官主动上缴的"红包"甚至有近百万元之巨。③ 这就使得原本为了维护公共交通安全的交通监管工作，不负责任地对行贿者降低了安全考核标准，发证给了潜在的"马路杀手"，明显偏离了公益目标。

---

① 相关资料可参见《食品安全事件都隐藏着行贿受贿、滥用职权等犯罪》（http：//sh. sina. com. cn/news/s/2011－05－24/0800183628. html）。

② 石涛：《政府规制过程中的寻租行为探析》，《岭南学刊》2010年第2期；杨万东：《政府管制的根本：突出的公共性与利益中性》，《浙江工商大学学报》2013年第1期。

③ 相关资料可参见《驾照考试"潜规则"：行贿链明码标价缴红包便可改成绩》（http：//auto. 163. com/13/0205/10/8MUN71AA00084IJH. html）。

第四，由于现代经济社会事务的监督管理日趋精细化、复杂化，部分领域的相关监管工作要求较高的专业技术性和灵活性，而由于缺乏必要的专业人才、实践经验与跟踪调整机制，使得很多情况下政府监管部门难以及时有效地作出合适的决策。这引致的问题包括：有的监管工作未能体现实事求是的原则，在监管手段的选择、监管效果的掌控方面存在较多不足，甚至导致了事与愿违的后果，例如节假日高速公路免费通行政策，其初衷在于疏通节假日的交通拥堵，提高道路通行效率，但结果却因出行费用的降低而导致了更为严重的拥堵现象；监管政策的出台缺乏弹性，以致在需要及时出台相关监管政策时反应较慢，在需要适应时事变迁、背景转换时政策的调整到位较慢，例如上述提及的节假日高速公路免费通行政策，在实践中弊端已充分显现之后，相关部门仍未能进行积极的调整。

第五，监管机构的设置与职责划分较为混乱，在绝大多数监管领域，我国仍未建立起一套“遇事有人管，管不好有处投诉”的行政办事架构。这就导致，需要权力集中时，监管机构反而互相扯皮、令出多门；需要权力制约时，监管机构反而乾纲独断、恣意而行。前者如我国的住房公积金监管工作，根据现行的《住房公积金管理条例》，主要由财政、审计、社会监督构成，同时《住房公积金行政监督办法》规定，住建部和省（自治区）住建厅分别会同同级财政、中国人民银行（分支机构）、中国银行业监督管理委员会（派出机构）等有关部门，也负有对各城市住房公积金管理法规、政策执行情况实施行政监督的职责。然而事实上，从住建部至省级、市级、县级的公积金管理部门，各级之间只是松散关系，“九龙治水”式的“多头监管”最终形成了“监而不管”、“空头监管”。监管的混乱直接导致了住房公积金领域大案要案频发，公众利益遭受重大损失。[①] 后者如我国的行业监管立法工作，多是由原来的行业主管部门带头制定——《电信管理条例》由信息产业部负责起草，《电力法》由原电力部负责制定，《铁路法》由原铁道部负责起草等。立法和行政的一体化，一方面使得行业监管部门易于将自身权力通过在立法工作中的夹私而进一步强化；另一方面也难以在法律层面明确对行业监管部门自身的监督制约。

第六，处于经济社会转型背景下的我国，各方面的监管需求较多，并

---

① 相关资料可参见《没有一个机构能真正管得着公积金：“九龙治水”漏洞多》（http://www.shm.com.cn/ytrb/html/2014-07/21/content_3032027.htm）。

且新的监管需求还在不断涌现，[①] 但由于政府行政成本较高、行政效率低下、过度监管对行政资源的挤占较多，监管供给却相对不足。一方面，这使得应该进行监管的领域没有被纳入到监管工作中来，或者即使纳入了，关注的程度也不够。例如广场舞扰民的问题已被媒体广泛报道和群众抱怨多，较为广泛地影响到居民的正常工作生活。但迄今为止，各地政府的相关监管工作却大多没有及时到位，既有的对城市噪声环境管理的法规没有得到切实的执行；另一方面，即使政府投入了大量人力物力的监管领域，也未能取得理想的效果。典型的如我国的食品安全监管，从政府重视的程度、对食品安全问题的各项专项整治、每年对食品的常规检测力度、样本数量和基层食品安全信息员的人数等指标来看，我国的监管力度是世界最强的。同时，我国的部分食品安全标准，比如微生物标准、菌群总数国家标准等，比发达国家要严格得多。另外，从全国监督执法队伍来看，现在公安部门也专门设立打击假劣食品的队伍，这在其他国家也是“少有的”。[②] 但是，监管所取得的效果却一直难以令人满意，食品安全领域问题频发，并在很大程度上导致了人民群众对政府信任度的降低。

三　深化政府监管体制改革

党的十八届三中全会作出的《中共中央关于全面深化改革若干重大问题的决定》指出：“经济体制改革是全面深化改革的重点，核心问题是处理好政府和市场的关系，使市场在资源配置中起决定性作用和更好发挥政府作用。市场决定资源配置是市场经济的一般规律，健全社会主义市场经济体制必须遵循这条规律，着力解决市场体系不完善、政府干预过多和监管不到位问题”。[③] 这为我国政府监管领域的进一步改革明确了根本性方向。要促进政府监管的改革和完善，必须着眼全局，从深层次入手，在根本的体制性问题上下功夫、找对策。

---

① 黎映桃：《中国政府监管改革研究——背景、问题与对策》，《教学与研究》2008 年第 2 期。

② 相关资料可参见《（陈君石）院士：我国食品安全监管世界最强但监管不到位》（http：//news. sohu. com/20120619/n346004102. shtml）。

③ 《中共中央关于全面深化改革若干重大问题的决定》，人民出版社 2013 年版，第 3—4 页。

（一）坚定推进市场在资源配置中的决定性作用，合理把握政府监管的范围和方式

第一，打破政企合一、政企不分的制度安排，切断监管者和被监管者间的利益联系纽带。[①] 理顺政府与企业的关系，是保证政府监管的独立性、公正性，维护市场正常运行秩序的前提。具体地，对于烟草专卖等仍残存的计划经济堡垒，应打破僵化的专营专卖制度，在特许经营的基础上建立现代政府监管体系；加强对行业管理部门的监督管理，将监督权与管理权分离；通过加快发展混合所有制经济，推动行政垄断行业企业建立现代公司制度；将以往的国有企业监管由管企业逐步转为管资产，弱化政企之间直接的业务管理关系，强化对国有资本的市场化管理方式。

第二，秉承平等原则，在准入资格考核、质量控制等监管工作中对不同类型企业一视同仁，不搞歧视，以营造公平竞争的市场环境。平等竞争是市场机制发挥资源优化配置作用的基础。[②] 以往，我国政府部门在对待不同所有制企业（如国有企业和民营企业、外资企业和内资企业）时曾或明或暗地有着一定程度的政策倾斜，而现在，伴随着市场经济体制改革进入新的阶段，公平开放成了亟须在实践中确立的核心规则。对此，一方面要加快推进以负面清单为基础的监管模式，打破部分行业领域存在的“玻璃门”现象；另一方面要严厉打击地方保护主义，废除和惩处以土地低价出让、财政过度补贴等手段为代表的违法优惠政策，依法在各行业深入开展反垄断和反不当竞争的监管工作。

第三，积极推进监管工作的“成本—收益”核算，[③] 摒弃部分得不偿失的过度监管。应当说，任何监管都是有成本的，这一成本不止包括具体的政策执行支出，还包括由此所产生的机会成本，即在精力、资源有限的情况下，某一领域监管工作的成功可能意味着另一更加重要领域监管工作的不足，算起总账来得不偿失。此外，政府应当正视到，不只是市场会产生失灵，政府自身也会产生失灵，以致有的时候，政府监管工作所需的执行成本和所引致的外部负效应将高于其所带来的经济社会收益。对此，政

---

① 余晖：《中国政府监管体制的战略思考》，《财经问题研究》2007 年第 12 期。

② 胡家勇：《构建各种所有制经济平等竞争共同发展的体制机制》，《财贸经济》2013 年第 12 期。

③ 席涛：《政府监管影响评估分析：国际比较与中国改革》，《中国人民大学学报》2007 年第 4 期。

府应当通过全面的“成本—收益”核算来评估监管的可行性，并以此划分自身和市场的界限，避免过度监管的出现。

第四，在设置必要的政府监管的前提下，积极通过市场的力量推进公共服务的社会化供给，以增进公共福利，缓解社会矛盾。医疗、教育等社会公共服务仍高度掌控在政府主管部门的手中，一方面，在大量财政力量用于这些公共品供给的同时，仍难满足快速上涨的人民群众需求；另一方面，供需的巨大缺口和部分相关从业人员财政给付工资的偏低，强化了相关服务价格上涨的内在动力，以致就医难、看病贵、入学难、教育乱收费等问题经久难治，群众意见极大。对此，打破现行监管部门或明或暗的阻挠，通过有监管的市场化吸引大规模的社会资金进入到这些行业中来，既可以缓解财政负担，还可以增加服务供给，缓解服务价格上涨压力，更好地满足人民需求。

（二）推进政府职能转换，行政能力提升，从制度建设着手改进政府监管

第一，通过建立统一协调、权威高效的政府监管机构框架体系，强化监管的实施力度，避免出现监管真空。一方面，对于诸如出租车行业这种具有较大分散性、复杂性的监管领域，应建立或指定一个实质的、全局性的协调管理部门，通过提升主管部门的权威性和统筹兼顾能力，在总体上统一推进监管工作的改进；另一方面，对于诸如公积金这种由于多头管理而最终导致空头管理的监管领域，应像划分产权一样清晰地划分治权，明确不同监管部门的具体责任，突出和集中首要监管部门的权力，强化责任追究，形成权责对等的监管体系。

第二，在时间、经济成本允许的范围内，于决策过程中广泛征求利益相关者和专业人士的意见，提高监管决策和制度设计的科学性。随着经济社会的快速发展，监管不断向深度广度推进，监管部门原有的经验和专业技术水平常常难以胜任新形势下的任务。对此，建立通畅、高效的意见沟通机制和决策辅助机制，以引入专业人士的技术和经验支持、吸纳利益相关者的合理意见和对政策实践中所暴露问题的反馈，有助于降低决策失误的风险，增进监管政策和制度设计的合理性和科学性。

第三，广泛吸引全社会力量以适当的形式参与到政府监管的实施中来，降低政府监管的成本负担，提升监管的效率和效果。绝大多数经济

社会活动都是极为分散的，如针对公共场所吸烟、城市噪声、违规排污等问题，监管部门不可能无时无刻、无处不在地展开查处，即使不断加大查处力度，也始终难免挂一漏万。对此，应鼓励人民群众自发参与到诸如禁烟、防噪、环境保护等监管工作中来，建立覆盖全社会的防控监督机制，分摊政府难以负担的高昂监督成本，扫清监管工作难以覆盖的死角。

第四，提高监管工作的公开性和透明度，积极引入社会各方面的意见参与，强化对监管的外部监督和制约机制。坚持群众路线，从群众中来，到群众中去，一切为了群众，一切相信群众，是我国社会主义建设事业的重要成功经验。一方面，很多政府监管工作直接关系到广大人民群众的切身利益；另一方面，监管工作的根本目的便是为人民服务。为此，发挥人民群众的主人翁精神，向其发布可公开的信息，接受其监督，是很多公益性的政府监管领域亟须建立起来的一项制度。这可以与体制内监督和制约机制形成互补，提高监管工作的效率，减少寻租行为的发生。

第五，对具体领域的监管工作制定确切的制度性规定，在不失必要的灵活性前提下，列明监管的权力清单，削弱监管部门的自主裁量权，使监管工作有法可依，有规可循。目前，我国很多领域的监管工作尚未有对应专门的法律法规，即使有，也往往因条文含混不清、模糊笼统而难以秉法直断。对此，在关键领域加速推进法律法规的精细化，是完善我国政府监管制度建设的重要着力点。配合目前正在推进的政府权力清单开列工作，削弱以往过度赋予监管部门的自由裁量权，有助于消弭在众多监管领域多发易发的寻租和索贿行为，让监管部门和被监管对象在“明”规则下正常开展工作，避免监管工作偏离政策设计的初衷。

主要参考文献

谢地：《政府规制经济学》，高等教育出版社2004年版。

石涛：《政府规制过程中的寻租行为探析》，《岭南学刊》2010年第2期。

杨万东：《政府管制的根本：突出的公共性与利益中性》，《浙江工商大学学报》2013年第1期。

黎映桃：《中国政府监管改革研究——背景、问题与对策》，《教学与研究》2008年第2期。

余晖：《中国政府监管体制的战略思考》，《财经问题研究》2007年第12期。

胡家勇:《构建各种所有制经济平等竞争共同发展的体制机制》,《财贸经济》2013 年第 12 期。

席涛:《政府监管影响评估分析:国际比较与中国改革》,《中国人民大学学报》2007 年第 4 期。

Eisner, M. A. , J. Worsham and E. J. Ringquist, 2000. *Contemporary Regulatory Policy*. Colorado: Lynne Rienner Publishers.

第九章　以政府职能转变推动收入分配改革

一　引言

近年来，贫富分化现象一直是一个社会热点话题。收入分配不平等，通常由基尼系数来刻画。2004 年，国家统计局发布过全国的基尼系数，为 0.473，这已是个较大的数字。相隔近十年，2013 年，国家统计局又开始公布全国居民收入基尼系数，从中可以看出，基尼系数在 2008 年之前逐步上升，之后稳中有落，2012 年达 0.474，2015 年为 0.462，表明居民收入分配差距依然很大。当然，对这些数字存在一些争议。例如，甘犁等人的中国家庭金融调查结果显示，2010 年中国家庭的基尼系数为 0.61，城镇家庭内部的基尼系数为 0.56，农村家庭内部的基尼系数为 0.60，高于统计局公布的数据。①

收入分配基尼系数上的差异，有技术性原因，如城乡二元结构使以前的城乡居民收入统计指标不一致而难以对比，而主要的分歧则在于高收入人群的收入是否被低估这一问题上。高收入人群收入中最易被低估的部分是灰色收入②。根据王小鲁的专门研究，2008 年全国城乡居民的隐性收入高达 9.26 万亿元，其中灰色收入部分为 5.4 万亿元。③ 这些灰色收入的绝大部分为高收入阶层所拥有，按此计算，贫富差距实际已达到 26 倍，而非官方统计的 9 倍。

这些信息表明，在我们所关注的收入分配问题当中，灰色收入是问题的罪魁祸首。一般而言，由于中国的经济转型和市场化进程不彻底，灰色

---

① 甘犁等：《中国家庭金融调查报告 2012》，西南财经大学出版社 2012 年版。

② 按照王小鲁报告，灰色收入是个比较宽泛的定义，即不能明确地界定为合法的收入部分都叫作灰色收入。

③ 王小鲁：《灰色收入与发展陷阱》，中信出版社 2012 年版。

收入相当部分总是与权力有关，是分配差距的一个主要表现。当然，分配差距的另一个主要表现就是传统的资本与劳动之间的分配差距问题。而这两者之间，在政府偏袒资本时，又是密切相关的。

收入分配作为触动各方利益的敏感问题，改革呼声强烈，中央也多次强调到这个问题，并要求提出收入分配改革的方案。早在 2001 年，中央就已经着手推动收入分配制度改革，并由中央财经领导小组负责设计总体方案。即使从 2004 年收入分配改革进入具体方案设计开始算起，迄今亦有近 10 年的时间，但方案真正落实仍为未定之期。收入分配改革是各方关注的热点问题，而可操作性的改革方案细则却多年迟迟难以出台，更不用说落实，为什么会如此艰难？

一般认为，改革方案难以出台，在于社会利益关系失衡已成为主要矛盾，方案的出台受到强大阻力，更不用说见到效果。更重要的是，改革方案应从哪里破题？从总体上看，社会利益关系的失衡在于各集团的利益纷争，但关键在于政府集中的资源过多，为寻租活动和随之产生的灰色收入提供了巨大的空间。例如，众所周知，政府主导的基建项目往往会形成巨大的寻租与腐败空间，而类似房价暴涨引起的财产收入与财富分配差距的扩大，表面上看是市场的结果，实际上土地财政难辞其咎。可以说，收入分配差距过大的成因在很大程度上在于政府职能不清，政府之手伸得太长引起了对分配不公的怨恨和不稳定情绪。[①] 至于市场本身引起的收入差距，正如正常的库兹涅茨曲线所实证的那样，并不会引起如此之大的社会矛盾。总之，导致收入分配差距过大和社会不满的主要原因不在于市场化，而在于制度不健全所导致的腐败和灰色收入，以及不合理的资本收入导致的收入分配扭曲和社会两极分化。如果不落脚于这些重要因素，收入分配改革往往只是一团乱麻。

因此，解决收入分配、财富分配及公共服务分配失衡的落脚点在于实现政府职能的根本转换，减少政府通过行政手段控制的经济资源，限制政府经营性收入，建立廉洁、可问责的政府管理制度，以及公正透明的市场秩序。只有做到这点，收入分配改革方案的形成与落实才能有“药引”。从收入分配出发的政府改革主张实际上与其他方面的改革诉求是一致的。

---

① 如果把公共服务分配上的差距也考虑进来的话，那么，政府用于医疗教育等方面的支出不是缩小而是扩大了社会成员之间的差距。

那么，政府体制该做什么样的改革才能利于收入分配改革的形成与落实？由于地方政府在经济增长与资源分配中拥有极大的话语权，地方政府的政策措施深刻影响着收入分配，因此，矫正地方政府在经济增长上的“越位”，以此来推动收入分配的合理化，是一个重要的方面。

二 简单模型

一般认为，西方国家政府对收入分配差距的扩大有抑制作用，具体政策措施是征收累进税和实施社会保障计划等。与此不同，改革开放以来，我国地方政府承担了经济增长的职能，尽管税收也具有调节功能，但对收入分配差距的影响往往是逆向的。对于地方政府来说，快速经济增长除了带来政绩之外，更是实实在在地增加地方财政收入和相关的灰色收入。设地方 i 的 GDP 函数为 $F_i = A_i K_i^{\alpha} L_i^{\beta} I_i^{\gamma}$ ，其中 A_i 为地方 i 的自然禀赋，K_i 为资本，L_i 为劳动等非资本投入，I_i 为当地的基础设施，这些要素共同组成了生产函数 F_i 。α，β，γ 为柯布道格拉斯生产函数中的弹性，其和小于 1。地方政府关心经济增长，反映在地方政府的目标函数为 $U_i = hF_i + (1-h)(1-t_l)w_iL_i$ ，同时存在一个预算约束 $t_fF_i + t_lw_iL_i = I_i$ ，t_f 为 GDP 相关税收，也就是对企业的税收，t_l 为对劳动的税收①。地方政府所追求的目标分为两部分：一是 GDP，再是税后的真实劳动收入水平。基于劳动者数量占收入分配人群中的大部分，从收入分配角度看，地方政府关心税后劳动收入水平就代表了地方政府对当地社会福利水平的追求。其中，$0 < h < 1$，是两个目标之间的权重。地方政府效用函数的这种假定也是公共经济学中有关政府效用的标准假定，即政府目标通常是社会福利和其他自利目标的一种混合。

博弈分为两个阶段。第一阶段，地方政府根据所追求的目标设定 t_f 和 t_l 的比率；第二阶段，资本根据当地工资状况 w_i 和政府税费或扶植力度，选择适当的投资额 K_i ，同时政府对基础设施 I_i 进行一个定额投资②。对于资本来说，这是标准的利润最大化行为。t_f 和 t_l 构成了我们所关注的政府对收入分配的干预和影响。针对这里所讨论的问题，不妨作出如下假设：首

① 这里没有考虑政府预算中包含的公共服务支出。

② 地方政府可以选择基础设施投资水平。鉴于地方政府的偏好，可以认为，地方政府选择的基础设施水平往往不滞后甚至超前于企业资本的需求。

先，当地劳动力的供给是十分充裕的，资本与劳动存在固定的配比，不妨设为1:1的比例关系，在一定的投资范围内，投资的变动不会引起工资显著变动。工资w_i是由市场因素决定的外生变量（比如通过劳资谈判或者相互借鉴其他企业情况而定）。这里以w_iL_i代表原本由市场决定的劳动收入水平。之所以这样设定，在于改革以来中国劳动力丰富而议价能力偏低的事实。至于假设劳动与资本存在固定配比，而不是可相互替代，主要是考虑到在重工业化过程中资本密集的特征使资本相对轻工业不容易被劳动所替代，而这正是2000年以来中国经济增长的主要特点，这一阶段收入分配问题也在持续恶化。土地和资本的固定配比关系更加明显。另外，尽管在收入分配讨论中涉及较多的是劳资之间的收入分配，但劳动者的份额中往往也涵盖土地的收入份额。与西方不同，中国集体土地所有者或使用者的土地收入与土地的真实收益并没有直接的关系，土地基本上都被地方政府以低廉的价格征收，而这种征收价格在相当长一段时期，相对于土地市场价格的暴涨，可以近似看成固定的。杨其静在讨论分权后地方政府的行为导向时，直接使用了地方政府对土地的征收价格来反映政府对集体土地所有者的掠夺程度。[①] 最后，尽管t_f和t_l通常被看成是税收，用以反映地方政府的行为导向和对实际收入分配的影响。不过，t_f和t_l也可以看成是地方政府对各自对象的补贴程度，t_f或t_l为负表示补贴。税率当然存在上限，为负时的下限则取决于地方政府的财力资源。在实际中，中国地方政府在分税制后没有开设正规税种的权力，但在地方税征管、执法力度和补贴上存在相当大的自由度。在某种程度上，我们可以把t_f和t_l看成是地方政府的干预行为，我们关注的正是这种干预行为对收入分配的影响。

与通常的财政分权文献类似，首先考虑不存在资本流动的情况。按照逆向归纳，在第二阶段，在决定投资的数量时，资本考虑利润最大化：$\max_{k_i}(1-t_f)F_i-w_iL_i$。在资本劳动配比1:1的假定下，通过一阶条件$\frac{\partial F_i}{\partial K_i}=\frac{w_i}{1-t_f}$，可以得出最优$K_i=\left[\frac{(1-t_f)A_i\alpha I_i^{\ \gamma}}{w_i}\right]^{\frac{1}{1-\alpha-\beta}}$。

第一阶段，在预计到相应的K_i和I_i后，地方政府考虑t_f和t_l上的干预程度。事实上，给定地方政府预算约束，t_f低了也就意味着t_l高了，反过来

① 杨其静：《分权、增长与不公平》，《世界经济》2010年第4期。

也是一样。地方政府的效用最大化为：$\max_{t_f,t_l} U_i$，$s.t.\ t_f F_i + t_l w_i L_i = I_i$。通过一阶条件可以得出地方政府制定的最优税率 $t_f = 1 - \frac{h\alpha}{(1-h)w_i}$。$t_f$ 对 h 微分可得 $\frac{dt_f}{dh} = -\frac{\alpha}{w_i(1-h)^2}$。可见，地方政府越重视 GDP，$h$ 越高，对资本和企业越是会采取支持的政策，而且支持的程度会急剧放大。t_f 越低，在第一阶段基础设施融资需求既定下，也就意味着地方政府会选择越高的 t_l。换句话说，地方政府通过“看得见的手”拉大了收入分配差距，而不是起应有的调节器的作用[①]。特别当 $h > \frac{w_i}{\alpha + w_i}$，地方政府甚至会采取补贴的政策来直接扶植资本。其中 α 为资本对 GDP 的弹性，当 α 越高，资本越重要，地方政府实施直接补贴的门槛就越低。

地方政府为什么会如此重视 GDP？答案当然是熟知的。一个原因是政府层级间存在政绩考核，政绩考核以 GDP 为导向，地方政府为满足考核自然高度重视 GDP 增长；另一个原因是 GDP 增长会给地方政府及其官员带来各种物质利益，包括财政收入增加所带来的消费和津贴的增加，以及各种寻租机会等。相对而言，我们更强调后一个原因，正是官员和利益相关者从 GDP 增长中获得了大量的各种灰色收入，造成了收入分配差距的扩大[②]。而且，在基础设施投资上，地方政府官员及其关联方更容易找到腐败和灰色收入的机会。正是基于这点，地方政府往往可能追求一个较大甚至超前的 I_i。

下面考虑存在资本流动的情况。在存在资本跨区流动情况下，资本所有者会按照“对比”原则要求一个与其他地区至少等同的资本回报率 r。因此，在资本流动下，按照 $\max_{k_i}(1-t_f)F_i - w_i L_i$，逐利的资本要求 $(1-t_f)\frac{\partial F_i}{\partial K_i} - w_i = r$。令 $w_i' = w_i + r$，在资本完全流动下有 $K_i' = \left[\frac{(1-t_f)A_i \alpha I_i^{\gamma}}{w_i'}\right]^{\frac{1}{1-\alpha-\beta}} < K_i$。在重视 GDP 的情况下，这会导致地方政府的效用水平降低。由于模型假定地方政府可以无成本地调整两种税率的组合，地方政府下调税率 t_f，

① 人力资本积累可以改善收入分配差距，但地方政府对教育、医疗等的投资相对于基础设施投资，显得并不热心。

② 国有企业，也可以看成类似的准政府组织，国有企业高层会像地方官员一样追求产值或规模的扩张。

可以增加 K_i'，提高效用水平。而且当 $h \to 1$，下调的税率 t_f' 会趋向于下限。这表明，在资本可以完全流动的情况下，各地政府为了吸引资本流入，只会对资本采取更加友好的政策；相对应地，会对非资本的劳动和土地等生产要素的收入采取更加掠夺的政策。

三 以政府改革推动收入分配改革

地方政府对于辖区经济与社会管理的强势地位，政府控制过多经济资源，使政府难以从微观经济活动中退出，同时为腐败和利益集团寻租提供了肥沃的土壤。与中国经济增长主要是投资驱动的模式相对应，地方政府是投资主导模式的主要推手，作为这种偏好于投资的反映，地方政府必然青睐资本的利益，无论是国有资本、外资，还是迎合地方投资计划的民营资本，都是如此。地方政府因此扭曲了各种市场要素价格。这些扭曲是迎合那些能在当下为 GDP 增长和财政收入增加作出最现实贡献的经济力量而作出的，甚至是直接为了地方政府自身利益而作出的（如土地开发或土地财政）。无论是直接还是间接，地方政府都能从中获得政治和经济上的双重收益。政府主导下的市场既然扭曲了要素价格，就会明显加剧各种不平等和收入差距的扩大。而各类弱势群体，以及当下不能为 GDP 增长带来最现实贡献的经济力量就处于被忽视的地位。

从转变政府职能来看收入分配改革，一个自然的推论是降低地方政府对 GDP 的偏好和对资本的青睐，至少不应该采用损害其他阶层利益的方式来扶植资本。转变政府职能，就是强调政府要更多地偏向民生等公共领域，这种职能转变会以一种自然的方式缓解收入分配差距问题①。当然，降低 h，除了改变政绩考核标准，还需要一系列政策的配合和支持。按照模型，一个直接而且有效的手段是尽快限制地方政府直接参与的基础设施投资规模。限制了政府直接进行的 I_i，就等于降低了 h。这可以包括基础设施领域更多的民营化，如通过公私合营计划（PPP）等措施降低政府对基础设施的直接参与。当前对基础设施向民营资本开放的讨论更多是基于缓解政府债务问题的考虑，但即使从收入分配的角度看，降低政府对基础

① 一些人基于过去的经验担心这种转变会对经济增长产生影响。需要注意的是，目前地方政府推动经济增长的方式是不可持续的，表现为债务的堆积和金融风险的增加。

设施的参与，也能缩小腐败和灰色收入的高发地带，同时降低地方政府为融资而对土地和劳动力等非资本要素进行歧视的必要性。在基础设施融资中，除了平台债，另一个主要工具，甚至作为平台债依托的最后工具，就是土地财政，它正是原集体土地所有者和拥有劳动收入的购房者被掠夺的诱因。土地财政下的高房价可以看成对劳动收入的变相高税收，即房价越高，t_l 就越高。而且，地方政府的基建平台借款，也是通过土地财政收入来偿还的。降低地方政府直接参与基础设施投资，尽量引入民营方式，可能会降低基础设施的投资热度，但从降低金融风险和改善收入分配的角度看，是值得的。更何况，不少地区经过多年持续高强度的投资，基础设施已能满足相当长时间的经济社会发展需要。

进一步讲，改革目前土地财政的做法，对收入分配的改善也能起到重要作用，而且具有很强的针对性。主要的理由不是减少了土地管理等环节的灰色收入，而在于消除因土地财政而出现的歧视政策。因为，即使土地收入仍归地方所有，如果中央规定土地收入增长上限，地方政府就会在土地财政上有所收敛。房产税是取代土地财政的一种方式。因为与卖地不同，房产税有平抑房价的作用，这会导致卖地预期收入的下降，相当于地方政府操纵的 t_l 受到限制①。鉴于房价快速上涨与收入与财富分配加速恶化有密切关系，如果在地方政府土地财政激励上作出政策改变，使之没有强劲动力去推高房价，这对于改善收入和财富分配就会起到重要作用。而且限制乃至取消土地财政，会直接制约地方政府在基础设施上的融资能力，地方政府即使想在基础设施上进行大规模的投资，也只能主要依靠正式税收和市政债券，相对目前把土地财政收入作为主要融资来源，地方政府的基础设施投资也将会受到较强的监督，包括市场监督、纳税人和债权人的监督。很明显，这种财政改革与化解地方债务风险也存在内在一致性。

再进一步，如果地方政府掌握很多资源并以推动 GDP 为目标，由于资本相对于劳动对政府机构具有较强的影响力，政府政策很容易偏向资本。可以考虑把地方政府的职能进行合理化设计，并设立制约性的上级垂直管理机构，这样，资本就不再那么容易像现在一样对地方政府施加影响，从而轻而易举地获得想要的政策倾斜。一些专门的职能，如环保审批和司法

---

① 这还需要对政府间财政有新的统筹安排，以满足各级政府履行相应事权的需要。

权，为垂直管理机构所有，会限制地方政府一味追求 GDP 的行为，从而限制地方政府对资本的偏袒，有利于收入分配的公正。例如，法院的垂直管理就会使它更能排除地方政府干扰，从而能够相对独立地保障劳工权益。而且，在垂直管理机构的参与下，其他利益群体的呼声，也可能会因为这些机构的各自专业导向更容易被听取，而不像地方政府集中管理下出于 GDP 的考虑而被忽视，这些都有利于改善收入分配状况。

总之，减少地方政府直接参与基础设施的程度，限制土地财政，增加垂直管理机构，都可以在一定程度上削弱地方政府为资本而竞争的强度，从而减少那些可能带来坏结果（如损害劳动者和消费者利益）的竞争，也会相对合理地保护非资本性收入。

四　结论

收入分配改革牵动各方利益，受到各方利益干扰，千头万绪，这是收入分配改革中十分复杂的一面。而收入差距中最主要的问题，也是当前社会反映最强烈的部分，是灰色收入和资本过于强势，而这又与粗放增长模式下政府资源权力过多和寻租行为众多直接相关。从这个意义上讲，收入分配改革可以看成是政府职能转换和行政体制改革的一部分。通过转变依赖投资的粗放增长模式，合理界定和彻底转变政府职能，尊重市场运行秩序，合理的收入分配和财富分配格局就会作为一种结果而出现。

当然，还需要政府之手进行经济调节和收入再分配。不过，这时政府就可以按照公共福利和经济发展水平的合理搭配进行综合考虑，比如更加合理确定资本和劳动收益的税收水平。因此，切实转变政府职能和合理进行政府机构设计，使政府部门摆脱利益集团（如资本利益集团）的不利影响，专注于收入分配和社会整体福利状况的改善，显然有助于政府之手更好地发挥作用。

主要参考文献

甘犁等:《中国家庭金融调查报告（2012）》，西南财经大学出版社 2012 年版。

王小鲁:《灰色收入与国民收入分配》，中国经济体制改革研究会，2010 年。

王小鲁:《灰色收入与发展陷阱》，中信出版社 2012 年版。

吴敬琏:《呼唤法治的市场经济》，生活·读书·新知三联书店 2007 年版。

张卓元:《张卓元改革论集》, 中国发展出版社 2008 年版。

杨其静:《分权、增长与不公平》,《世界经济》2010 年第 4 期。

张晏、傅勇:《中国式分权与财政支出结构偏向: 为增长而竞争的代价》,《管理世界》2007 年第 3 期。

Tanzi, Davoodi. Corruption, Public Investment, and Growth [R], *IMF*, 1997.

Cai, Treisman. Does Competition for Capital Discipline Governments? Decentralization, Globalization, and Public Policy [J]. *American Economic Review*, 2005, (3): pp. 817 – 830.

第十章 腐败治理

腐败，作为近年来从上到下高度关注的话题，无疑是当前中国经济、政治和社会生活中一个极其重要的现象。探讨它的成因、影响和治理，对中国经济、政治和社会改革都有着极其重要的意义。中国党和政府历来重视反腐工作，对腐败分子保持高压态势。尤其是，新一届党中央和政府将反腐败工作提到了前所未有的战略高度，并展示出了前所未有的执行力度。“腐败和我们政府的信誉应该说水火不容，中国政府反对腐败的决心和意志是坚定不移的”，这是新一届政府对廉政建设和反腐败斗争的庄严承诺。但一段时期以来，各种因素的叠加使中国的反腐形势依然严峻、任务依然繁重。厘清腐败的特点，认清腐败的现实危害，有助于贯彻中央反腐工作战略部署，进一步推进反腐败工作的开展。

一 腐败及其类型

腐败，直观地说就是各种以权谋私的行为，也就是为了个人或小团体的私利而滥用公共权力，侵犯公共利益的行为。腐败的实质在于“化公为私”。这里的“公”和“私”是相对的，从腐败中获益的可以是个人，也可以是小团体，而“公”一般是指特定区域内居民的公共利益。腐败在一般意义上被视为一个政治用语，就是因为它涉及公共部门和对公共利益的侵害。

腐败肯定是与权力有关。一方面，政府各种目标的践行和自身的日常运转，需要雇用官僚来实现。官僚执行政府政策时，往往拥有一定的自由裁量权，也就是在政策执行力度和财政收支水平的把握上，有一定的自由度。同时，由于政府目标的多重性和含糊性，政府官员的业绩评价难以像市场那样跟某个具体指标挂钩，以致官僚的正规收入以拿固定薪俸为主。在只拿固定薪酬却拥有自由裁量权的情形下，官员就有可能通过以公谋私的方式来增加自身收入。另一方面，社会上常存在一些试图规避法治、政策的人，以及试图侵占财政支出和其他公共利益的人，这些人有着勾结贿买政府官员以获取相应好处的动机。一旦这类人与以公谋私的官员实施了权钱交易，腐败也就发生了。[①]

理论上，市场经济可以实现资源的最佳配置，但这必须是在没有外部性时才成立。而现实中外部性广泛存在，以致市场并不总是有效率的，甚至不存在。虽然科斯定理指出，当产权界定清晰时，外部性可以通过私人部门之间的交易解决。但问题在于，产权界定也是有成本的，很多时候依靠私人部门并不能充分实现帕累托效率。为矫正外部性，例如环境问题，往往离不开政府临管。同样，由于公共服务的非竞争性或非排他性，它也主要将由政府来提供。解决诸如此类的市场失灵问题，需要政府干预，但政府本身不完美，也会失灵。腐败就是政府失灵的重要表现之一，也一直是困扰着人类社会的两难选择问题[②]。

综上所述，虽然有政府就难免有腐败，但我们无法为了消除腐败而不要政府干预。这就使得腐败作为一个世界性现象广泛而持续长久地存在于人类社会中，并引起了人们浓厚的研究兴趣：腐败以及不同形式的腐败会对经济产生什么样的后果，是什么制度环境引起了腐败，如何治理腐败？这正是本章所关注的问题。

在论及腐败产生的原因时，可以看到，一种腐败涉及政府管制；另一种涉及政府财政。实际上，腐败可以分为两种类型：一种类型是无盗窃的腐败，通常是纯粹为了规避政府管制而出现的腐败行为；另一种是有盗窃的腐败，是涉及政府财政损失的腐败[③]。无盗窃的腐败，也就是不涉及政府财政损失的腐败，通常出现在政府管制环节。例如，商人为规避某个审批环节，对官员行贿以期得以放行，这加重了商人的负担，但不会对财政收入产生直接影响。有盗窃的腐败便涉及财政的损失，要么是在征税时，向官员行贿以逃税，如在通关时向官员行贿逃避关税；要么是在政府的财

---

① 当然，这里只考虑执行政策的官员，他们的腐败形式一般是权钱交易，不涉及意识形态等非物质利益交换而产生的腐败。

② Acemoglu, Daron and Verdier, Thierry (2000): The Choice Between Market Failures and Corruption. *American Economic Review*, 90, (1), pp. 194 - 211.

③ Andrei Shleifer; Robert W. Vishny (1993): Corruption, *The Quarterly Journal of Economics*, Vol. 108, No. 3, pp. 599 - 617.

政支出中，将其中一部分化为己有，或向自己或朋友输送利益，如在政府工程中索取回扣。

区分有盗窃的腐败和无盗窃的腐败，对于研究腐败对经济增长的影响这一重要问题，能带来有用的启示。有盗窃的腐败，不管是减少税收，还是扭曲财政支出，总的来讲对经济增长的影响都是负面的，就后者而言更是如此。至于前者，尽管一般情况下其影响也是负面的，但仍存在某些特殊情况，这点将在下面论述政府管制而引发的腐败中一并讨论。有盗窃的腐败对经济的负面影响是很直观的，它逃避了税收，使国家本应承担的各种保障能力受到了削弱；或者扭曲了财政支出的使用，使国家本应承担的各项职能的实际效果受到了削弱。但是无盗窃的腐败，特别是仅仅是为了规避不合理管制的腐败，对经济增长的影响就不那么直观了。这方面也存在着一些不同意见。逃避合理监管的腐败的危害性没什么争议。不过，在许多国家，特别是发展中国家，政府的行为和角色并不总是合理的。比如，可以设想，政府对某些竞争性行业进行了准入管制，而这种管制实际上是损害市场效率的，那么，为了规避此类管制而发生的腐败，是否一定就是坏的？与其他类型的腐败不同，这种腐败找不到明显的受害者。从国库里贪污，受害者是非常明显的，尽管受害民众可能缺乏一个有行动能力的主体人，但这不妨碍受害者的界定。而规避不合理管制而产生的腐败，使得民众从加剧的市场竞争中获得好处，行贿者获得了市场准入的机会，各自都有收获。如果说有受损者，那也是原先通过行贿获得了市场准入资格者，他们因此面临更加激烈的竞争，从而减少了垄断利润。不过，对这些人来说，所遭受的损失是市场竞争的结果，而这种损失本身是合理的。相反，他们在管制保护下的巨额利润却是不合理的。因此，从这种意义上讲，规避不合理管制的腐败可能会增加社会福利。当然，对官员的行贿其实也可以看成是一种税收，只不过这笔钱落入了腐败官员的口袋，而不是上缴国库用于改进社会福利。在这意义上，即使规避不合理管制而产生的腐败，仍然是一种腐败，只不过鉴于本来就不合理的管制，腐败的“恶”不那么明显而已。但这种观点本身忽略了一个重要事实：给定不合理的管制，如果官员都是诚实廉洁的，就没有贿赂进入官员口袋，用于行贿的收入可能会转换为财政收入或其他类型的合理收入。正是在这个意义上，有一种观点认为，对于一个广泛存在不合理管制的经济而言，腐败是经济增长的“润滑剂”[①]。这里，一定要注意这种说法的前提，即存在大量的不合理管制。

二 腐败对经济影响的国际经验

在经济领域，腐败会产生两方面的重要影响：一是对经济增长的影响；二是对收入分配的影响。一般而言，腐败对经济增长的影响是负面的。其中的道理很简单，对于有盗窃的腐败，它使政府必要职能的范围和效率都大打折扣，给定现代政府在经济活动中的不可或缺性，腐败自然影响经济增长。而对于无盗窃的腐败，一般来说它损害了政府监管的正当性，使有能力和意愿行贿的人获得了规避政府管理的好处，从而在事实上获得了某种类似特权的地位，那些没有行贿的人自然就被置于不公平的竞争地位，这损害了市场竞争的效率。这些都是从资源配置效率的角度来看待腐败对经济增长的消极作用的。更广义地看，腐败还会使那些拥有腐败机会的官职产生额外的利益诱惑，扭曲以收入最大化为目标的人力资源的配置。也就是说，那些本该投向生产性用途的人力资源或天赋，却被用于追求不带来任何生产性收益的腐败机会，所造成的人力资本误配对经济增长的影响也是负面的。腐败具有一种网络外部性，即传染性。腐败范围的扩大，会使更多的人倾向寻找腐败机会，这就容易导致出现越来越多的腐败和越来越少的生产性活动，阻碍经济的增长。特别地，当经济增长更多地依赖创新活动而不是常规投资时，腐败对经济增长的伤害就会更为明显，因为它使那些本该用于创新活动的人力资本被用在了谋求腐败和寻租的机会上[②]。

理论上存在一种可能：当管制即使是必要的时候，腐败的存在也不会破坏管制的后果。这里的逻辑在于，如果为规避管制进行的行贿是竞争性的，即行贿成为一个投标行为，那么，能出最高贿赂的肯定是最有效率的

---

① Leff, N, 1964, “Economic Development Through Bureaucratic Corruption”, *American Behavioral Scientist*, Vol. 8, No. 2, pp. 8 - 14.

② Kevin M. Murphy, Andrei Shleifer, Robert W. Vishny: Why Is Rent - Seeking So Costly to Growth? *American Economic Review*, 1993, Vol. 83, No. 2.

企业，这时贿赂并不严重破坏市场效率[①]。但我们知道，在实际的行贿过程中，行贿者由于种种原因并不一定是最有效率的企业。这是因为，行贿是非法行为，官员不太可能组织起类似投标的行贿竞价平台。为了隐匿行贿，官员可能只局限在他熟知的小圈子里，且只有在对行贿者的性质有所把握的情况下才接受行贿，这时候行贿者未必是最有效率的企业。因此，只有当政府对经济进行不合理管制的情况下，腐败对经济增长的“润滑剂”作用才有可能存在。

在谈论腐败对经济增长的影响时，需要用实证研究来予以检验。Mauro 的研究表明腐败对投资水平有负面影响[②]。Mo 的结论是腐败阻碍了经济增长[③]。后续的一些实证研究变得更为细致。Neeman，Paserman and Simhon 的研究表明[④]，在开放经济中，腐败对经济产生负面影响，但在封闭经济中，二者的关系则不显著，一个可能的原因也许是后者限制了资本外逃。Méndeza and Sepúlvedab 的研究表明，腐败对经济增长的影响并不是单调的。[⑤] 按政治制度分类，在政治自由度低的国家腐败对经济增长有正面影响，而政治自由度高的国家则相反。Aidt，Dutta and Sena 的研究也得出了类似的结论，[⑥] 即按政治制度质量高低分类，在质量高的体制中，腐败对经济增长的影响是负面的，而在质量低的体制中，腐败对经济增长的作用则相反，至少是不显著的。Mocan[⑦] 和 Mironov[⑧] 的研究表明，之所以部分实证研究认为腐败抑制了经济增长，主要原因在于腐败在很大程度上成

---

① Lui, F.: “An Equilibrium Queuing Model of Bribery,” *Journal of Political Economy*, 1985, Vol. 93, pp. 760 – 781.

② Mauro, P.: “Corruption and growth.” *Quarterly Journal of Economics*. 1995, Vol. 110, pp. 681 – 712.

③ Mo, P. H. (2001). “Corruption and Economic Growth.” *Journal of Comparative Economics*, 29 (1): pp. 66 – 79.

④ Neeman, Z., Paserman, D., and Simhon, A.: “Corruption and Openness”, 2004, *Center for Rationality and Interactive Decision Theory*, *Hebrew University*, *Discussion Paper Series*, p. 353.

⑤ Méndeza, F. and Sepúlvedab, F.: “Corruption, growth and political regimes: Cross country evidence”, 2004, University of Arkansas, Mimeo.

⑥ Aidt, T., Dutta, J. and Sena, V.: “Growth, Governance and Corruption in the Presence of Threshold Effects: Theory and Evidence”, 2005, *University of Cambridge*, *Working Paper*.

⑦ Mocan, N.: “What Determines Corruption? International Evidence from Micro Data”, 2004, *NBER Working Papers* 10460.

⑧ Mironov, M.: “Bad Corruption, Good Corruption and Economic Growth”, 2005, *University of Chicago*, *Mimeo*.

为政府制度质量低下的表现，如果把政府制度质量的影响剔除，则腐败本身对经济增长的影响是不显著的，特别是当把收入按高低分成更多组别后，收入越低的国家腐败的有利作用越明显。这些实证分析或多或少地表明，Leff 等提出的“腐败有利论”只能在一定条件下成立。因为，一般而言，政治制度质量低的国家必然是政府干预严重而又治理不善的国家，这些国家的腐败在一定程度上确实成了经济增长的“润滑剂”。需要注意的是，腐败会导致大量不计入 GDP 的非正式经济，而通常以 GDP 计量的经济增长没有考虑到这一点，如果考虑这一点，腐败的“润滑剂”作用将会更为明显[①]。腐败与经济增长的正相关关系甚至在东亚新兴工业化国家中表现得也很明显，而其他地区发展中国家腐败的危害则表现得较为明显。[②]

上述实证研究表明，由于影响经济增长的要素是十分复杂的，简单把经济增长和腐败做回归分析并不见得能得出稳健的结论。总的来说，由于腐败往往是和制度失灵、政府管制过多联系在一起的，考虑到制度质量，腐败的润滑剂作用在一定条件和范围内可能会存在。不过，一定要注意，由于制度质量与经济发展程度是呈正相关的，这就意味着，在经济发展的低级阶段制度质量不高的情况下，腐败可以作为一个润滑剂而存在，但在经济发展的较高阶段，经济增长对制度质量要求更高的情况下，和制度失灵继续捆绑在一起并作为制度失灵具体表现的腐败，对经济增长的负面作用将会变得愈加显著起来。甚至可以这样说，一个依靠腐败的润滑剂作用来谋取经济增长的国家，它的增长水平最多只能达到“中等收入陷阱”的位置，而不可能跨入发达国家或高收入国家的门槛。

下面我们用一个简单逻辑来论证腐败对经济增长影响的这种非单调性。近代以来的经济增长可以看成是一个工业化过程，比如从比较初级的工业制作向高技术制造转换的过程。前者与后者的一个显著区别是，是否采用规模报酬递增（Increasing Return to Scale，IRS）技术。一般而言，初

---

① 对拉美、经互会国家和苏联集团等国家的实证调查表明，过多的税收和政府管制以及由此引起的腐败会导致大量企业逃入非正式部门，尽管这会以可能享受不到政府为正式部门提供的那些公共服务为代价。参见 Friedman，E.，Johnson，S.，Kaufmann，D.，and Zoido – Lobaton，P.：“Dodging the Grabbing Hand：the Determinants of Unofficial Activity in 69 Countries”，*Journal of Public Economics*，2000，Vol. 76，pp. 459 – 493。

② Rock，M. T. and H. Bonnett（2004）．“The Comparative Politics of Corruption：Accounting for the East Asian Paradox in Empirical Studies of Corruption，Growth and Investment”，*World Development*，Vol. 32，No. 6，pp. 999 – 1017.

级工业因为生产流程简单，采用的是规模报酬不变（Constant Return to Scale，CRS）技术，而高级阶段的工业生产则不然，采用的往往是规模报酬递增技术。在“大推进”模型中，采用规模报酬递增技术可以通过节约劳动力来提高收入，但前提是各产业部门能同时协调进行采用规模报酬递增技术的投资，以通过相互间的外溢效应来共同提高收入。对于 CRS 企业，由于其规模较小，或者所需要的配套设施不多，它只需要绕过少数的管制机构即可投产，这令它所需要的贿赂金额较小，非正式经济就有这样的特征。因此，在工业化的初级阶段，腐败的负面影响可能相对较小。而 IRS 企业则相反，由于它涉及更复杂的分工形式，需要贿赂更多的管制机构才可以进行。然而，在市场制度下，企业作为单个决策主体不会考虑投资带来的收入外溢效应，它在面临政府过多管制时，难以通过合作的行贿活动来推动协调投资的实现。因此，在工业化的高级阶段，腐败作为“润滑剂”的作用就会消失殆尽。即使可以“润滑”部分企业的投资，但总体上仍将严重阻碍工业化的深化[①]。可见，腐败对经济增长的影响在不同的经济增长阶段可能有所不同。

当腐败迫使更多的私人投资转向较简单的、不需要与更多腐败官僚打交道的经济活动（比如非正式经济）时，腐败就会导致国民经济在规模和技术上都缺乏效率，无法获得现代经济在规模经济和分工复杂性上的好处，从而降低长期增长。特别是，在像轻工业化这样的经济增长阶段，规模经济和复杂分工效应不显著，依靠非正式经济和小私营企业的发展也可以维持一段时期的较快经济增长；但在像重工业化和信息化这样的经济增长阶段，地下经济促进经济增长的能力会大大降低，如果没有现代产业的大发展，经济增长将会受到明显的抑制。这些结论与前面提到的实证文献的结论是一致的。

可见，即使是存在一定争议的规避不合理管制的腐败，它的润滑剂效果也是很有限的，只会在经济发展的低级阶段才会发挥一定的作用，随着经济的持续发展，腐败的负面影响将会变得越来越大，以致难以承受。正常的经济发展是与市场化相联系的，不合理的管制会逐渐减少。若此时仍

---

① Sarte，P.（2000）通过区分正式经济和非正式经济讨论了官僚腐败如何影响长期增长的问题。该文假设非正式经济与正式经济存在效率差别，而官僚腐败阻塞了前者的正式化之路，以此说明腐败影响长期经济增长。“Informality and rent - seeking bureaucracies in a model of long - run growth”，*Journal of Monetary Economics*，46，pp. 173 - 197.

有严重腐败，那么它又将“润滑”谁呢？

腐败除了影响经济增长外，还对收入分配产生着显著影响，并且，影响的方向较之前者更为明确，即腐败的存在会恶化收入分配状况。一方面，腐败既然是一种以权谋私的行为，所获收入将会被官员据为己有，从而使社会财富分配不合理地向腐败官员群体集中；另一方面，通常从事行贿和寻租的是与官员职务管辖范围紧密相关的某个特定小群体，该群体的寻租收入在有盗窃的腐败中表现为政府相关收支被输送到这些群体，在无盗窃的管制腐败中表现为从寻租中所获特权带来的垄断收益。[①] 这里核心的问题还在于，有能力从事行贿的人群通常本身也是高收入阶层，腐败进一步提高了这部分人的收入，导致更为严重的两极分化。由于腐败通常与政府某些公共服务职能的丧失联系在一起，这又使得腐败不仅会对收入分配产生直接的影响，还将严重削弱政府向低收入群体进行转移支付和提供公共福利的能力，这在医疗、教育和社会保障等方面表现得尤为明显。一般来讲，在腐败严重的国家，政府用在民生和社会保障上的支出都是偏低的，这是腐败影响收入分配的另一个重要方面。例如，腐败若侵蚀了政府的教育投入，将会减缓人力资本的积累，这不仅会影响收入分配，还会通过损害人力资本积累而影响经济增长。在实证研究上，Glaeser&Saks 以美国为样本指出腐败是扩大收入差距的重要原因；[②] Gymiah – Brempong 以 OECD 国家为样本也指出了这一点；[③] Guptaet. al. 则特别指出了腐败对财政体系的破坏性作用。[④]

三　中国腐败的主要特点

（一）中国经济转型期腐败

探寻中国腐败的特点，必须联系渐进式经济转型期间许多制度不完

① Tanzi, V (1995): “Government Role and Efficiency of Policy Instruments”, *IMF Working Paper* No. 95/100.

② Glaeser, E. L. and R. E. Saks (2006) “Corruption in America”, *Journal of Public Economics*, 90, pp. 1053 – 1072.

③ Gymiah – Brempong, K., and Gymiah – Brempong, S. M (2006): “Corruption, Growth and Income Distribution: Are There Regional Difference?” *Economics of Governance*, 7 (3), pp. 245 – 269.

④ Gupta, S., H. Davoodi, and R. Alonso – Terme (2002): “Does Corruption Affect Income Inequality and Poverty?”, *Economics of Governance*, 3, pp. 23 – 45.

善，特别是政府转型不到位这个大背景。周黎安和陶婧的研究发现，政府规模的扩大会增加地区腐败案件的发生率，这在核心政府部门中表现得更为明显[①]。从大的方面讲，中国腐败有三个大的类型，同时也构成中国腐败的三个特点：一是过度管制带来的腐败。中国的市场经济是从高度管制中走过来的，市场是在政府放权的夹缝中发展起来的。以行贿收买官员获得政府许可或各种资源及好处自然难以避免。这就是政府管制和行政审批导致的腐败；二是由于政府所承担的公共职能出现漏洞而导致的腐败。政府所掌握的财政收入在监管不严的情况下很容易成为贪污腐败的对象，这既可以表现为贿赂导致的国家税收（包括正常行政性收费）流失，也可以表现为政府公共支出的相当一部分被浪费或侵吞。[②] 此外，在政府行为不规范的情况下，一些政府职能部门及其工作人员会利用自身职权进行“创收”，如乱收费、乱罚款、乱摊派等“三乱”行为，变法定服务为有偿服务等。而在政府的正当监管职能中，在政府行为不规范的情况下还会出现出卖监管换取利益的行为，如行贿逃避环境保护监管等。这些腐败基本都与政府的行政质量有关。在财政分权制下，地方政府的税外收费会进一步恶化这类腐败。[③] 三是国有企事业部门的腐败。在计划经济时期归入国家统支统收的一些国有部门或者公共服务机构，会因改革的相对滞后而在市场经济环境下出现腐败行为。这既包括竞争性国有企业内部，厂长经理对国有资产的侵吞和在国有企业改制过程中低价贱卖国有资产（包括低价处置不良资产），也包括垄断性国有部门和公共事业单位的各种乱收费行为和对国有资产的侵吞及浪费。当然，现实中腐败行为，这三种情况往往是交织在一起的。例如，土地交易中的腐败（土地协议转让中的腐败），一方面，由政府土地审批制所致；另一方面，往往涉及低价出让土地对政府财政收入的侵蚀。此外，在一些土地归国有部门使用的情况下，在土地交易过程中也会因腐败而出现国有资产流失等问题。其中，第一种和第三种类型具有明显的渐进式改革的特色，有些还属于特定情况，比如中小国有企业改制中的腐败，由于改制是一次性的，已经发生过的腐败随着企业改制的结束就不会再有。而政府在公共职能领域中出现的腐败并不是转型过

---

① 周黎安、陶婧：《政府规模、市场化与地区腐败问题研究》，《经济研究》2009 年第 1 期。

② 司法部门的腐败也可以归于这一类型，在中国，司法也是政府的职能之一。

③ 吴一平：《财政分权、腐败与治理》，《经济学》（季刊）2008 年第 3 期。

程才有的问题。王绍光、胡鞍钢和丁元竹在计算各类腐败造成的经济损失时,[①] 指出中国存在以下几类主要的腐败类型：官员贪污、贿赂、挪用公款；海关走私；垄断行业腐败，包括电信、电力、银行、石油等国有垄断部门腐败；税收流失中的腐败；公共机构和公共支出中的腐败，这里公共机构包括医疗、教育、土地等国有部门；公共投资中的腐败；资本外逃中的腐败；国有企业私有化中的腐败；各类公共机构乱收费的腐败；金融业腐败。中国改革基金会国民经济研究所于2005—2006年对全国几十个城市和县的两千多名不同收入阶层居民进行了家庭收支调查，调查发现，腐败和灰色收入的来源主要有以下几个方面：财政资金存在严重管理漏洞，有大量资金透明度低，滥用和漏失严重，同样，投资项目层层转包、工程款层层剥皮、营私舞弊现象严重，漏失巨大；金融腐败普遍存在，全国正规金融机构贷款在正常利息之外的额外付费已成为一项“潜规则”；行政许可和审批中的寻租行为；土地收益流失；垄断行业收入。[②] 这些分类大体上都可归入以上三种类型，反映了转型期中国腐败的特点。而把腐败划分为三种大的类型，就可以根据不同类型腐败的主要特点提出相应的治理措施。特别是第一种和第三种类型的腐败与渐进式改革下双轨制造成的寻租空间密切相关，对这些类型腐败的治理不仅是当前反腐败工作的重点之一，也是完善社会主义市场经济的必要途径。

（二）腐败对中国经济的影响

由于腐败活动是违法的，具有隐秘性，想要确切查明中国经济领域的腐败程度是十分困难的。主观衡量法是衡量腐败程度的方法之一，通过公众对腐败的主观感受来衡量。例如，透明国际就是利用问卷方式来评估各国的腐败程度，并设计了“清廉指数”和“行贿指数”两个直观的数据指标。主观衡量法的缺陷在于主观感受可能与客观事实存在偏差，要衡量腐败程度的严重性需要依托先验的假设。但总的来说，按照公众认知，腐败的严重性是没有争议的。衡量腐败严重程度的另一种方法是调查已查处的腐败案件，这通常记载在检察机关的报告和年鉴中。公婷和吴木銮利用

① 王绍光、胡鞍钢、丁元竹：《经济繁荣背后的社会不稳定》，《战略与管理》2002年第3期。

② 中国改革基金会国民经济研究所：《国民收入分配状况与灰色收入》，研究报告，2007年。

《检察日报》十年当中2802个关于腐败的公开报道进行量化分析，发现十年中腐败案件的涉案金额有上升趋势。分类型看，政府采购、工程承包过程中的腐败案发量居首位，组织人事类型的腐败紧随其后，土地腐败案件近年来急剧上升。就腐败行为主体来看，县处级、厅局级干部成为腐败的高危人群①。当然，这种客观测量法的一个明显局限是它仅限于已查处的案件，无法充分反映腐败问题的全貌。

在探讨腐败对中国经济增长的影响时，面临这样一个主要问题：一方面，人们感受到腐败正处于高发期；另一方面，中国经济又处于高速增长阶段，即出现了所谓的“双高之谜”。张曙光指出，改革要利用腐败和贿赂，以便减少权力转移和再分配的障碍，减少市场化改革的阻力。② 这与“腐败有利论”有共通之处。卢锋、姚洋从金融腐败的角度，认为金融资源由国有企业流向受到信贷歧视的私人部门的“漏损效应”提高了资源的配置效率和促进了经济增长。③ 陈刚等利用DEA方法分解了中国经济增长，进而探讨了腐败的影响，发现腐败对中国经济效率有改善。不过，他们的研究同时发现，腐败程度上升1%将使得经济增长速度降低0.4—0.6个百分点。而腐败对经济增长的阻碍主要归因于其抑制了技术进步、人力资本积累和物质资本积累。换句话说，要是没有腐败，经济增速本可以更高。④ 吴一平和芮萌则发现，腐败程度与经济增长之间呈现倒U型关系，这与各地区市场机制的完善程度有关，腐败对市场化程度较高的东部地区经济增长的正面影响弱于中西部地区。这也印证了腐败润滑剂作用的前提：僵化的管制制度才是破坏经济增长的祸首。⑤ 刘勇政和冯海波则从公共支出效率的提高有利于经济长期增长的角度来看待腐败的影响，指出腐败的发生降低了公共支出效率的正向效应，这意味着尽管腐败对中国经济增长的作用尚存在多种不明晰的途径，但其通过影响公共支出效率从而负

---

① 公婷、吴木銮：《我国2000—2009年腐败案例研究报告——基于2800余个报道案例的分析》，《社会学研究》2012年第4期。

② 张曙光：《腐败与贿赂的经济分析》，《中国社会科学季刊》（中国香港）1994年第6期。

③ 卢锋、姚洋：《金融压抑下的法治、金融发展与经济增长》，《中国社会科学》2004年第1期。

④ 陈刚、李树、尹希果：《腐败与中国经济增长——实证主义的视角》，《经济社会体制比较》2008年第3期。

⑤ 吴一平、芮萌：“地区腐败、市场化与中国经济增长”，《管理世界》2010年第11期。

向作用于经济增长的事实是显著的。①

腐败对经济的另一个主要影响在于收入分配方面。根据王小鲁的专门研究，2008 年全国城乡居民的隐性收入高达 9.26 万亿元，其中可定义为灰色收入的部分为 5.4 万亿元。这些灰色收入中绝大部分为高收入阶层所拥有，并且，城镇居民 10% 最低收入分组的人均收入仅为 5350 元，只是官方数据 4754 元的 1.1 倍，而最高收入分组的人均收入达到 13.9 万元，是官方数据 4.4 万元的 3.2 倍。因此，上下十分位的贫富差距实际已经达到 26 倍，而非官方统计的 9 倍②。灰色收入中隐含着相当数量的腐败收入。腐败对收入分配的影响，在初次分配领域表现为腐败使要素收入出现扭曲，在再分配领域表现为腐败把本该用于低收入居民的财政收入转移到权力相关者手中，进一步扩大了收入差距，特别是教育、医疗、社会保障和福利等有利于增加低收入居民收入流的支出项，在财政支出中的比例长期维持在较低的水平线上。③ 而且，在财政之外，考虑到国有制，包括金融领域的国有化特性，国有企业腐败，包括金融腐败，尤其是利率双轨制下的腐败收入，都是导致分配不公的重要因素。陈刚和李树考察了腐败的收入分配效应，发现腐败是造成城镇居民收入差距的最主要原因。就样本区间内而言，腐败对城镇居民收入差距的贡献要远远高于除经济增长外的其他影响因素。腐败的收入分配效应具体表现为：在增加城镇 20% 最高收入组居民收入的同时降低了城镇其他收入组居民的收入。需要注意的是，他们测算城镇居民收入差距的数据摘自官方统计资料，未能将大量与腐败租金相关联的“非法收入”和“灰色收入”包括进来。如果包括这部分收入，腐败的影响将更为严重④。陈刚还发现，中国的腐败显著地扩大了城镇内部和农村内部居民的收入不平等，但其对城乡收入不平等的影响是不显著的；针对城镇部门的研究发现，腐败主要是扩大了高收入组和低收入组居民间的工薪收入和转移性收入不平等，它对高收入组和低收入组居民间经营净收入和财产性收入不平等只是具有不显著的负向影响。⑤ 吴一平

① 刘勇政、冯海波：《腐败、公共支出效率与长期经济增长》，《经济研究》2011 年第 9 期。

② 王小鲁：《灰色收入与国民收入分配》，中国经济体制改革研究会《灰色收入》课题研究报告，2010 年。

③ 吴俊培、姚莲芳：《腐败与公共支出结构偏离》，《中国软科学》2008 年第 5 期。

④ 陈刚、李树：《中国的腐败、收入分配和收入差距》，《经济科学》2010 年第 2 期。

⑤ 陈刚：《腐败与收入不平等——来自中国的经验证据》，《南开经济研究》2011 年第 5 期。

和朱江南指出，地方政府的反腐败力度也是影响地方收入水平的重要因素，反腐败力度越大的县，收入水平也越高。[①]

四　治理腐败

（一）与经济转型有关的腐败的治理

对于由政府管制和国有部门引发的腐败，除了要坚决打击既已发生的腐败行为外，还应看到，政府管制和国有部门本身也要作为改革的对象。就官僚腐败而言，其主要原因就在于政府的过多且不必要的管制为寻租创造了空间。正如前面所阐明的，官僚腐败其实是政府质量低下的一种表现。在实际运行中，除非政府能确保自身的行政效率，否则反腐败的一个重要举措便是尽可能减少不必要的管制。甚至可以说，政府管制和国有部门的压缩本身就是渐进式改革的一个重要特征。虽然政府管制和国有部门范围的划定取决于当时改革的特定战略，但无论中国改革的具体路径如何，市场化始终是明确的方向。要充分发挥市场在资源配置中的决定性作用，就应该在没有市场失灵的场合，解除不必要的政府管制。就此而言，推进市场化进程本身就是在构筑反腐败的制度基础。

因此，治理腐败需要加快推进政府改革，以缩小政府规模，解除过度和不合理的政府管制，削减政府审批的数量。同时，建立透明的法律框架，减少政府官员任意解释的空间，避免政策的扭曲，从根本上铲除腐败滋生的土壤。长久以来，过多过滥的行政审批不但束缚了市场活力，还沦为腐败的温床。全面深化改革，充分发挥市场在资源配置中的决定性作用，必须坚定不移地转变政府职能，持续推进简政放权。十八届三中全会《中共中央关于全面深化改革若干重大问题的决定》提出："进一步简政放权，深化行政审批制度改革，最大限度减少中央政府对微观事务的管理，市场机制能有效调节的经济活动，一律取消审批，对保留的行政审批事项要规范管理，提高效率；直接面向基层、量大面广、由地方管理更方便有效的经济社会事项，一律下放地方和基层管理。"[②] 这里的核心在于，让市

---

① 吴一平、朱江南：《腐败、反腐败和中国县际收入差距》，《经济社会体制比较》2012 年第 2 期。

② 《中共中央关于全面深化改革若干重大问题的决定》，人民出版社 2013 年版，第 17—18 页。

场机制充分发挥作用，换句话说，就是减少不合理的政府管制，这自然也就压缩了官员借以腐败的空间。

改革开放以来，按照建立社会主义市场经济体制的要求，我国积极推进对计划经济体制的改革，大幅度减少了指令性计划和行政审批事项，努力转变计划管理职能。在生产领域，全部取消了农业生产指令性计划，工业生产除个别几种产品如黄金、木材、卷烟等需由国家进行必要调控外，其他均由企业根据市场供求状况自行调节。与此同时，行政审批也在减少。从1998年开始，按照党中央、国务院的部署，各省、自治区、直辖市对行政审批制度改革进行了积极探索，取消了一批行政审批项目，积累了一定的经验。国务院于2001年9月成立了行政审批制度改革工作领导小组，积极、稳妥地推进行政审批制度改革，取得了成效，也为反腐创造了良好条件。党的十八大以来新一届政府继续加强了简政放权的力度。到目前为止，国务院已经取消和下放了众多行政审批事项，改革成效进一步显现。中央对地方政府改革工作也作出部署，摆在首位的一条就是转变政府职能，取消和下放行政审批事项，特别是对涉及实体经济、小微企业发展、民间投资等方面的审批项目进行了清理。

深化行政审批制度改革，包括完善规范政府行为的有关制度，按照全面推进依法行政、建设法治政府的要求，进一步清理、取消和规范行政审批事项，完善审批方式，加强后续监管等内容。从实践的角度看，具体的推进政策包括：加快行政许可法的配套制度建设，完善行政执法责任制和评议考核制；制定行政效能投诉、行政过错责任追究办法；制定行政收费、行政强制和行政程序等方面的法律法规；加强行政审批改革，把不应由政府保留的权力交出去，最大限度地控制住腐败的源头，做到凡是可以用市场配置的社会资源，都由市场去配置，对于不属于政府的职能，交由企业、社会自主解决；对于缺乏法律、法规、规章依据的部门自定的审批事项，予以取消；对于现有的审批项目，可以成立一个审批项目专家审核小组，逐个单位逐项地进行清理，实现政府审批法定化，彻底改变过去那种对申报、取消与保留项目实际由各职能部门说了算的做法，做到公正、公开、公平，真正实现职能的改造；对必要保留的审批项目，做到政府信息公开透明，审批依据、审批权限、审批程序规范。只有这样才能有效减少腐败行为，减少经济增长中的阻碍因素。

当然，行政审批体制改革作为政府的一项自我改革，难免遇到部门利益的抵触，甚至可能出现行政审批边减边增或者明减暗增等问题。如取消的仅仅是一些常年不用的审批项目，或者简单地把多个项目合并成一个，从数量上看似乎减少了，但实际审批的内容并没有减少。新一届政府为了打破这个藩篱，开始亮出政府部门的“权力清单”，界定权力边界，让公众清楚知道哪些该审批，哪些不该审批，有利于公众更好地进行监督。与以往相比，这是审批制度改革的一项重要变化，行政审批列出正面清单，法无规定则无所禁止，将从根本上推动行政审批制度改革的深入推进。

对于国有部门中的腐败，由于竞争性国有企业的改制已经基本完成，现在应关注的主要对象是垄断性国有部门。垄断性国有部门腐败的实质问题就是行政垄断问题[①]，即利用政府的行政权力限制竞争，使自己的垄断收益合法化，然后在内部通过高福利或者其他腐败形式把垄断利润装入私人口袋，实现本单位、本部门的小集团利益。虽然行政垄断行业许多也是自然垄断行业，如电力、电信、邮政、铁路、民航、自来水、煤气等，但问题在于，政府对自然垄断产业的某些管制实际上被管制的对象所俘获，没有起到应有的监管作用。[②] 而对于非自然垄断的行业，如银行、石油业等，尽管管制有所松动，但政府仍通过种种不平等规定限制其他所有制经济的进入。一些涉及政府管制的公共服务部门，也通过政府行政规定实现垄断。其中一些部门，例如医疗、教育等，政府本应承担一部分支出，但在把它们完全推向市场后，这些部门便利用供求缺口所带来的垄断地位，不合理地攫取收益，导致了诸如教育乱收费、看病难看病贵等问题，增加了群众负担，并引致了医疗教育系统严重的腐败问题。

对于行政垄断造成的腐败，国家可以通过完善相关法律法规和推进行政垄断领域的改革来加以预防和消除。已有的《反不正当竞争法》是一部关于禁止不正当竞争和限制竞争行为的法律，是目前我国规范市场竞争行为的基本法律。其他一些法律法规如《价格法》、《招标投标法》、《电信条例》、《国务院关于禁止在市场经济活动中实行地区封锁的规定》等，也有一些禁止垄断行为的条款。这些法律对反垄断和消除腐败都有积极作用。今后，一方面继续加大立法力度，明确规定各类限制竞争行为的违法

---

① 胡鞍钢：《行政垄断就是一种腐败》，《经济日报》2002 年 4 月 8 日。

② 实际上，这些传统的自然垄断行业的竞争性环节是可以引入行业内竞争的。见唐守廉《电信管制》，北京邮电大学出版社 2001 年版。

性，为反垄断提供有力的法律武器；另一方面在具体法律执行上，鉴于行政垄断势力的强大和地方保护主义的干扰、部分反垄断工作涉及国家宏观经济政策（例如石油价格）和产业政策的合理把握、反垄断行为在举证和查处上要求很强的专业性和技术性，可考虑在中央一级设立反垄断执行机构，如其他国家那样的公平交易委员会，以独立裁量各种垄断违法行为。该机构有权在法律规定的范围内约束或引导政府及其授权部门的行政行为，为行政权力的使用界定范围；对行政垄断行为有独立调查权且不受干扰，有质询相关政府部门或其授权企业和相关人员的权力；在确认有关政府部门及其授权企业行为违反法律的情况下，能够依法作出禁止行政垄断行为、罚款、没收非法所得等裁定。在法律措施以外，鉴于已有的国有垄断部门势力早已形成，即使形式上消除行政垄断带来的障碍，由于实力的差距，真正的市场竞争也难以形成。因此，在必要的场合可以对垄断企业进行分拆，以强化市场竞争的力量，这也是我国打击行政垄断曾经采用的一种措施。例如，国家对电信进行的分拆，使市场竞争得到明显加强，原本手机双向收费这种垄断性收费就受到了市场竞争的冲击。[①] 进一步，开放民营资本进入原先的行政垄断领域，形成竞争，也是减少暗箱操作和腐败行为的利器。例如，民营资本进入交通建设领域，就有可能防止原来政府包办时的层层回扣和受贿行为，而这一领域历来是腐败窝案的重灾区。

在国有企业内部，由于产权界定存在模糊地带，国有产权改革过程中容易出现内部人控制和由此而导致的腐败。国有产权缺乏能够实际发挥作用的机构来代表，或者国有产权被分割到各行政部门来行使，致使监督内部人的难度加大。国有资产监督管理委员会的设立，有助于改善所有者缺位的问题，对经营者形成监督。当前，国资委应明确国有资产出资人的权利，通过制定各种规范，落实监督职责。对此，需要设立国有资本投资决策和项目法人约束机制，实行重大投资项目论证制和重大投资决策失误追究制；完善国有企业法人治理结构，规范公司股东会、董事会、监事会和经营管理者的权责；加强对国有资本运营各个环节的监管；同时，强化国有企业的内部控制和审计制度，从制度上抑制腐败。

总之，治理与转型有关的腐败，应从减少政府管制、反垄断和规范国

---

① 在行政垄断中，还有一种情况是私营企业利用当地政府来限制竞争，从而保护自己，这往往是和政府的管制性权力联系在一起的。对私营企业垄断的破除同样需要进行监管制度的改革。

有独资、国有控股、国有独资企业治理结构等市场化改革着手。同时，对于政府应当监管而监管缺位的情况，则应建立和加强相应的政府监管，以维护市场竞争秩序。以金融业为例，金融业腐败主要在于行政性金融管制的广泛存在，对于利率的管制、对于贷款分配的管制、对资本市场准入的管制、对于银行业准入的管制等等，都创造了巨大的腐败空间。而就国有部门而言，由于资本市场不发育，融资主要依靠国有银行，企业离开了这些国有银行就往往没有其他融资渠道。这就强化了银行行政性垄断的地位，也增大了银行系统腐败的可能性。因此，金融业的反腐败应着重于减少政府不合理管制，加强银行业的开放和竞争，以及改进银行的治理结构。还有，允许非公有制企业投资成立银行，实现金融业对社会资本的开放，也将有助于加强金融业的竞争，减少金融业腐败。总之，政府的主要职能主要是经济调节、市场监管、社会管理、公共服务。进一步推进政企分开、政资分开、政事分开、政府与市场中介组织分开，是未来改革的方向，也是构建廉洁政府的必要步骤。

（二）政府机构改革与政府治理

由政府管制引起的腐败，固然带有转型期的特点，需要通过经济改革以及其他领域改革的深入推进来解决。但这类腐败本身也受到政府行为和政策的影响，政府质量的好坏与这类腐败发生率直接相关。[①] 因此，除了进一步强化相应的市场化改革外，改进政府质量也是很重要的方面。

涉及财政收支方面的腐败，尽管它与不同类型的腐败是联结在一起的，且也具有转型期的特点，但它作为历史悠久的腐败类型，自有政府以来便屡禁不止，因此有必要将它与其他类型腐败分开来审视。治理涉及财政收支方面的腐败，着眼点应是政府内部的改革，而不是单纯采取像减少管制或者破除垄断等涉及政府与市场关系的举措。一个合理的治理方案，应是把政府内部的改革和减少管制、破除垄断等改革结合起来，形成改进政府治理的综合性举措。较之转型期改革所强调的减少政府管制，政府治理能力更强调政府监管和公共服务的质量。进一步讲，尽管政府管制在转型期内可以不断减少，但监管总是需要的，因此，提升政府质量的努力就

---

① 极端地说，如果政府能够完全有效率地执行中央政策，即使政府管制再多、行政垄断再多，对社会福利也不会造成什么损失。

显得更为重要。

按照 Kaufmann，Kraay and Zoido - Lobatón 的定义，[①] 治理是决定一国政权运作的制度与传统，包括：政府的成立、问责、监督等的设定；制定和实施良好的政策和提供公共服务的能力；公众与政府对治理经济和社会关系的制度的尊重。这三方面又可以分成六个综合指标，即：政府效率（Government Effectiveness），包括政策制定机构的质量和公共服务质量；监管质量（Regulatory Quality）；法治（Rule of Law），包括产权保护，司法制度等；腐败控制（Corruption Control）；政治稳定性（Political Stability and Absence of Violence）；“民众参与”（Voice and Accountability）。这六个综合指标中的每一个又都由若干个子指标汇集而成。可见，按照这个定义，政府治理是一个比腐败治理广泛得多的概念。不过，政府治理的这几个综合指标有些又都是高度关联的，这里重点关注法治、政府效率、监管质量、民众参与与腐败控制的关系。

依法治国、依法执政、依法行政，建设社会主义法治国家、法治政府、法治社会，促进国家治理体系和治理能力现代化，是社会主义现代化建设的重要目标。这就是说，宪法和法律至上，一切团体和个人都服从宪法以及依据宪法制定的法律，使已订立的法律获得普遍的遵从。在法治国家，法律规定和制约了政府的权力，使政府能够按照法律的框架运行。一个高质量的政府必须有足够的规则来指导自己的活动，这些规则必须足够清晰，不能太多或者定义得太模糊，以免给政策执行者以过多的自由处置权。一般而言，规则应指定什么是不能做的，而不只是规定哪些是合法的，以避免出现规定外的灰色地带，压缩官僚腐败的空间。在涉及反腐败的法律上，目前已基本形成了刑法、民法、刑事诉讼法等组成的比较完备的法律体系，基本达到了“有法可依”，这为打击腐败提供了有力的法律武器。在执法过程中，成立了纪委监察部门、检察司法机关等一系列反腐机构。但是，在执行过程中还难以完全做到违法必究，有法不依、执法不严等司法不公问题时有发生，甚至司法系统本身也存在腐败现象。司法腐败严重影响了群众对反腐败的信心，也使以法律为准绳来处置腐败行为的功效被大打折扣。这迫切要求保证司法的公正性，避免行政干预。为了消

---

① Kaufmann, D. Kraay, A. and Zoido - Lobatón, P:“Governance Matters: from Measurements to Action”, *Finance & Developmemt*, 2000, June, pp. 10 - 14.

除司法不公和司法腐败，除了完善司法制度外，还要加强人民群众的监督和各级党委纪检部门的监督，如强化人民陪审员制度。各级党委纪检部门对司法工作的监督主要应是监督适用法律和审理过程的公正性，而不是具体干预司法审判的过程，这样才能真正落实法治的目标。

法律规章总要由政府机构来执行。按照法治的标准，政府效率就是政府依法办事的程度和依法办事的速度。比如，反垄断法律就需要政府机构来执行，而执行效果的好坏影响着反垄断法律实施效果。

从建设市场经济角度来说，政府行政与监管都是要为市场经济提供制度支持，偏离这一点就会为腐败提供机会。一般来说，政府在行政与监管上的效率主要取决于：传统与声望；机构所拥有的行政资源；职能的明确；良好的组织，包括审计、内部控制与纪律；合格的成员等。① 例如，在财政上进一步深化收支两条线管理改革，完善转移支付制度，全面推行部门预算、国库集中收付制度，完善预算法律，加快建立财政资金绩效评价体系，形成财政资金规范、安全、有效运行的机制，就是提高政府行政效率的措施。政府的政务活动要公开、透明，这样才能让人易于理解和监督机构的监察。因此，政府和公共机构应积极推行信息公开机制，公开每个单位的行政权力和运作程序。比如，政府在土地出让上实行公开拍卖就是一种公开透明的做法，可以有效减少内部操作和腐败空间。

（三）加强纪检机关的反腐作用

按照《中国共产党党内监督条例（试行）》的要求，纪委机关代表党贯彻落实中央和省、市各级政府关于加强党风廉政建设的决定，协助党委加强党风廉政建设和组织协调反腐败工作；负责对各级各单位党风廉政建设责任制执行情况和党员领导干部行使权力进行监督检查；负责检查和处理党的组织和党员违反党的章程和其他党内法规的比较重要或复杂的案件，决定或取消对案件中党员的处分。从这些职能可以看出，纪委工作的成效将直接给予各级腐败分子以极大的震慑，直接决定着反腐工作的成败。而纪委要肩负起反腐败的重任，必须坚持独立、高效、权力集中的原则，这样才能有能力冲破权力的干扰和关系网的阻挠。因此，增强反腐败

---

① Tanzi, V.: "The Role of the State and the Quality of the Public Sector", 2000, *IMF Working Paper*, 00/36.

机构的相对独立性和权威性，才能不屈从于地方的“长官意志”，不怕任何违法乱纪的腐败利益集团，才能瓦解各种阻碍因素，打破权力监督瓶颈，从根本上提升反腐败的成效。

十八届中央纪律检查委员会第三次全体会议对党风廉政建设和反腐败工作提出了“五项任务”，即加强反腐败体制机制创新和制度保障；深入落实中央八项规定精神，强化纪律建设，持之以恒纠正“四风”；坚持以零容忍态度惩治腐败，坚决遏制腐败蔓延势头；强化对领导干部的监督、管理和教育；转职能、转方式、转作风，用铁的纪律打造纪检监察队伍。在这些任务中，加强反腐败体制机制创新和制度保障是反腐工作的重中之重。与以往相比，本届纪委反腐制度改革的最主要变化是明确提出了“推进党的纪律检查体制机制改革和创新，制定党的纪律检查工作双重领导体制具体化、程序化、制度化意见，强化上级纪委对下级纪委的领导，改革和完善纪检监察派驻机构，改进中央和省区市巡视制度”。而此前，纪委书记由同级党委领导，纪委在查处腐败案件时往往容易受到同级党委的干扰。尤其是，腐败案件往往是窝案，上下级官员之间串通一气的情况非常常见，同级纪委想要查处的本地腐败分子容易受到同级党委的包庇，使反腐败的利剑难以发挥威力。现在强化上级纪委对下级纪委的垂直领导，有利于纪委在办案时摆脱当地党委的干扰，集中力量查处大案要案。类似地，中央和省区市的巡视组由上级抽调利益不相关人员组成，也有利于防止某些地区官员沆瀣一气相互包庇的情况。

（四）群众与舆论监督

纪检机关在开展反腐工作时没有也不可能是孤军奋战，反腐败工作要有群众的积极参与。相信群众、依靠群众、发动群众是党和政府的优良传统。腐败具有隐蔽性，光靠纪检监察机关，难以达成反腐败的有效性。提高群众参与度，是治理腐败的有效措施。一方面，普通群众作为腐败行为所带来的社会成本的最终承担者，对腐败有着天然的痛恨；另一方面，群众是当地腐败危害的切身感受者，具有政府反腐机构所不具有的信息优势。事实上，众多腐败案件的揭发，都是由腐败案件涉及的利益相关者的举报而引起纪检机关重视的。各级纪检监察部门，应引导群众参与，对群众的举报妥善处理、及时反馈。此外，为保护举报人的积极性，反腐机构应确保举报人安全，为举报人保密，并设立奖励机制。确保群众参与也是树立法治的重要保证。因为法治要得到遵从，群众的关心、参与是必不可少的。目前，网络反腐已经成为新技术条件下群众参与的重要实践形式，近年来陆续经网络曝光的“表叔”、“房叔”等，一经网络曝光，迅速成为社会热点。网络反腐的重要特征是使得当地或部门无法采取措施把腐败丑闻压下去，使更高一级纪检机关的介入和调查变得更加可能。当然，既“要听网上的骂声”，也要意识到网络反腐也可能出现不规范和散乱化的问题。为此，对于网络反腐，一方面应将其作为纪检机关了解舆情和腐败信息的重要工具；另一方面还要正确对待群众的网上骂声，对不同的意见加以引导，化解矛盾。

新闻媒体的监督也是社会监督的一种重要方式。实现公平和正义，仅靠人民法院或司法机关的努力是远远不够的，还需要全社会特别是新闻舆论界的共同参与和努力。新闻媒体的监督具有传播快，内容确实，影响面大的特点，能够很快形成对腐败者的高压态势，具有明显的舆论导向性。因此，新闻媒体的监督在反腐败斗争中起着不可替代的作用。正确发挥新闻媒体对腐败的监督作用，认真解决损害群众利益和群众反映强烈的突出问题，是治理腐败的一个重要方面。

（五）腐败的综合治理

控制腐败，要坚持惩治和预防相结合。惩治是事后的补救措施，而预防是对腐败的事前控制。腐败的预防除了设立相应防范制度外，对已出现的腐败进行有力惩治，才能增强教育的说服力、制度的约束力和监督的威慑力。因此，坚决查办违纪违法案件，特别是大案要案，将起到巨大的警示作用。

控制腐败，需要多管齐下，综合治理。Tanzi[①] 认为，反腐败中可能会犯的最大错误就是过度依赖单个方面的行动而忽视各个环节的整体配合。比如，按照设想，施行“高薪养廉”政策，提高党政人员的工资水平，或者设立廉洁保证金，可以有助于官员保持清廉。但是，如没有其他配套制度，高薪却未必能养廉，因为腐败的诱惑较之高薪更大。又比如，只设立一个专门的反腐败机构，而缺乏其他部门的配合，将使得反腐败工作既没

① Tanzi, V., “The Role of the State and the Quality of the Public Sector”, 2000, *IMF Working Paper*, 00/36.

有足够的资源，也难以收集到足够的信息，最终导致反腐败任务的落空。再比如，希望借助一场声势浩大的反腐败运动，一劳永逸地防止腐败，而实践表明这种运动只有一时的震慑，难以起到长久效果。反腐应该永远在路上。因此，控制腐败需要多部门的配合和综合的制度设计，以让各种反腐力量共同起到应有的作用。

主要参考文献

陈刚、李树、尹希果：《腐败与中国经济增长——实证主义的视角》，《经济社会体制比较》2008 年第 3 期。

陈刚：《腐败与收入不平等——来自中国的经验证据》，《南开经济研究》2011 年第 5 期。

陈刚、李树：《中国的腐败、收入分配和收入差距》，《经济科学》2010 年第 2 期。

唐守廉：《电信管制》，北京邮电大学出版社 2001 年版。

公婷、吴木銮：《我国 2000—2009 年腐败案例研究报告——基于 2800 余个报道案例的分析》，《社会学研究》2012 年第 4 期。

胡鞍钢：《行政垄断就是一种腐败》，《经济日报》2002 年 4 月 8 日。

卢锋、姚洋：《金融压抑下的法治、金融发展与经济增长》，《中国社会科学》2004 年第 1 期。

刘勇政、冯海波：《腐败、公共支出效率与长期经济增长》，《经济研究》2011 年第 9 期。

王绍光、胡鞍钢、丁元竹：《经济繁荣背后的社会不稳定》，《战略与管理》2002 年第 3 期。

王小鲁：《灰色收入与国民收入分配》，中国经济体制改革研究会《灰色收入》课题研究报告，2010 年。

吴一平：《财政分权、腐败与治理》，《经济学》（季刊）2008 年第 3 期。

吴一平、芮萌：《地区腐败、市场化与中国经济增长》，《管理世界》2010 年第 11 期。

吴俊培、姚莲芳：《腐败与公共支出结构偏离》，《中国软科学》2008 年第 5 期。

吴一平、朱江南：《腐败、反腐败和中国县际收入差距》，《经济社会体制比较》2012 年第 2 期。

周黎安、陶婧：《政府规模、市场化与地区腐败问题研究》，《经济研究》2009 年第 1 期。

张曙光：《腐败与贿赂的经济分析》，《中国社会科学季刊》（中国香港）1994 年第 6 期。

中国改革基金会国民经济研究所：《国民收入分配状况与灰色收入》，研究报告，

2007 年。

Acemoglu, Daron and Verdier, Thierry. 2000. The Choice Between Market Failures and Corrup Tion. *American Economic Review*, 90, (1), pp. 194 - 211.

Aidt, T., Dutta, J. and Sena, V2005.: "Growth, Governance and Corruption in the Presence of Threshold Effects: Theory and Evidence", University of Cambridge, *Working Paper.*

Andrei Shleifer; Robert W. Vishny. 1993. Corruption, *The Quarterly Journal of Economics*, Vol. 108, No. 3, pp. 599 - 617.

Friedman, Johnson, Kaufmann and Zoido - Lobaton. 2000. "Dodging the Grabbing Hand: the Determinants of Unofficial Activity in 69 Countries", *Journal of Public Economics*, Vol. 76, pp. 459 - 93.

Glaeser, E. L. and R. E. Saks. 2006. "Corruption in America", *Journal of Public Economics*, 90, pp. 1053 - 1072.

Gymiah - Brempong, K., and Gymiah - Brempong, S. M. 2006. "Corruption, Growth and Income Distribution: Are There Regional Difference?" *Economics of Governance*, 7 (3), pp. 245 - 269.

Gupta, S., H. Davoodi, and R. Alonso - Terme. 2002. "Does Corruption Affect Income Inequality and Poverty?", *Economics of Governance*, 3, pp. 23 - 45.

Kaufmann, D. Kraay, A. and Zoido - Lobatón, P. 2000. "Governance Matters: from Measurements to Action", *Finance &Developmemt*, June, pp. 10 - 14.

Kevin M. Murphy, Andrei Shleifer, Robert W. Vishny. 1993. Why Is Rent - Seeking So Costly to Growth? *American Economic Review*, Vol. 83, No. 2.

Leff, N, 1964, "Economic development through bureaucratic corruption", *American Behavioral Scientist*, Vol. 8, No. 2, pp. 8 - 14.

Lui, F. 1985. "An Equilibrium Queuing Model of Bribery," *Journal of Political Economy*, 1985, Vol. 93, pp. 760 - 781.

Mauro, P. 1995. "Corruption and growth." *Quarterly Journal of Economics*. Vol. 110, pp. 681 - 712.

Mo, P. H. 2001. "Corruption and Economic Growth." *Journal of Comparative Economics*, 29 (1): pp. 66 - 79.

Méndeza, F. and Sepúlvedab, F. 2004. "Corruption, growth and political regimes: Cross country evidence", *University of Arkansas*, *Mimeo.*

Mocan, N. 2004. "What Determines Corruption? International Evidence from Micro Data", *NBER Working Papers* 10460.

Mironov, M. 2005. "Bad Corruption, Good Corruption and Economic Growth", *University of*

Chicago, Mimeo.

Neeman, Z., Paserman, D., and Simhon, A. 2004. "Corruption and Openness", *Center for Rationality and Interactive Decision Theory, Hebrew University, Discussion Paper Series*, dp353.

Rock, M. T. and H. Bonnett. 2004. "The Comparative Politics of Corruption: Accounting for the East Asian Paradox in Empirical Studies of Corruption, Growth and Investment", *World Development*, Vol. 32, No. 6, pp. 999 – 1017.

Sarte, P. 2000. "Informality and Rent – Seeking Bureaucracies in a Model of Long – Run Growth,", *Journal of Monetary Economics*, 46, pp. 173 – 197.

Tanzi, V. 1995. "Government Role and Efficiency of Policy Instruments", *IMF Working Paper* No. 95/100.

Tanzi, V. 2000. "The Role of the State and the Quality of the Public Sector", 2000, *IMF Working Paper*, 00/36.

第三篇

新常态下中国经济发展

第十一章　转变经济发展方式的政治经济学分析

转变经济发展方式是1995年以来中国经济改革和发展进程中的热点和难点。即使不考虑20世纪80年代中期就开始出现的提高经济效益、加速科技进步的提法，早在1995年十四届五中全会上中央就明确提出：“经济增长方式从粗放型向集约型转变，促进国民经济持续、快速、健康发展和社会全面进步”，并把“增长方式转变”作为两个具有全局意义的根本转换之一。① 党的十七大在科学发展观的指导下正式提出“转变经济发展方式”，以取代片面追求GDP增长的做法。党的十八大以来，增长的质量和效益被置于更加突出的位置，十八大报告提出：“加快形成新的经济发展方式，把推动发展的立足点转到提高质量和效益上来。”

众所周知，改革开放30多年来，中国的经济建设取得了举世瞩目的成就，但是经济的强劲增长主要是由传统的高投入、高消耗、高资本积累所带动的。这种经济发展方式已经引发一系列经济和社会的结构失衡，受到环境和生产要素越来越大的制约，从而影响到国民经济的长期持续稳定发展。正是基于这样的情况，转变经济发展方式才会成为一个如此重要的问题，并引起各界的重视，从各个方面来探讨转变经济发展方式，包括从市场机制角度对经济发展方式与体制改革的相关性作出论述，如调整经济结构关系、改革投资体制、优化产业结构、追求科技进步和加强管理；由过度依赖资金、劳动力、资源和环境投入，转向更多依靠提高技术进步；

---

① 另一个具有全局意义的转变是“经济体制从传统的计划经济体制向社会主义市场经济体制转变”，见《中共中央关于制定国民经济和社会发展“九五”计划和二〇一〇年远景目标的建议》，载中共中央文献研究室编《十四大以来重要文献选编》（中），中央文献出版社2011年版，第468页。

由主要依靠工业转向工业、服务业共同增长，等等。[①]

如果说2008年之前探讨经济发展方式的转变主要是针对国内的压力，那么，2008年的国际金融危机和随后全球市场的变化则使这种转变变得更加紧迫。金融危机之前，中国经济通过加入WTO等方式进一步融进了世界经济一体化进程，这固然进一步促进了经济发展。但是，由于中国处于国际产业链的下游，主要以国内丰富的劳动力和其他自然资源为优势参与国际分工，这又使得原有的高度依赖资金、人力、资源和环境投入的做法得以强化，使一些经济结构和要素的扭曲得以长期化。金融危机打破了以往中国偏重出口，以扭曲环境和要素价格来实现物美价廉的商品出口模式。因此，转变经济发展方式的呼声在金融危机之后变得更加强烈，并成为上下一致、高度共识的问题。

一　以政府职能转变促进经济发展方式转换

即使从1995年中央正式提出转变经济增长方式算起，迄今也有20多年的时间，但效果仍不尽如人意，可见转变经济发展方式之难。这就要求我们进一步探讨，需要通过什么改革才能使转变经济发展方式落到实处。对于仍处于转型过程中的中国经济来说，政府的角色与定位是无法回避的，转变经济发展方式的一个重要着力点是政府的转型。如果绕开这一点，单从产业布局、加强管理，甚至科技进步等方面入手，肯定建立不起来符合科学发展观的体制机制，转变经济发展方式就很难落实。

长期以来，我国经济发展方式粗放及转变困难，在于各级政府具有很强的投资冲动，不少地方热衷于盲目发展高耗能、高污染的项目，因为这些项目能带来GDP短期的快速增长。因此，要转变传统的经济发展模式，一个不可回避的问题，就是要把行政主导的资源配置方式转变为以市场为基础的资源配置方式，而其中的关键就在于转变政府职能，弱化政府配置资源的功能，减少政府实际支配的资源，让市场机制发挥更大的作用。不少学者对此已有过论述。陈清泰强调政府主导经济增长应转向政府调控、

---

① 刘相主编：《努力建立和完善实现经济增长方式根本转变的体制机制》，山东人民出版社2009年版；宋群主编：《转变经济增长方式研究》，中国计划出版社2009年版。

市场主导的经济增长。[①] 张卓元强调政府要把资源配置主导权交给市场，致力于履行应由政府履行的职能。[②] 这些思想代表了对如何切实转变经济发展方式的积极探索，也充分说明从改革政府的角度研究转变经济发展方式所具有的重要意义。因此，要实现发展方式的转变，重要的前提条件之一就是要合理划分政府与市场的界限，把资源配置的主导权交给市场，使市场在资源配置中起决定性作用，政府则致力于自身应尽的职能，为市场提供良好的运行环境，而不能压制市场作用的空间，过多地涉足市场可以良好运转的领域。应把市场力量作为经济发展的引擎，通过市场的力量来促进技术进步、节能减排和优胜劣汰。

二　利益集团对政府政策的影响

强调政府是促进经济发展方式转变的核心，需要我们进一步思索，为什么政府职能转换一直滞后。按照现代政治经济学的理论，政府本身并不是超然的，它的行为受到利益集团的影响，[③] 因此，对政府职能转型滞后背后的利益集团影响问题，需要作出进一步探索。

在当今中国，完整地界定特殊利益集团也许是困难的，但的确存在着一些明显的特殊利益集团，这些利益集团主要有[④]：

1．依附权力的资本集团

当今中国，某些公共权力演变成权力资本，与形形色色的利益集团相结合，甚至衍生出各种各样的特殊利益集团。经过近 40 年的改革开放，中国的社会利益结构发生了分化、重组，新的利益群体、利益阶层和利益集团不断形成。某些利益集团趁社会转型、体制和制度尚未完善之机，通过贿赂、收买、腐蚀政府官员等途径，或者利用某些政府部门的不作为，使自己的利益尽可能以大众的利益为代价进行扩张，这就是依附权力的资本集团。资本集团的出现，是改革的一个必然结果，但除了那些依靠正当经营积累资本之外，一部分商人和企业家依靠的却是权钱交易而形成的势

---

① 陈清泰：《转变经济增长方式中的政府作用》，《中国政协》2005 年第 11 期。

② 张卓元：《深化政府改革是转变经济增长方式的关键》，《经济纵横》2006 年第 5 期。

③ Grossman and Helpman. 2001. Special Interest Politics , The MIT Press.

④ 对中国利益集团的一个研究综述，参见杨靖《中国利益集团研究综述》，《理论与改革》2010 年第 4 期。

力。依附权力资本集团的成员通常会进行钱权交易等违法活动，助长集体腐败或组织性腐败。这里一个突出的领域是房地产。一部分房地产开发商是房地产市场的利益主体，在某些地方政府相关部门的支持下，成为高房价最为直接的受益者。2004年以来，我国房地产价格在越来越大程度上由少数开发商决定，即少数开发商凭借其所处的垄断地位，哄抬房地产价格，而地方政府则给予纵容和支持①。

2. 某些垄断企业

国有企业的改革从20世纪90年代中期开始，大量竞争型国有企业因为亏损，政府出于卸包袱的目的而实行了改制，但同时，出于保持国家对重要行业控制力的考虑，剩下的一些行业，主要是电力、电信、石化、金融、水电气供应、烟草等被改组成了国有垄断企业，这些垄断行业，多年来之所以能够以垄断的地位在市场存在，并能以非市场化的方式取得巨大利润并得到发展，很大程度上是以经济安全为理论依据的。然而，同样不得不承认的是，目前的大多数垄断行业在得到垄断利润的同时，并没有能为公众提供应有的服务。相反，有些垄断行业在谋取巨额垄断利益的同时，往往还会作出种种要挟行为，而置社会公共利益与公众利益于不顾。②

特殊利益集团对中国经济运行产生的影响，从动态激励角度看，它可以通过游说或其他参与公共权力的活动为本集团找到政策寻租的空间，这是一种非生产性活动。像奥尔森所揭示的那样，这种影响在很多国家导致的是经济增长的停滞。但在中国，这种影响则比较特殊，由于上上下下都存在追求GDP增长的动机和以GDP增长考核政绩的体制安排，使得中国各利益集团在表面上不可能明显阻碍GDP的增长，相反，它们所追求的是如何从GDP高速增长中谋取更多好处。其结果是，特殊利益集团导致的是经济的粗放式增长，这种经济增长往往单纯依靠生产要素的大量和廉价投入，即通过扩大生产场地、增加机器设备、增加劳动力等来实现。特殊利益集团寄希望于通过各种手段获得廉价资金、土地、劳动力和其他政策照顾，把这些生产要素用于粗放式经营上，而不是用在追求技术进步和质量效益上。

---

① 还存在其他一些情形，如在改制中瓜分国有资产，公共投资中的暗箱操作等。

② 杨帆：《中国利益集团分析》，《探索》2010年第2期。

众所周知，从20世纪90年代中期以来中国出现了“资本深化”现象，[①] 也就是投资驱动型经济。这是由两方面因素引起的：一是包括土地、劳动力和资金在内的要素价格处于较低的水平；二是企业的盈利能力保持较高增长，致使企业对投资的预期利润率保持在较高的水平上。土地虽然是我国短缺的资源，但由于长期以来工业用地采取协议方式出让，价格一直偏低。其中很重要的因素就是地方政府为了吸引投资而竞相压低土地价格，各地兴建的开发区成为优惠地价的重要领域。同样，由于劳动者的利益得不到保障，导致劳动力成本长期维持在较低的水平。至于资金，在国有金融机构垄断和国家金融政策扶植下，以牺牲储户利息使资金成本大幅度降低，导致信贷规模不断膨胀。考虑到物价因素，实际利率水平经常处在较低的水平上，负利率状况也不罕见。与企业融资成本下降同时发生的，是企业盈利能力和利润水平明显上升。其中很重要的一个组成部分就是一些垄断企业的利润大幅增长，同时又没有上缴财政，往往被用于扩大投资。当然，一些行业的暴利，如房地产等，也使依附权力的资本集团疯狂扩大投资。以上情况，都导致了粗放增长和产能过剩，使经济调整的风险被放大。而真正到了经济结构必须调整的时候，这些特殊利益集团又可以通过其强势地位寻求国家的各种政策和资金支持，而拒绝进行涉及自己利益的调整。

三　实证分析

实证研究利益集团对政府转型和经济发展方式转变的影响，首先要对原有的粗放发展方式作出量化定义。目前，以全要素生产率（TFP）的核算来衡量经济发展质量是一种较为普遍的做法。一般来说，经济增长的源泉有两个：一是要素投入的增加，如增加固定资产投资和就业人员数量；二是要素投入使用效率的提高。全要素增长率反映的是后者，它是指在扣除要素投入数量增加的影响后，由其他因素带来的经济增长，如技术进步和管理改进等。

这里采用数据包络分析方法（DEA）来做分析，利用非参数的DEA－

---

① 张军：《改革以来中国的资本形成与经济增长：一些发现及其解释》，《世界经济文汇》2002年第1期。

Malmquist 指数方法对全要素生产率的变化作出研究。利用 Malmquist - DEA 指数方法研究 TFP 的优点是，它属于非参数方法，不需要对生产函数的形式作出任何预设。

DEA - Malmquist 指数方法所涉及的投入产出变量选取，本章以 1978—2008 年除西藏、海南外的全国各省、自治区、直辖市的相应指标为样本数据。其中，重庆与四川合并计算。产出指标为各省 GDP，数据取自《新中国 60 年统计资料汇编》，GDP 按 1952 年不变价计算，以 1952 年为基期，利用以 1952 年为基期的地区生产总值指数计算而得。投入指标分为资本和劳动。资本存量数据使用复旦大学中国市场经济研究中心张军、吴桂英、张吉鹏、张学良和陈刚等编制的截至 2005 年各省资本存量数据，以同样方法补充到 2008 年。由于他们的资本存量数据是 1952 年价格的，2006 年以后的固定资本形成按照张军、吴桂英和张吉鹏（2004）所提供的固定资产投资价格指数折算成 1952 年不变价。[①] 劳动投入则按通行做法以各省就业人员数量度量，在《新中国 60 年统计资料汇编》中，缺失内蒙古 1979 年就业人员数据，以及重庆 1985 年之前的就业人员数据，对这些缺失数据按趋势作估算处理。计算软件为 DEAP2. 1。

DEA - Malmquist 指数核算 TFP 的一个作用是分解 TFP 的构成，把 TFP 增长分解成技术效率变化与技术进步。计算表明，TFP 增长率主要来源于技术进步，而来自技术效率变化的贡献几乎没有，这一结果与傅勇和白龙（2009）的结论类似。[②] 这典型地表明了中国经济的粗放式增长。首先，经济增长中资本投资的贡献率比 TFP 的贡献率要大得多，其次，TFP 增长主要是靠技术进步带来的，技术效率变化的贡献不明显。至于技术进步，显然，中国的技术进步基本上还是依靠引进和吸收外来先进技术为主。因此，技术效率变化的低劣突出说明了中国经济粗放增长的特点。

接下来，我们在对政府转型和利益集团影响论述的基础上，对影响 TFP 增长[③]的因素进行相关分析。对 TFP 增长影响因素作回归分析，这里选取 1995—2008 年时间区段。这样做是基于数据的易获得性，在下面涉

---

① 张军、吴桂英、张吉鹏：《中国省际物质资本存量估算：1952—2000》，《经济研究》2004 年第 10 期。

② 傅勇、白龙：《中国改革开放以来的全要素生产率变动及其分解》，《金融研究》2009 年第 7 期。

③ 本章关注的是各因素对 TFP 提高的影响，即对 TFP 的边际影响。

及的影响因素中，有些在20世纪90年代才开始有统计数据。

在影响政府转型的利益集团的有关论述中，应该考虑到，正是地方政府规模膨胀和控制资源过多，干预和主导投资驱动型的经济，并存在各种腐败现象，才使得各利益集团有可寻之机，借口自己对经济增长的重要性，进行政策寻租。这方面最直接的一个反映就是地方政府的行政成本。我们选取政府的行政管理费相对文教科卫事业费的比例作为地方政府行政成本的衡量，以该比例的变动率衡量地方政府行政成本的膨胀程度，用以反映地方政府的规模膨胀和干预经济程度。数据选自《新中国60年统计资料汇编》中各地地方财政收支额一栏，其中广西、宁夏缺2007年和2008年的文教科卫事业费和行政管理费，重庆缺1995年的行政管理费，均按财政支出的同步比例作推算。

对于垄断企业利益集团，我们选取各地国有经济投资占全社会固定资产投资的比重来衡量。数据选自《中国统计年鉴（1995—2009）》“按经济类型分的全社会固定资产投资”一栏。选取国有投资占比，能够更好地反映国有企业作为一个整体占用资源的程度，相比之下，国有经济的产值相比投入往往偏低，不能真正反映国有经济占用资源的程度。

在依附权力的资本集团中，这里选取了其中的代表即房地产利益集团，选取商品房销售额占GDP比重来反映房地产利益集团的扩张，及其对经济增长的影响。商品房销售额取决于商品房销售面积与房价，这两者，特别是房价的高涨，在商品房销售额中可以体现出来。虽然直接采取房价涨幅指标更为直观，但房价统计存在许多争议。至于房地产开发投资，它更多的是反映房地产开发商对未来的预期，也就是未来房价的上涨，而不是现在。

除了以上这些影响变量，影响TFP增长还存在其他一些控制变量，一般来说，包括以下变量：

基础设施。良好的基础设施一般来说可以改善生产要素的使用效率，从而有利于TFP的提高。不过，需要注意的是，尽管一般来说基础设施有利于生产率的提高，但基础设施本身的高投入、低回报也是一个值得注意的问题。在指标选取上，我们将各省铁路和公路里程，前者以14.7的换算系数折合成公路里程，进行合并计算后，再除以各省GDP，以体现相对于GDP的增长程度。基础设施相关数据取自《新中国60年统计资料汇编》中各省市“运输线路长度和民用汽车拥有量”一栏。

城镇化水平。城镇化水平的提高，一般来说反映的是与产业结构变动有关的经济聚集程度对生产率的影响。经济聚集程度的提高，一般表明需求市场规模的扩大，信息交流的便利和企业外部经济的改进。我们按《新中国60年统计资料汇编》中的各省市人口状况一栏统计城镇人口比例。不过，由于中国户籍制度的存在，《汇编》中一些省市用非农人口比例替代。河北缺1995—1999年、2001—2002年的城镇人口比例，按《河北统计年鉴》所能找到的2000年非农人口比例对这些年份作推算。吉林所缺数据由《吉林统计年鉴》补充。福建缺失2000年以前数据，以《福建统计年鉴》中所能找到的1990年人口普查城镇化率和2000年的人口普查城镇化率作平滑处理。广东缺失1995—1999年、2001—2004年数据，所缺各年份比重作平滑处理。四川缺失数据较多，统计年鉴也不全，鉴于四川重庆合并计算，以及省情类似，以重庆代替，但《重庆统计年鉴》只从1996年开始，不过1年之差不会有太大变化，四川重庆以重庆1996—2009年的城镇化率代替。

产业结构。一般而言，生产要素从低附加值部门流向高附加值部门可以提高生产率，这是从要素配置改善的角度来分析产业结构调整对TFP的影响。考虑到中国处于工业化时期，产业结构变动可以用非农产业所占比重来衡量，这也是通常衡量产业结构变动的做法。数据取自《新中国60年统计资料汇编》中的各省市生产总值中工业和第三产业加总所占比例。

人力资本。人力资本是按教育程度衡量的有效劳动力。一般来说，人力资本由劳动人口与其受教育年限的乘积而得。不过，这里简单以《中国统计年鉴》中各年各省市按性别和受教育程度分的人口中，6岁及其以上有大专以上学历人口的比例来衡量人力资本，或者简单说受教育水平。其中，1995年数据是按照1996—1997年、1997—1998年两年的平均趋势推算，2000年的数据以相邻两年作平滑代替。

进出口外贸。中国经济增长的一个重要特征是外向型。在理论上，对外贸易能促进比较优势产业，对中国而言是劳动密集产业优势的发挥，并通过市场的扩大促进规模效益的提高，以及学习先进技术和管理等。以《新中国60年统计资料汇编》中各省市国内贸易和对外经济贸易中的进出口总额除以对应省市GDP来衡量经济外向程度。

外商直接投资（FDI）。一般来说，FDI能够显著补充正处于工业化进程的国家的资本，形成更快的经济增长。由于汇率基本不变，我们选择

《新中国60年统计资料汇编》中各省市国内贸易和对外经济贸易中的外商直接投资除以对应各省市GDP来衡量各地引进外资的程度。青海缺1995年、1996年的FDI数据，从青海统计年鉴上补充。

金融发展。金融深化对一国的经济增长有促进作用。在金融发展指标的选取上，以各省市金融机构存贷款除以GDP表示金融发展水平。其中各省市金融机构存贷款取自《新中国60年统计资料汇编》中各省市自治区金融机构人民币各项存款和贷款余额一栏。

研究与开发（R&D）支出。R&D的指标选取，与计算人力资本存量一样，理论上应是根据逐年的研究与实验经费支出，按照永续盘存法计算得出。这里以各地的技术市场成交额代替，指标采取技术市场成交额除以对应各地固定资产投资额，反映科技投资的比重。这种代替是基于这样的考虑：技术市场成交额直接反映企业用于技术引进和开发上的部分投资。技术市场成交额数据取自《中国统计年鉴》各年技术市场成交额一栏。其中青海缺2000年数据，以相邻年份作平滑处理。

市场化。中国的经济发展过程也是一个经济转型的过程，市场化以改善资源配置和强化激励促进了经济效率的提高。其中的一个具体表现就是，低效的国有企业占产出份额的减少，相应地非国有企业份额的提高。以历年除国有及其控股企业之外的企业产值占工业总产值的比重作为市场化的指标，数据选自《中国统计年鉴》工业部分。其中，山西2002年，青海、新疆2005年，以相邻年份作平滑处理。

基于因变量TFP变化是增长指数，以上所有解释变量也为相应的增长指数，即在原有比率基础上计算出比率的变动率。采取增长指数相当于作了一次差分，数据时间区段上减少1995年这一年，为1996—2008年。在采用的面板数据计量回归中，由于数据作了差分，一般可以认为，在时间截面上，消除了非平稳的趋势。增长率的比较也无须考虑解释变量内生性的问题。在计量方法上，我们采用固定效应模型进行估计，考虑到各地存在的固有差异因素，以及各年份之间在诸如货币信贷政策、财政政策、土地政策、对外开放政策等宏观影响的固有差异因素，我们对个体和时间都采取固定效应做法，即时点个体固定效应回归模型。采用EVIEWS7.0软件作回归分析，构建了5个回归模型。模型1包含了所有解释变量；鉴于基础设施和城市化通常的高度相关，模型2和模型3分别省略了基础设施和城市化变量；另外，基于2001年中国加入WTO，以及进入新一轮经济景气周期（特别是房地产），模型 4 和模型 5 分别对 1996—2001 年和 2002—2008 年的时段做了回归。结果如下：

表 11－1　　影响 TFP 增长因素的时点个体固定效应模型

解释变量	模型 1	模型 2	模型 3	模型 4	模型 5
行政管理费/文教科卫事业费	－0.012335 （－1.786971）*	－0.012832 （－1.888297）*	－0.012354 （－1.792622）*	－0.020253 （－0.965769）	－0.002918 （－0.399661）
国有投资	－0.004675 （－1.785505）*	－0.004614 （－1.767031）*	－0.004681 （－1.790686）*	－0.013339 （－0.563700）	－0.001983 （－0.694901）
商品房销售	－0.001646 （－0.514408）	－0.001663 （－0.520463）	－0.001636 （－0.512037）	－0.004233 （－0.593765）	－0.006305 （－1.813279）*
基础设施	－0.005240 （－0.427479）		－0.004864 （－0.401711）	－0.007289 （－0.410889）	－0.014330 （－0.934821）
非农产业	－0.198546 （－1.574710）	－0.198931 （－1.579865）	－0.199933 （－1.590311）	－0.332017 （－2.661585）***	－0.049416 （－0.214312）
进出口	0.013364 （1.390193）	0.013256 （1.381256）	0.013205 （1.380062）	0.011168 （0.818377）	0.023996 （1.852882）*
FDI	－0.005180 （－2.812196）***	－0.005152 （－2.802257）***	－0.005191 （－2.823464）***	－0.000324 （－0.183988）	－0.008045 （－1.462899）
教育水平	－0.006897 （－1.188751）	－0.006947 （－1.199270）	－0.006888 （－1.189138）	0.004042 （0.602964）	－0.009066 （－1.119989）
城市化	－0.003752 （－0.210373）	－0.002641 （－0.149856）		－0.005511 （－0.290863）	－0.020363 （－0.682718）
技术市场	－0.001154 （－1.504865）	－0.001179 （－1.542611）	－0.001165 （－1.525004）	0.000490 （0.665218）	－0.002119 （－1.443504）
金融发展	0.012591 （0.417482）	0.012591 （0.418025）	0.012681 （0.421143）	－0.035148 （－0.946228）	－0.026200 （－0.608833）
市场化	0.003044 （0.563079）	0.002890 （0.536461）	0.003011 （0.558075）	0.005227 （0.513140）	0.005151 （0.858417）
调整 R2	0.628474	0.629444	0.629609	0.807051	0.606185

注：括号中的数字为 t 值；* 表示在 10% 的水平上显著；** 表示在 5% 的水平上显著；*** 表示在 1% 的水平上显著。

从计量结果可以看出，行政管理费和国有投资的系数都显著为负（模型 1），行政管理费对文教科卫事业费比率的增长提高一个百分点，TFP 增长率下降 1.2 个百分点。王小鲁等的研究表明，行政成本的增长也对全要素生产率产生了显著的负面影响。[①] 类似地，国有投资对固定资产投资比重的增长提高一个百分点，TFP 增长率下降 0.4 个百分点。这证实了前面所指出的利益集团对经济增长质量的损害。对于以房地产利益集团为代表的依附权力的资本利益集团，以房地产销售代表的影响系数为负，表明对增长质量的损害，但并不显著。这初看起来似乎不支持房地产利益集团对增长质量有害的论断。但进一步分析可以发现，必须把房地产在 GDP 贡献中的特殊机制考虑进来，才能得出完整的结论。房地产业的暴利机制使得房价飞涨，GDP 随之增长，而房地产的投入并没有变化，这表明房地产似乎应显著地促进 TFP 增长才对。正是在这个意义上，我们无法用普通的系数显著与否来判断，而应该说，给定房价飞涨的事实，房地产对 TFP 增长的贡献，除非计量结果显著为正，使得我们无法证实房地产对 TFP 增长的负面作用，否则，就能断定其负面作用。因此，这一结果正说明了房地产利益集团的有害性质和房地产增长对经济增长的非实质作用。进一步，在模型 5 中，房地产在其极具景气的时期，贡献却显著为负，也加强了这一判断。

至于其他控制变量，FDI 占 GDP 比重衡量的 FDI 对 TFP 增长贡献显著为负，这说明 FDI 的技术外溢效应较弱，这与其他一些研究的结论是一致的。[②] 也说明，FDI 对经济增长的贡献可能主要是在廉价劳动力的配合下，通过扩大资本形成来实现的[③]。进出口对 TFP 的增长有促进作用，但不明显，这说明外贸增长促进企业技术效率的提高和技术进步效果可能还抵不上其他领域的低效。在模型 5 中，进出口的作用显著为正，这可能更加说明入世的作用。基础设施的影响并不显著，基于基础设施变量是折合的公路里程对 GDP 比重的变化率，这可能表明基础设施相对 GDP 的超前发展，对 TFP 增长是否有促进作用可能无法一概而论，原因之一可能是基础设施本身的低回报，如果过于超前，它可能会抵消基础设施的正面作用。至于非农产业，对 TFP 增长的边际效应不显著，可能是计量的时间段是从 1996

---

① 王小鲁、樊纲、刘鹏：《中国经济增长方式转换和增长可持续性》，《经济研究》2009 年第 1 期。

② 孙辉煌、苏基溶：《FDI，金融增长与经济增长：要素投入还是 TFP?》，《南方金融》2009 年第 9 期。

③ 需要指出的是，在有关中国利益集团现象的一些研究中，外资集团也被作为一个特殊利益集团而存在。从我们的结论看，这至少说明，地方政府的招商引资竞争与 FDI 的大量增长无助于经济发展方式的转变，着眼于外资来实现转变是不切实际的。

年开始，通过产业结构变动提高TFP应该在这之前的时期较为显著，那时是中国初步工业化时期，要素配置结构的变动效应较为显著，而到20世纪90年代后期，中国经济，主要是非农产业的资本深化现象已经出现了。关于金融增长，实证结果看不出其对TFP增长有显著的促进作用，这也符合一般的看法。鉴于中国金融机构以国有银行为主，银行本身的粗放增长对TFP增长不可能有显著促进作用，这也再次证实国有部门带来的经济增长质量问题。以教育水平来体现的人力资本对TFP增长贡献并不显著，除了指标选取的问题，加上模型5的系数为负，我们猜想这可能和同期大学扩招，但就业并没有同步跟上有关。类似地，城镇化水平的变动对TFP增长贡献也不明显，这可能说明除了少数地区，多数地区通过经济聚集效应的边际增长（注意回归是增长率之间的回归）推动TFP增长的效果并不明显。如何提高城市间的群聚和带动效应，如“长三角”城市群那样，是一个需要继续深化研究的问题。最后，技术市场成交额的增长对TFP增长贡献不显著，这当然不是真正的R&D资本存量，不过，借用这个指标，也可能部分说明了科技成果使用效率的问题。至于市场化，作用也是不显著，这可能与样本的时间范围有关，这段时期国有企业经过重组，由于产业和政策（特别是信贷）上的有利因素，整体效益实现改善。[①]

总之，通过以上回归分析，实证支持了地方政府规模膨胀、国有企业利益集团和以房地产为代表的依附权力的资本利益集团对粗放经济增长方式所发挥的实质影响。因此，政府职能转变应从遏制这些利益集团的措施入手。

四 遏制利益集团影响

1. 减少政府控制的经济资源，使之保持在恰当履行自身职能的水平

政府手里控制着过多的经济资源，毫无疑问就是各利益集团特别是特殊利益集团眼里的盘中餐。改革开放以来，政府通过税收和正规收费所控制的资源份额明显下降了，但这并不意味着政府实际支配的资源量相应减少了，而且近年来政府财政收入增速始终大大超过经济增速。政府通过其

---

① 其他几个控制变量之间也可能存在多重共线性问题，从而使回归系数不显著。不过，由于这些解释变量都有明显的经济意义，加上已采用了差分面板数据，故不再做进一步改进。

他途径仍支配着大量资源，特别是民间资源。政府控制过多资源，使得政府难以从微观经济活动，特别是一般性资本形成活动中退出，同时为腐败和各个特殊利益集团寻租提供了肥沃的土壤。因此，特别需要注意政府合理职能界定的问题，控制的经济资源以其合理职能所需为界，以尽量减少利益集团的不良影响，这是遏制特殊利益集团活动的一个重要前提。

2. 降低政府行政成本

建设一个不仅廉洁而且廉价的政府，是包括中国在内的世界许多国家的共同追求。降低政府行政成本，需要几个方面工作的配合。首先是加快预算管理体制改革。目前，行政成本在某种程度上是由地方政府的自由裁量权造成。正是在财政支出上缺乏合理可行的定额标准，不规范和不透明，导致公务费用超标严重，行政经费过快增长，财政资金严重浪费。政府的支出既然都应有预算编制进行管理，就应该进一步使预算管理体制真正发挥作用。政府预算必须有广泛的论证基础，要公开、透明，要着重发挥人大这样的机构对预算的监督与审批功能，促使财政预算分配的合理化。其次要改变政府机构与人员臃肿的局面。政府机构改革是政治体制改革和经济体制改革的重要交汇点。要提高政府的治理能力和行政效率，必须减少政府级次，精简机构和人员。

3. 严厉打击腐败

腐败、政府行政成本膨胀和国有经济强化往往是一种共同存在的现象，甚至在某种程度上是相互强化的。特别是，在当前经济增长中起重要作用的几个领域，如基础设施建设、房地产开发等领域，权钱结合和贪污腐败的现象屡禁不止。周黎安、陶婧指出，政府规模的扩大会增加地区腐败案件的发生，特别在那些掌握着资源配置的关键权力部门更是如此。[①]这是一个很直观的结论。此外，政府支出的规模越大，基建部分所占比重越大，腐败也更容易出现。这些结论与上面所谈到的在合理界定政府职能前提下必须减少政府控制的经济资源是一致的。目前，在对腐败的执法过程中，成立了纪委、监察部门、检察机关等一系列反腐机构，形成了党、政、司法各部门齐抓共管的局面，但还做不到违法必究。因此，要保证司法的公正性，避免行政干预。为了消除司法不公和司法腐败，除了完善司法制度，也要加强人民群众的监督和各级党委纪检部门的监督。对于政府

① 周黎安、陶婧：《政府规模、市场化与地区腐败问题研究》，《经济研究》2009 年第 1 期。

而言，政府的政务活动要公开、透明，这样才能让人易于理解和监督机构易于监察。

4. 建立准入开放和公平竞争的市场

切实建立市场的公平竞争秩序，打破垄断企业对市场的垄断和操纵，也是一个重要方面。在金融、通信服务，以及各种自然资源及其产品市场等人们熟知的垄断市场上，由于垄断因素排斥竞争，新的企业难以进入。撇开垄断对消费者利益的损害不论，垄断造成的行业进入壁垒已经对行业自身的增长产生了极强的抑制作用，严重打压其他资本的合理进入，使市场竞争效率得不到体现。因此，打破垄断，在那些实际中不需要国有企业来体现国有经济控制力的领域，鼓励其他企业的进入。

5. 加强对房地产行业的调控

房地产本身的要害问题就是高房价所带来的问题。毫无疑问，地方政府及房地产开发商的利益在各种博弈中占了上风。加强房地产调控涉及两个方面：一个是对房地产市场的调控。2009 年底和 2010 年国家出台了如“国四条”、“国十一条”、房产税试点，以及提高房贷利率等措施，这些做法有利于引导社会对房价上涨的预期，并把重点放在打击投机投资需求上，为抑制房价的过快增长提供了有力的政策工具。房地产调控涉及的另一方面是要打破地方政府与房地产开发商的联盟。这主要是要打破地方政府推高房价的激励。中央为此进行的调控除了需要遏制地方政府的部门利益外，也要切实解决目前分税制所带来的中央地方财权与事权不一致的问题。着眼于整个财税体制的改革有必要提上日程，以改变地方财权与事权不对称的状况。当然，从另一个角度说，地方过多介入经济活动，甚至依靠各种投资推动当地经济建设等，也不应再纳入地方政府的职责范围，这也与前面提及的减少政府控制资源的论述是一致的。

6. 建立合理的政府治理结构

实现政府决策和执行的公开、公平、公正，免于受到特殊利益集团的干扰，对政府权力的监督与制衡是重要的。而要实现监督和制衡，必须要有一个制度化的安排，以便使社会各阶层、各利益团体，特别是弱势团体都能依据一种相对稳定和透明的规则来进行监督与制衡。这种制度化的安排一般而言就是法治。建立法治政府的核心，即在于通过法律的制度化安排，实现有效的政府治理结构，使各阶层的利益相关者都能够参与到政府决策中来，使政府真正成为有效政府。

主要参考文献

陈清泰:《转变经济增长方式中的政府作用》,《中国政协》2005 年第 11 期。

傅勇、白龙:《中国改革开放以来的全要素生产率变动及其分解》,《金融研究》2009 年第 7 期。

刘相主编:《努力建立和完善实现经济增长方式根本转变的体制机制》,山东人民出版社 2009 年版。

刘彦昌:《聚焦中国既得利益集团》,中共中央党校出版社 2007 年版。

吕政主编:《中国工业增长报告 2006:科学增长观与经济增长方式转变》,经济管理出版社 2006 年版。

宋群主编:《转变经济增长方式研究》,中国计划出版社 2009 年版。

孙辉煌、苏基溶:《FDI,金融增长与经济增长:要素投入还是 TFP?》,《南方金融》2009 年第 9 期。

王小鲁、樊纲、刘鹏:《中国经济增长方式转换和增长可持续性》,《经济研究》2009 年第 1 期。

杨帆:《中国利益集团分析》,《探索》2010 年第 2 期。

杨靖:《中国利益集团研究综述》,《理论与改革》2010 年第 4 期。

张军:《改革以来中国的资本形成与经济增长:一些发现及其解释》,《世界经济文汇》2002 年第 1 期。

张军、吴桂英、张吉鹏:《中国省际物质资本存量估算:1952—2000》,《经济研究》2004 年第 10 期。

张卓元:《深化政府改革是转变经济增长方式的关键》,《经济纵横》2006 年第 5 期。

周黎安、陶婧:《政府规模、市场化与地区腐败问题研究》,《经济研究》2009 年第 1 期。

Grossman and Helpman. 2001. *Special Interest Politics*, The MIT Press.

第十二章　转换经济增长动力

经过30多年的高速经济增长，中国经济已经迈向新成长阶段。2013年10月在亚太经合组织工商领导人峰会演讲时习近平同志就明确指出"中国经济已经进入新的发展阶段"；2014年5月在河南考察时首次用"新常态"来概括中国经济发展的阶段性特征；11月在APEC会议发表演讲时对中国经济新常态作了系统的论述，指出新常态的三个基本特征：一是从高速增长转为中高速增长；二是经济结构不断优化升级；三是从要素驱动、投资驱动转向创新驱动。中国经济进入新成长阶段的显著特征是经济增长速度明显放缓，本质则是经济增长动力的转换，从传统增长源泉转向新增长源泉。

一　中国经济迈入新成长阶段

改革开放30多年来，中国经济以年均近10%左右的速度增长，2010年超过日本，成为仅次于美国的世界第二大经济体，贫困率由65%以上降至10%以下，所有千年发展目标均已基本实现。① 从世界视野看，第二次世界大战以后，连续25年保持年均7%以上速度增长的经济体只有13个②，因此，中国持续30多年的高速增长可谓世界经济增长史上的奇迹。但从2010年第三季度开始，中国经济增长速度开始明显下降，2014年降为7.4%；2015年降为6.9%。

① 世界银行和国务院发展研究中心：《2030年的中国：建设现代、和谐、有创造力的社会》（中文版），中国财政经济出版社2013年版。

② 这13个成为高收入经济体的国家或地区是：赤道几内亚、希腊、中国香港、爱尔兰、以色列、日本、毛里求斯、葡萄牙、波多黎各、新加坡、韩国、西班牙、中国台湾。

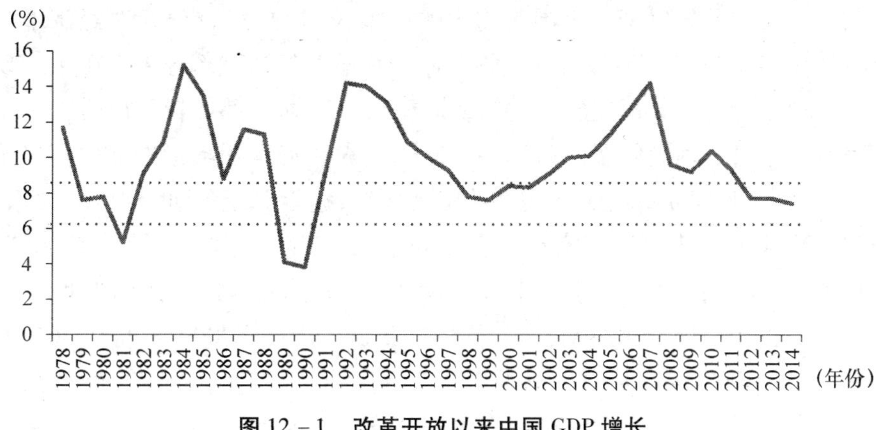

图 12－1 改革开放以来中国 GDP 增长

对于中国经济增长速度的下降，学术界有一些不同的看法。有学者认为，从 2012 年开始的增速下降是周期性因素引起的，如有的学者认为，“中国经济潜在长期增长率仍然比较高，目前之所以出现短期增长速度下降，有其比较明显的周期性因素”。多数学者则认为，目前的增速下降是一种结构性减速，是潜在增长率下降带来的，是经济增长阶段的转换。例如，张军扩、余斌和吴振宇等认为，中国当前潜在增速回落属于后发国家追赶进程中的阶段转换，作为后发国家，中国已经越过了追赶周期的第二阶段，即高速增长阶段，而开始进入第三阶段，即中高速增长阶段。[①] 田俊荣、吴秋余认为，中国经济正面临的增速下降“不是景气循环周期的下行区间，而是经济增长阶段的根本性转换”。[②]

中国经济增长速度的明显下降标志着中国经济开始进入新成长阶段，基本原因是传统增长动力减弱，有些甚至趋于消失，需要重塑增长动能和寻找新增长源泉。

改革开放的前 30 年，中国的高速经济增长主要靠大规模要素投入驱动，属于典型的外延扩张和粗放型经济。第一，改革开放后的相当一段时期，中国有近乎无限供给的劳动力，大规模的劳动力从农业部门转移到工业部门、城市和沿海地区，带动了总体生产率的提高和 GDP 的增长。有研

① 张军扩、余斌、吴振宇：《增长阶段转换的成因、挑战和对策》，《管理世界》2014 年第 12 期。

② 田俊荣、吴秋余：《中国经济进入新阶段新常态，新在哪儿?》，《人民日报》2014 年 8 月 4 日。

究测算，改革开放以来，中国年均 TFP 的增长率约为 3.6%，对经济增长的贡献总体保持在 1/5 以上的水平，而 TFP 增长相当一部分来自于生产要素，特别是劳动力的部门转移。刘易斯模型对劳动力部门转移所带来的生产率增长作出了理论解释。第二，大规模投资和资本积累是推动中国经济高速增长的基本力量。中国的物质资本积累速度远高于世界其他国家。1978—2011 年，中国固定资产存量从 1.9 万亿美元（2005 年不变价格）增长到 45.3 万亿美元，年均增长速度为 10.1%，高于同期 GDP 增长率 0.2 个百分点。资本积累对经济增长的贡献，1978—2000 年间在 50%—60%之间；2000 年以后进一步提高；2006—2012 年达到 72.2%。[①] 投资和物质资本积累之所以能够成为中国经济增长的基本驱动力，原因是多方面的。改革启动的 1978 年，中国仍处于前工业化阶段，直到 2011 年，才跨越工业化中期阶段。在这 30 多年间，中国正处于经济起飞和快速推进工业化过程之中，资本是其中的关键变量。这一时期，存在着大量简单、明了的投资机会，日常消费品、低端制造业、出口加工、住宅、基础设施等领域都存在大量的盈利项目，只要有资本，就能抓住这些盈利机会。这一时期，市场需求旺盛，巨大潜在需求等待满足，消费处于饥渴状态，且呈现出低层次、同质和波浪式推进特征，产出基本不受需求侧的约束。从政府的角色看，这一时期，政府以经济建设为中心，广泛参与资源配置过程，利用手中所掌握大量资源从事投资活动，以追求 GDP 高增长和政绩，在投资驱动经济增长中，政府性投资扮演着重要角色。第三，资源成本较低，环境容量相对宽松。土地、能源、水等资源性投入价格偏低，企业经营成本处于低位；与此同时，环境规制较松，企业等经营主体甚至可以无代价地排放废水、废气、固体废物等生产性废物。低资源成本和低污染代价刺激了资源、能源密集型产业的发展，同时也把中国经济引入到高消耗、高排放、高污染和低附加值的轨道。第四，中国改革开放适逢世界产业转移、全球经济一体化加速和国际贸易快速增长，中国抓住了这一发展机遇，大量吸收外资、引进技术和管理经验，实施激励出口政策，外需成为高速增长的强有力引擎。

经过 30 多年的高速增长后，中国经济增长的基本条件发生了根本性

---

① 赵昌文、许召元、朱鸿鸣：《工业化后期的中国经济增长新动力》，《中国工业经济》2015 年第 6 期。

变化。在理论上，一个国家的经济增长速度取决于供给与需求两个基本面。在供给面，自然资源、人力资本、物质资本、技术和管理水平以及制度供给决定着潜在增长率；在需求面，消费、投资和外需的规模和增长速度决定有效需求水平，进而决定潜在增长率能在多大程度得到释放和实现。中国经济的供给面和需求面都发生了重大变化。从供给面看，要素禀赋结构已经大不相同。第一，劳动力无限供给的状况发生了根本性改变，劳动力对经济增长的制约作用开始显现。蔡昉测算，在高速增长中起“决定性作用”的人口红利消失了。[①] 根据第六次人口普查，中国 15—59 岁劳动年龄人口 2010 年达到峰值，之后逐年减少。可以预见，中国劳动力短缺现象会日益加剧，企业用工成本会显著提高。与此同时，人口老龄化步伐加快，65 岁以上老龄人口占总人口的比例快速上升，近几年每 3 年左右就提高一个百分点，2007 年达到 8% 以上；2011 年达到 9% 以上；2013 年达到近 10%（9.7%）。老年扶养比随之快速提高，进入 2000 年以后提高到 10% 以上；2007 年提高到 11% 以上；2011 年提高到 12% 以上；2013 年达到 13.1%。人口老龄化在减少劳动力供给的同时，增加与人口老龄化相关的养老、医疗和保健等方面的支出。劳动人口的减少和老龄人口的增加都会对总体储蓄率、投资回报率和原有的比较优势产生负向影响。第二，土地、资源的供给趋紧，价格快速上涨。长期以来，政府通过低价征收土地推动招商引资、房地产发展和城市摊大饼式扩张，2003—2008 年，政府征用了 140 万公顷土地。但可转化为建设用地的土地越来越少，特别是东部沿海地区，因土地而产生的利益冲突越来越尖锐，甚至屡屡引发群体事件。土地红利以及自然资源红利正在快速减少甚至趋于消失。第三，环境容量趋紧，已经不能再靠污染环境来求得快速经济增长。世界银行和国务院发展研究中心的研究报告指出：“中国当前的增长模式已对土地、空气和水等环境因素产生了很大压力，对自然资源供给的压力也日益增加。”[②] 传统增长方式所造成的环境代价是巨大的，据测算，中国环境退化和资源枯竭所造成的成本接近 GDP 的 10%，其中空气污染占 6.5%，水污

---

① 蔡昉：《以转方式调结构引领新常态》，《人民日报》2015 年 5 月 4 日。

② 世界银行和国务院发展研究中心：《2030 年的中国：建设现代、和谐、有创造力的社会》（中文版），中国财政经济出版社 2013 年版。

染占2.1%，土壤退化占1.1%。[①] 另根据环保部和中国工程院的研究报告，世界上污染最严重的30个城市中，中国占20个，有超过一半的水体受到了污染，超过3亿人使用受到污染的水，1/3的水系未能达到政府规定的安全标准，1/5的农田受到重金属的污染。[②] 空气污染、水源污染、土壤污染、沙漠污染等，都对高增长和传统增长方式形成了硬约束。

从需求方面看，投资和外需高速增长的势头已经不复存在。第一，投资的增长速度呈现下降趋势。“十一五”期间，全社会固定资产投资平均增速为25.5%，“十二五”的头两年，增速仍维持在20%以上，但2013年降到19.3%，2014年再降为15.7%。投资增速下降从一个侧面说明投资机会发生了变化，原来的“简单、明了”的投资机会已经不复存在，新的投资机会需要通过技术创新、产品创新、产业创新、商业模式创新等新途径来开拓，难度和复杂度明显加大。在投资增速下降的同时，投资效率也明显下降了。新增资本产出比是衡量投资效率的一个指标，指每增加一个单位的GDP所需要增加的投资额。2005年新增资本产出比是2.4；2008年为2.9；2009年为3.6；2014年达到了4.3的较高水平，有持续提高的势头。[③] 投资增速的下降和新增资本产出比的提高使投资对中国经济增长的驱动力下降。第二，外需在中国经济增长中重要性下降。受传统比较优势的减弱、国际市场竞争加剧、新兴经济体对我国主要出口市场的侵蚀以及贸易保护主义抬头等因素的影响，我国的出口增长速度不可能维持在原有水平上。自2012年以来，出口增速已连续3年维持在个位数上，2014年出口增速仅为6.1%。据国务院发展研究中心的预测，2015—2020年，中国出口重现高速增长的可能性很小，货物出口年均增长为6%左右。换一个角度看，中国也不需要继续追求过高的出口增长速度，因为过度的出口增长会造成宝贵资源的流失，加剧环境破坏、贸易摩擦、外贸环境恶化和巨额外汇储备风险等。

由于供给面和需求面的基本因素发展了趋势性变化，加上人均收入水平已经达到中等偏上收入国家标准，中国已经开始迈向新成长阶段。美国

---

① 世界银行和国务院发展研究中心：《2030年的中国：建设现代、和谐、有创造力的社会》（中文版），中国财政经济出版社2013年版。

② 环保部和中国工程院：《中国环境宏观战略研究》，中国环境科学出版社2011年版。

③ 赵昌文、许召元、朱鸿鸣：《工业化后期的中国经济增长新动力》，《中国工业经济》2015年第6期。

经济学家罗斯托把经济发展划分为五个阶段：传统社会、为起飞创造前提条件阶段、起飞阶段、向成熟推进阶段和大众消费时代。依据罗斯托的标准，在向成熟推进阶段，正常成长的经济力图把现代技术推广到它的全部领域之中；国民收入中有10%—20%经常用作投资；技术的改革、新工业加速发展而旧工业停滞，经济结构不断发生变化；对新的进口货物的需要增长；社会按照自己的意愿，迎合现代有效率生产的需要；用新的信念和制度来代替旧的信念和制度，使它能够帮助而不是阻碍成长过程。而在大众消费时代，经济的主导部门转移到耐用消费品和服务业，城市居民在总人口中的比例提高了，在办公室工作的人和熟练工作的人所占的比率提高了，越来越多的资源用于生产耐用消费品和服务。[①] 按照罗斯托的标准，我国目前已经明显呈现出向成熟推进阶段和大众消费阶代的某些特征。

二　从供给和需求两侧培育经济增长新动力

在新经济成长阶段，中国经济仍具有巨大的增长潜力。许多学者对中国未来的潜在增长率进行分析预测，依据蔡昉的预测，“十三五”时期中国经济潜在增长率为6.2%[②]；依据世界银行和国务院发展研究中心预测，“十三五”期间中国经济的潜在增长率为7.0%[③]；依据林毅夫预测，2008—2028年中国经济的潜在增长率甚至可以达到8%[④]。与高速增长时期相比，中国潜在增长率确实下降了，但从国际范围内看，仍是很高的增长速度。实现潜在增长率，不能依靠传统的增长动力和源泉，必须培育新增长动力和源泉。这需要从供给和需求两个方面着手。

（一）从供给面看经济增长新动力的培育

根据马克思主义政治经济学原理，生产在社会再生产过程中起决定性

---

① ［美］罗斯托：《经济成长的阶段》（中译本），商务印书馆1962年版。

② 蔡昉：《增长潜能+改革红利》，《人民日报》2015年8月5日。

③ 世界银行和国务院发展研究中心：《2030年的中国：建设现代、和谐、有创造力的社会》（中文版），中国财政经济出版社2013年版。

④ 林毅夫：《中国经济持续增长潜力依然强劲》，《理论学习》2014年第6期。

作用，生产在向社会提供产品和服务的同时，也创造着对自身的需求[①]。因此，从长期看，经济增长的根本动力是发展生产力和提升生产能力，这就需要从供给面来探讨经济增长新动力的培育。

经济增长理论探讨了决定经济增长的基本因素。Solow - Swan 模型认为，经济增长的动力在于资本积累、劳动力增加和生产效率提高。熊彼特则强调创新在经济发展过程中的关键作用。以罗默和卢卡斯为代表的内生经济增长理论认为，除了资本积累和劳动力数量增长外，人力资本积累和研发等带来的持续技术进步，是推动经济长期增长的动力。以阿吉翁为代表的新经济增长理论认为，经济增长需要建立在技术创新的基础上。根据经济增长理论对经济增长动力的分析，结合我国经济成长新阶段的基本特征，可以看出，中国经济增长新动力将主要来自于创新、结构转型升级和人力资本积累三个方面。

1. 创新是经济增长的最重要驱动力

在要素供给、资源、环境约束日益趋紧的条件下，未来中国经济的中高速增长将主要依赖于全要素生产率的提升。在以往高速增长时期，全要素生产率提高对 GDP 增长已经作出了贡献。据蔡昉测算，在 1982—2009 年 GDP 增长中，全要素生产率的贡献率为 9.6%。[②] 但这一时期全要素生产率的提升相当一部分源于国外先进设备的购买和其他技术引进，以及大量劳动力从低效率的农业部门转移到高效率的非农业部门。这两方面的潜力已经开始衰减。正是由于这一原因，近年来中国全要素生产率的增速趋于下降。改革开放以来，中国全要素生产率的增长率年均约 3.6%，2000 年以后则下降到不到3%。[③] 随着中国与发达国家技术水平差距的缩小，直接引进先进设备和技术专利的难度不断加大，成本不断提高，全要素生产率提高要更多地转向模仿创新、集成创新，特别是原始创新，通过不断创新来开辟新技术、新产品、新产业、新商业模式和新生产组织形式。

目前全球正在掀起新一轮科学技术浪潮，信息网络、生物科技、清洁

① 在谈到生产对消费的作用时，马克思指出："生产生产出消费，是由于生产创造出消费的一定方式，其次是由于生产把消费的动力，消费的能力本身当做需要创造出来。"《马克思恩格斯文集》第 8 卷，人民出版社 2009 年版，第 17 页。

② 蔡昉：《破解中国经济发展之谜》，中国社会科学出版社 2014 年版。

③ 赵昌文、许召元、朱鸿鸣：《工业化后期的中国经济增长新动力》，《中国工业经济》2015 年第 6 期。

能源、新材料与先进制造等领域正孕育一批具有重大产业变革前景的颠覆性技术，特别是新一代信息技术的发展为实现从人与人、人与物、物与物、人与服务互联向“互联网+”发展提供了丰富高效的工具与平台，全方位改变人类生产生活面貌。中国必须牢牢把握新一轮科技创新的战略机遇，加快推进创新驱动发展战略，使创新成为新成长阶段的动力源泉。

中国的创新要素已开始积累，技术进步的新引擎和创新驱动新格局开始生成。从企业层面看，企业的创新意愿和能力增强，过去5年规模以上工业企业开展研发活动的比例增加120%，研发人员和研发支出增加1倍以上，企业研发投入占比已经超过了70%，企业作为创新主体的地位开始确立。从全国范围看，2014年R&D经费支出13312亿元，占GDP的比例达到2.09%，2020年预计超过2.5%，将超越许多发展中国家的水平；累计建设国家工程研究中心132个，国家工程实验室154个，国家认定企业技术中心1098家；有效专利达464.3万件，技术合同成交金额8577亿元。在一些技术领域我国已经拥有相对优势。在互联网和移动通信领域，我国不仅拥有百度、阿里巴巴、腾讯等互联网巨头，而且拥有华为、中兴通讯这样位居通信技术前沿的国际化公司。基于互联网的创新层出不穷，互联网金融可望走在前列。在新材料领域，我国也有位居世界前列的创新，如石墨烯研制处于世界前沿水平。电动汽车发展也有望主导世界。[①]

使创新成为经济增长强劲动力，需要建立创新资源高效配置和创造潜能充分发挥的体制机制。“创新依赖于经济自由、公平竞争环境、不同背景和社会地位的人能够为创新而竞争，新的创新企业能够不受制于老的创新企业”[②]，因此，为了实施创新驱动战略，中国要加速深化经济体制改革，营造公平竞争的市场环境，运用市场机制动员创新要素和激发创新活力；完善知识产权制度，完善激励创新的机制；建立创新导向的金融体系，让金融体系去识别风险、分散风险、选择技术创新方向；在物联网、大数据、云计算、新能源汽车等新兴领域组建一批新型研发机构，取得一批原创性科研成果。

2. *产业结构转型升级孕育经济增长新动力*

现代经济增长需要有现代产业结构作为支撑，中国的低端产业结构已

---

① 姚洋：《坐新科技革命列车的头等车厢》，《人民日报》2015年5月22日。

② 达龙·阿西莫格鲁：《制度视角下的中国未来经济增长》，《比较》2014年第74期。

越来越不适应现代经济增长。但低端的产业结构也潜藏着巨大的增长源泉，即通过产业结构升级能够使资源得以重新配置和流向高端用途，从而大幅度提高全要素生产率和整个社会的生产力。

产业结构转型升级首先要加快第三产业发展，特别是现代服务业的发展。以经济发达国家产业结构为参考，在现代经济增长中，第三产业在国民经济中占60%以上；第二产业占30%左右；第一产业占5%左右。中国自改革开放以来，产业结构一直在不断优化升级，1978 年至 2014 年，第一、第二产业占 GDP 的比重分别降低了 18.9 个百分点和 5.6 个百分点，第三产业则大幅度上升了 24.5 个百分点，2013 年第三产业增加值占 GDP 的比重首次超过第二产业达 46.1%；2014 年提高到 48.2%；2015 年上半年再提高到 49.5%。第三产业对 GDP 的拉动和贡献率越来越接近第二产业。[①] 但我国现有产业结构尚不能支撑现代经济增长和大众消费时代。从第三产业所占比重看，我国与发达国家相比还有不小的差距，更重要的是，我国第三产业本身还比较落后，现代服务业，特别是其中的生产性服务业与发达国家相比差距更大。大力推动第三产业发展，特别是其中的生产性服务业，包括研发、设计、检验检测、品牌、售后服务、金融等的发展，是推动产业结构升级的第一个着力点。

产业结构转型升级的第二个着力点是改造传统制造业。传统制造业高投入、高排放、高污染，附加值低，且许多行业产能严重过剩。熊彼特有一个著名论断，即经济发展过程是一个“不断地破坏旧结构，不断地创造新结构”的过程。传统制造业的“创造性破坏”，就是运用现代科学技术使其脱胎换骨。具体讲，主要通过“互联网+”行动计划，将移动互联网、云计算、大数据、物联网等现代信息技术与制造业深度融合，实现制造业信息化和智能化。国务院已于 2015 年 5 月颁布了《中国制造 2025》，指出要以加快新一代信息技术与制造业深度融合为主线，以推进智能制造为主攻方向，促进制造业数字化、网络化、智能化。

产业结构升级的第三个着力点是发展战略性新兴产业。以突破性技术和重大发明为支撑的战略性新兴产业是引领中国未来经济社会发展的重要力量，是新发展阶段经济增长的重要源泉。2012 年 7 月，国务院正式发布了《战略新兴产业“十二五”规划》，该规划提出，到 2020 年，战略性新

---

① 张慧芳：《新常态下的经济结构：再平衡与新期待》，《经济学家》2015 年第 7 期。

兴产业的增加值占 GDP 的比重将达到 15%，部分产业和关键技术跻身国际先进水平，节能环保、新一代信息技术、生物、高端装备制造产业成为国民经济支柱产业，新能源、新材料、新能源汽车产业成为国民经济先导产业。发展战略性新兴产业将把生产的可能边界大幅度地向外推移，为经济中长期中高速增长奠定生产力基础，并改变整个社会的生产和生活面貌。

3. 挖掘人力资本红利

中国经济已经到了“刘易斯拐点”[①]，这意味着“人口红利”的消失，但劳动力仍是中国经济中长期增长的重要因素。从劳动力资源中继续获得经济增长的动力，需要提高人力资本质量，从获取“人口红利”转向获取“人力资本红利”。人力资本质量的提高，不仅有助于提高劳动生产率和劳动者收入水平，消化日益提高的劳动力成本，而且有助于推动制造业和服务业向价值链高端攀升。中国已经奠定了一定的人力资本基础。2010—2014 年，高等学校普通本专科招生人数在 660 万人以上，2014 年达 721. 4 万人；在校人数在 2230 万人以上，2014 年达 2547. 7 万人；毕业生人数在 570 万人以上，2014 年达 659. 4 万人。包括研究生教育在内的高层次教育发展很快，2014 年研究生招生 62. 1 万人，在学研究生 184. 8 万人，毕业生 53. 6 万人。还有一大批受过初中、高中和中等职业教育的蓝领工人。与发展中国家相比，中国的劳动力素质是较高的。按照《国家中长期教育改革和发展规划纲要（2010—2020 年）》，到 2020 年中国的主要劳动年龄人口平均受教育年限要从 2015 年的 10. 5 年提高到 11. 2 年，新增劳动力受过高中阶段及以上教育的比例从 2015 年的 87% 提高到 90%。

为了获得人力资本红利，需要进一步提高人力资本质量，这就需要进行教育改革，使教育与制造业转型升级、创新驱动发展战略和新一轮科技革命浪潮相适应。首先要改善教育结构，提高职业技术教育的比重和质量。2014 年，中国中等职业教育的招生人数、在校生人数和毕业生人数都小于普通本专科人数，中等职业教育有萎缩的势头，这对于我国技能型人力资本的积累是不利的。这方面可借鉴德国、日本等制造业强国的经验。二是改善高等教育质量，提高学生的创新能力。包括淘汰过时的课程设置和教学内容，打破抑制沉重创新精神的沉闷的教学方式和考试方式。这方

① 蔡昉：《破解中国经济发展之谜》，中国社会科学出版社 2014 年版。

面需要借鉴美国、英国等高等教育强国的经验。

除了提高教育质量外，还需要完善医疗、失业等社会保障制度和劳动力市场制度，提高平等就业和创业的机会，增强劳动力在城乡之间、城镇之间、区域之间和行业之间的横向流动性，以及社会、经济和政治组织内的纵向流动性，这些都是提高人力资本质量和配置效率所不可或缺的。

（二）从需求面看经济增长新动力的培育

从需求面看，经济增长是由消费、投资和外需“三驾马车”拉动的。因此，从短期看，经济增长是由有效需求决定的，需求规模和结构决定着已有生产能力能够在多大程度上得到利用和释放。

1. 培育居民消费

居民消费是生产的最终目的，是幸福生活的源泉，因而是经济发展的永恒和不竭动力，其他需求（包括投资需求）则是派生需求或中间需求。马克思主义政治经济学在分析消费在社会再生产过程中的作用时提出了三个重要观点：“没有消费，生产就没有目的”；“产品只是在消费中才成为现实的产品”；“消费创造出新的生产的需要”、“创造出生产的动力”。①

在我国，消费，特别是居民消费对经济增长的拉动作用偏弱。20 世纪 90 年代以前，最终消费在国内生产总值中所占的比例保持在 62% 以上，但随后开始下降，到 2013 年，最终消费在国内生产总值中所占的比例降到了 50% 以下（49.8%）。在最终消费中，有一部分是政府消费，占 GDP 的比例大约为 13%—14%。扣除政府消费，2005 年以后，居民消费占 GDP 的比例不到 40%；2013 年仅为 36.2%。从国际比较看，中国居民消费所占的比例不仅低于西方发达国家，而且低于其他金砖国家。2011 年，美国、日本、德国、英国和法国的居民消费所占比例分别为 71.6%、60.5%、57.4%、64.4% 和 57.7%，印度、巴西、俄罗斯和南非分别为 56.3%、60.3%、49.2% 和 59.8%，都远高于中国。最终消费对 GDP 增长的贡献率也偏低，2005 年仅为 39%，随后有所回升；2013 年为 50.0%；2014 年为 51.2%。

在中国经济起飞和高速增长阶段，由于缺口巨大、自我回旋空间比较广阔，投资可以扮演经济增长第一拉动力的角色。但是，随着中国经济发

---

① 《马克思恩格斯文集》第 8 卷，人民出版社 2009 年版。

展进入新常态，消费作为经济增长拉动力的重要作用就会凸显出来，经济增长将步入以消费为主导，消费、投资和出口协调拉动新阶段。

为了充分发挥消费对经济增长的拉动作用，需要采取促进居民消费的政策措施。

第一，促进居民收入增长。收入是消费的基础，消费的增长取决于收入的增长。这就要求我们改变目前居民收入增长低于财政收入和企业收入增长，居民收入占国民收入的比重不升反降的宏观分配格局，做到藏富于民，让人民成为收入和财富的持有主体。可以采取的政策措施包括减轻个人所得税，健全工资正常增长机制和生产要素报酬由市场决定的机制，消除拖欠、压低农民工工资现象。从长期看，中国要尽快扩大中产阶层，形成“橄榄型”的社会结构。中产阶层是社会消费的主力，他们追求生活质量，偏爱住房、汽车、高档电器、奢侈品和进口品消费，能够带动消费成长和消费升级。据美林银行估算，2015 年中国中产阶层人口为 3.5 亿，占总人口的约 27%，而 2010 年美国中产阶层人口占总人口的 75%，日本、韩国、欧盟中产阶层人数超过全部人口的 90%。

第二，优化消费环境，提供更加丰富、更加多样化的消费选择。建立安全、透明、规范和低交易成本的消费品市场，强化市场监管，严厉打击假冒伪劣商品；顺应消费层次提高和消费选择的日趋个性化，通过产业结构的升级和改变进口政策，提供迎合消费者需要的新产品和服务；加快消费信贷发展，方便消费者基于收入周期和生命周期来安排消费计划，提高一生的福利总水平。

第三，培育消费新热点。排浪式消费已经过去，传统消费热点开始消退，需要培育和释放新的消费热点。一是信息消费。信息日益成为重要的生产和生活要素，信息消费已经成为一个社会经济效率和生活质量的决定因素和重要标志。中国的信息消费水平与发达国家相比还有很大差距，以宽带拥有量为例，中国每百人中平均 13 人拥有宽带，而美国、日本和欧洲平均为 33 个人。[①] 通过破除体制障碍，可以激活和释放我国信息消费。二是高端消费。随着收入层次的提高，消费者更加讲究产品的品质、品牌和个性化，但以品质、品牌、个性为标志的高端消费目前却受到抑制，高端消费品生产也明显滞后，大量的高端消费流失到国外。释放高端消费，

---

① 李稻葵：《中国经济的三大新增长点》，《北京日报》2015 年 5 月 11 日。

不仅可以增加社会消费总量，更重要的是能提升消费层次。三是老年人消费。人口老龄化带来消费新热点，与人口老龄化相关的养老、医疗、护理、家政、陪伴等方面的消费需求增长迅速。2013 年中国 60 周岁以上老年人超过 2 亿，占总人口的 14.9%，而且在以年均 800 多万的速度快速增加，2020 年老龄人口将达到 2.43 亿，2025 年将突破 3 亿。据国家老龄委预测，2020 年中国老年人口消费规模将达到 3 万亿元。但目前中国“银色产业”仅占国内生产总值的不到 3%，与欧美高达 18% 的比例相差甚远。四是教育、文化、健康、休闲、旅游等精神领域的消费需求。

2. 培育新投资热点

投资是经济高速增长时期的第一拉动力，但新常态下投资的作用会下降，拉动经济增长的方式也会发生变化。1982—2013 年，全社会固定资产投资年平均增长 21.2%，2013 年以后降到了 20% 以下，2014 年降至 15.3%，已经显示出明显放缓的趋势。一些学者也认为，中国的投资已经过度了[①]。但中国还没有完成工业化过程，还处在城镇化加速推进和经济结构急剧转型期，投资仍将是中国经济增长的重要拉动力，但投资率会下降，投资方向需要调整。

与消费不同，投资具有两面性：既构成当期的需求，又形成下一期的供给。因此，在新常态下，投资应主要投向那些与居民消费需求具有互补性，能改善生产力结构而又不会形成过剩产能的领域。

第一，信息基础设施投资。信息基础设施是信息社会和创新驱动发展的物质基础。中国信息服务水平滞后于社会需求，在很大程度上是受制于信息基础设施的落后。2014 年中国大陆的平均网速为 4.25Mbps，而日本的网速为 15Mbps，韩国为 25.3Mbps，中国香港为 16.3Mbps。2015 年 5 月国务院颁布了《加快高速宽带网络建设推进网络提速降费的指导意见》，提出到 2015 年底，直辖市和省会城市平均接入速率达 20Mbps，建成 4G 基站超过 130 万个。因此，以宽带、无线互联网、云计算中心为代表的信息基础设施将成为新一轮投资的重要领域。

第二，传统基础设施领域投资。改革开放 30 多年来，中国已经在公

① 参见史永东、齐鹰飞《中国经济的动态效率》，《世界经济》2002 年第 8 期；袁志刚、何樟勇：《20 世纪 90 年代以来中国经济的动态效率》，《经济研究》2003 年第 7 期；白重恩、张琼：《中国的资本回报率及其影响因素分析》，《世界经济》2014 年第 10 期。

路、铁路、机场、港口等传统基础设施领域进行了大量投资，基础设施水平得到了明显提高。但从人均基础设施拥有量看，我国还落后于世界平均水平。据 IMF 的数据，2010 年，中国人均基础设施拥有量仅为西欧的 38%，北美地区的 23%，日本、韩国的 18%。可见，即使是在传统的基础设施领域，仍有潜在的投资空间。未来传统基础设施领域的投资重点包括：完善基础设施网络，提高基础设施互联互通水平；城市间高速铁路和城市地铁，提高城市群的一体化水平；农村公路、电力、通信设施建设，将广大农村地区和落后地区更好嵌入到全国基础设施网络；长期被忽视的基础设施项目，如城市地下管网和道路微循环系统等。

第三，传统制造业转型升级投资，包括产能更新、产能转移和产能绿色化所需要的投资。中国的环境污染主要是由落后产能造成的，实现节能减排目标，需要用先进的技术设备更新落后产能，这需要大量投资。适应区域比较优势的变化和新增长极生成，产能需要在区域间转移，这会带来大量投资机会。以钢铁为例，目前中国大约有 10 亿吨钢铁产能需要转移。[①] 产能的绿色化将深入到制造、服务、建筑、交通、能源、城市发展等领域，需要巨额投资来支撑。据世界银行和国务院发展研究中心估计，未来 5—10 年，在节能、环保以及用高技术企业替代高污染企业方面，将支出 5.8 万亿元。[②]

第四，战略性新兴产业投资。2010 年，国务院颁布了《关于加快培育和发展战略性新兴产业的决定》，将培育发展新兴产业提升到战略高度，并确立了节能环保、新一代信息技术、生物、高端装备制造、新能源、新材料、新能源汽车等七个重点领域和 34 个重点方向。2012 年，国务院出台了《“十二五”国家战略性新兴产业发展规划》，明确了七个重点领域 2015 年和 2020 年的发展目标，以及相应的配套政策与重大工程。战略性新兴产业发展不仅需要政府进行大量投资来奠定基础和分散风险，而且需要大量民间投资配合和跟进。

第五，养老、医院、学校、文化、娱乐等公共设施投资。适应人口老龄化，需要投资兴建大量医疗机构、养老机构、康复机构、护理机构等；适应居民精神追求的需要，投资兴建大量公共文化、休闲、娱乐和旅游设施。

---

① 李稻葵：《中国经济的三大新增长点》，《北京日报》2015 年 5 月 11 日。

② 世界银行和国务院发展研究中心：《2030 年的中国：建设现代、和谐、有创造力的社会》（中文版），中国财政经济出版社 2013 年版。

3. 以产能和资本输出引领外需稳定增长

出口高速增长的时代已经结束。2014 年，中国出口仅增长 4.9%，对 GDP 增长的贡献率仅为 1.3%。面临新形势，中国必须提升对外经济发展战略，由原来以初级产品、一般加工品、微利产品出口为主转向更多依靠技术产品出口、产能输出和资本输出。“一带一路”战略和国际产能合作等将拓展新的海外市场，有利于中国在全球市场中占据更多的主动。据中金公司估计，未来十年中国对“一带一路”地区的出口占比有望提升至1/3左右，在“一带一路”上的总投资有望达到 1.6 万亿美元。[①] 2014 年年底，李克强总理与哈萨克斯坦总理马西莫夫就围绕“中哈产能合作框架协议”初步达成中哈产能合作框架协议，价值 180 亿美元，主要涉及基础设施、公路、住房等领域。这不仅带动出口的增长，也有利于加快国内相关产业缓解产能过剩的困扰。

三 构建新增长的体制基础

培育和释放新增长动力，需要有完善的现代市场经济体制作为制度基础，从这个意义上讲，全面深化改革是中国经济进入新增长阶段的根本动力。适应经济发展新常态，转换经济增长动力，关键在于真正让市场发挥决定性作用和更好发挥政府作用，全面深化改革应紧紧围绕这一关键环节展开，从科学处理好政府与市场关系、充分发挥非公有制经济作用、深化国有经济改革着手。

第一，处理好政府与市场关系。

党的十八大报告和十八届三中全会《关于全面深化改革若干重大问题决定》都明确指出，“经济体制改革的核心问题是处理好政府和市场的关系”。处理好政府与市场的关系，首先要明确，在经济发展的不同阶段，政府与市场的关系是不一样的。在经济起飞和模仿追赶阶段，由于发展瓶颈和投资缺口明显，且有发达国家作为经济技术追赶标杆，政府计划、政府投资和国有企业可以起到较大作用，政府主导的经济发展模式具有某种优势。但是，一旦经济结构复杂化，隐含知识、私人信息和冒险精神在经济发展中起更大作用，消费选择更加个性化和多样化，技术模仿空间变小，各种不确定性增强，市场的作用就会显得更加重要和关键，政府的角

① http://news.hexun.com/2015-01-08/172169612.html.

色就需要作根本性调整。

阿西莫格鲁认为，如果从制度的视角考虑增长，那么，包容型经济制度（inclusiveeconomic institutions）对于创新就是非常重要的。包容型经济制度包括“安全的产权保障；零壁垒的行业进入；公正的法律和良好的秩序；政府支持市场、维护合同，创造一个公平竞争的环境，使得具有不同家庭背景和能力、来自社会各阶层的公民都能公平参与经济活动”。[①] 费尔普斯认为，自由企业制度对于创新至关重要。“如果企业家和投资人不能自由创建新企业、自由进入某个产业、自由出售企业的股份（如今主要是通过公开发行）、自由关闭企业（在无销路时），他们就不会对创意的开发进行投资”；“复杂经济的收益主要来自市场”，在不受约束的经济中，“每个公司和参与者都像前方的探路者或者负责搜索的蚂蚁，通过对所有局部变化的观察和分析，敏感地做出反应，调整生产方向和产量”；“某个产业出现的新知识会通过市场机制（价格下降或其他信号）迅速传递给整个社会”。[②] 以上论述比较清晰地勾画出了现代市场经济条件下政府与市场各自的角色，那就是，绝大部分资源配置活动和创新活动交给市场进行，市场通过错综复杂的网络和千丝万缕的联系动员潜藏在千百万人中的财富、资源、知识、技能和各种创造力，使它们成为创新和生产力发展的不竭源泉。政府的作用在于为市场经济运行创造支持性框架，包括建立现代市场经济的制度框架，特别是建立完善的产权制度；提供较为完善的基础设施服务，使各类生产要素能够顺畅、廉价地流动；构建完善的社会福利制度，分散社会成员的经济风险，保证个人选择自由和发挥冒险精神；完善宏观调控框架，稳定经济主体预期，防止经济大起大落。

第二，促进非公有制经济发展。

非公有制经济已经在我国经济社会发展上扮演着非常重要的角色。2014 年，我国私营企业已达 1546. 37 万户，注册资本 59. 21 万亿元，个体工商户 4984. 06 万户，资金数额 2. 93 万亿元，包括私营、个体经济在内的非公有制经济对投资、GDP 增长、就业和税收等方面都作出了重要贡献。更为重要的是，以华为、阿里巴巴、腾讯等为代表的非公有制企业在

---

① ［美］达龙·阿西莫格鲁：《制度视角下的中国未来经济增长》，《比较》2014 年第 74 期。

② ［美］埃德蒙·费尔普斯：《大繁荣：大众创新如何带来国家繁荣》（中译本），中信出版社 2013 年版。

技术创新、商业模式创新等方面亦走在了前面。

我们可以基于多样性来理解新常态下非公有经济的作用。多样性是适应经济复杂性、克服不确定性和激发创新活力的基础条件。“现代经济依靠社会的多样性实现繁荣”。因为，一个社会的创新意愿和能力都与多样性密切相关，金融家、企业家和消费者的多样性，决定着一个社会的活力和创造力。私营部门的成长决定了经济的多样性，从而激发了创新。“从历史上看，激发创造力和远见、推动知识和创新增长的体制只能在私营部门爆发，而非公共部门。”① 因此，在新常态下，政策的重点需要更多转向非公有制经济的发展。

促进非公有制经济发展，以下两点非常重要：第一，自由投资和自由企业制度。除少数必须由国有部门垄断经营的领域外，其他领域都应向非公有制经济开放，不仅是现有领域的开放，而且是新兴领域和未知领域的开放。“经济如果不受束缚，会成为不断获得经济知识（生产什么和如何生产）并淘汰无用的旧知识的有机体”。② 第二，平等的法律和竞争地位。十八届三中全会《决定》已经作出这方面的规定：“保证各种所有制经济依法平等使用生产要素、公开公平公正参与市场竞争、同等受到法律保护。”为了使这些规定落到实处，必须有体制机制上的保证。例如，为了保证各种所有制经济依法平等使用生产要素，就必须改革现有的银行制度、资本市场制度、土地市场制度和劳动力市场制度，使市场机制在生产要素配置上起决定性作用，而真正的市场机制一般不会歧视某个特定的市场主体。

第三，深化国有经济改革。

新常态下，国有经济的功能和分布领域会不同于以往，因此，要基于新发展阶段，准确界定国有资本和国有经济的功能，完善国有经济结构。十八届三中全会《决定》指出，“国有资本加大对公益性企业的投入，在提供公共服务方面作出更大贡献”。世界银行和国务院发展研究中心的报告指出：“作为一种公共资源的国有资本应当主要或完全用于提供公共产品”，“逐步退出非公共品提供领域”。③ 从另一个方面来讲，国有企业存

---

① ［美］埃德蒙·费尔普斯：《大繁荣：大众创新如何带来国家繁荣》（中译本），中信出版社 2013 年版。

② 同上。

③ 世界银行和国务院发展研究中心：《2030 年的中国：建设现代、和谐、有创造力的社会》（中文版），中国财政经济出版社 2013 年版。

在创新激励不足、不愿冒风险问题。因此，为了适应新常态，培育经济增长新动力，应加快国有经济退出竞争性领域的步伐，深入推进垄断行业改革，推动国有资本和国有经济回归公益性，向体现国家战略意图的基础性、战略性、前瞻性领域集中，同时实现国有经济领域产业和产权的广泛开放，使国有经济分布更合理、比重降低到与其功能定位相适应的水平。

适应新常态的国有经济改革，会向市场释放大量资源，向非国有经济开放更多投资领域①，同时改变市场不均衡结构，提高资源的流动性和市场的竞争性，使新增长动力不断成长壮大。

主要参考文献

［美］埃德蒙·费尔普斯：《大繁荣：大众创新如何带来国家繁荣》，中信出版社 2013 年版。

蔡昉：《破解中国经济发展之谜》，中国社会科学出版社 2014 年版。

［美］达龙·阿西莫格鲁：《制度视角下的中国未来经济增长》，《比较》2014 年第 74 期。

李稻葵：《中国经济的三大新增长点》，《北京日报》2015 年 5 月 11 日。

［美］罗斯托：《经济成长的阶段》，商务印书馆 1962 年版。

《马克思恩格斯文集》第 8 卷，人民出版社 2009 年版。

世界银行和国务院发展研究中心：《2030 年的中国：建设现代、和谐、有创造力的社会》，中国财政经济出版社 2013 年版。

田俊荣、吴秋余：《中国经济进入新阶段新常态，新在哪儿?》，《人民日报》2014 年 8 月 4 日。

［美］熊彼特：《经济发展理论》，商务印书馆 1990 年版。

姚洋：《坐新科技革命列车的头等车厢》，《人民日报》2015 年 5 月 22 日。

赵昌文、许召元、朱鸿鸣：《工业化后期的中国经济增长新动力》，《中国工业经济》2015 年第 6 期。

张慧芳：《新常态下的经济结构：再平衡与新期待》，《经济学家》2015 年第 7 期。

张军扩、余斌、吴振宇：《增长阶段转换的成因、挑战和对策》，《管理世界》2014 年第 12 期。

---

① 熊彼特认为："发展主要在于用不同的方法去使用现有的资源，利用这些资源去做新的事情。"［美］熊彼特：《经济发展理论》，商务印书馆 1990 年版。

第十三章　经典著作中的生态思想和我国生态文明建设

生态危机本质上是由于人类行为所引起的自然生态系统结构和功能失调、生态系统动态平衡被破坏、自然生态补偿能力减弱，从而威胁到人类的生存和发展。《资本论》包含着丰富的生态思想，核心是人与自然之间的物质变换。人类利用所能支配的生产力，通过生产过程和消费过程调整和控制着人与自然之间的物质变换过程。遵循人与自然之间正常的物质变换规律，人类生态系统的失衡是可以避免的。缓解当代生态危机，需要进行生态文明建设，这是实现人与自然和谐的根本途径。

一　引言

在人类所面临的生态问题日益严峻的背景下，对马克思《资本论》中所包含的生态思想的探究已成为《资本论》研究的一个新热点。相关成果已从多方面证明《资本论》中包含着丰富的生态思想，并从不同角度对《资本论》中的生态思想进行分析和解读。

一些学者从生态哲学的角度阐释《资本论》中的生态思想。有研究者认为，“实践”、“劳动”、“物质变换关系”是《资本论》中的重要概念，也是马克思生态思想的核心概念[①]；有学者认为，马克思主义自然观是以实践为基础、以人与自然关系为核心的自然哲学范式。[②] 从人与自然关系出发阐发马克思生态思想已成为研究《资本论》中生态思想的一个主要角度。基于这一角度，研究者认为，马克思关于人与自然之间关系思想的核

---

① 徐水华：《从“对象性关系”到“物质变换关系”——论马克思生态哲学思想的逻辑发展》，《生态经济》2014 年第 1 期。

② 陈食霖：《论马克思恩格斯生态文明思想的理论特质》，《江汉论坛》2014 年第 7 期。

心是人与自然之间的物质变换，物质变换思想贯穿于包括劳动价值论、剩余价值论、地租理论等在内的重要理论之中。

一些学者试图通过对《资本论》文本的研究，来系统梳理马克思的生态思想。朱炳元从人与自然、人与人的关系、资本主义制度对生态的影响和共产主义的生态问题等四个方面阐述《资本论》中的生态思想；[①] 黄瑞祺认为，研究《资本论》中的生态思想可以从物质代谢、资本主义批判和代际正义三个方面切入；[②] 陈凡、杜秀娟、李先娥等探究了《资本论》中所包含的循环经济思想、可持续发展思想等。[③]

国外马克思主义者对《资本论》中生态思想关注较早。这方面的代表人物包括施密特、奥康纳、高兹、福斯特、岩佐茂等人，他们都对马克思《资本论》中的"物质变换关系"予以强调，并对资本主义生产方式下的"物质变换"所引起的技术与环境问题展开论述。福斯特在研究马克思物质变换思想的基础上，阐述了《资本论》关于资本主义生产方式造成人与自然之间"代谢断层"的思想[④]，指出"代谢断层"思想其实就是生态危机理论，它不仅适用于马克思所处的时代，也适用于当代。[⑤]

可见，现有成果对《资本论》中所蕴含的生态思想作了有益的研究，得出了一些有价值的结论。如何在实现经济快速发展的同时保障生态安全，如何在发挥市场对资源配置起决定性作用的同时防止其诱发生态环境问题，需要我们对《资本论》中的生态思想做进一步的研究，以清晰归纳出《资本论》中所包含的生态逻辑，提炼出对我国生态文明建设有具体指导意义的思想方法和基本理论观点。

---

① 朱炳元：《关于〈资本论〉中的生态思想》，《马克思主义研究》2009 年第 1 期。

② 黄瑞祺、黄之栋：《〈资本论〉与生态学的交错：马克思思想的生态轨迹之三》，《鄱阳湖学刊》2009 年第 11 期。

③ 陈凡、杜秀娟：《论马克思〈资本论〉中的生态观》，《马克思主义与现实》2008 年第 2 期；李仙娥、万冬冬：《〈资本论〉中生态思想的逻辑蕴含与当代价值》，《学术交流》2011 年第 9 期。

④ ［美］约翰·贝拉米·福斯特：《失败的制度：资本主义全球化的世界危机及其对中国的影响》，《马克思主义与现实》2009 年第 3 期。

⑤ Jone Bellamy Foster, Marx and the Rift in the Universal Metabolism of Nature, http://monthlyreview.org/2013/12/01/marx - rift - universal - metabolism - nature.

二 人类"生态文明"诉求

回归《资本论》等经典著作的相关论述，梳理其基本理论脉络，有助于我们准确把握"生态"的内涵，为当代生态文明建设奠定认识论基础。

（一）"自在自然"意义上的自然生态系统

所谓"自在自然"，是指和人没有发生关系的自然界，即人类活动还没有作用过的自然界，包括人类世界出现之前的自然界以及人类产生以后其活动还没有涉足的那部分自然界，马克思称之为"自然界的自然界"。自在自然意义上的自然生态系统是一个由存在于其中的所有生物与其环境所构成的统一整体，其中，非生物环境、生产者、消费者、分解者作为自然生态系统的主要组成成分，彼此互相联系、互相作用，不断地进行物质循环和能量流动。自然生态系统虽然没有真正意义上的人类参与其中，但探究其内在的自然规律，有利于更好地阐释人类生态系统的应然状态。

自然生态系统是一个完全开放的系统，系统中每一组成成分与其他成分之间不断进行物质与能量循环。通常情况下，自然生态系统会通过具有负反馈的自我调节机制，实现系统的自我平衡，保持生态系统结构、功能和能量输入、输出上的稳定。生态系统的稳定是一种动态的稳定。系统中各组成成分在与其他成分进行能量输入与输出的过程中改变着自身，也使生态系统的结构和功能不断发生变化。这种按照自然生态系统本身规律发生的有序、可预见的动态变化过程是自然生态演替过程。

可见，在自在自然意义上的自然生态系统中，生物与生物之间、生物与环境之间通过能量流动、物质循环和信息传递，自发地实现生态系统自身的平衡，在自我恢复和调节中自发地实现生态系统演替。如果没有强大外力的作用，不会爆发生态危机。

（二）"人化自然"意义上的人类生态系统

马克思视野中的另一种自然即"人化自然"。"人化自然"是指已经被人类社会的劳动涉足、改造并打上了人类烙印的自然界。"在人类历史中即在人类社会的产生过程中形成的自然界是人的现实的自然界；因此，通过工业——尽管以异化的形式——形成的自然界，是真正的、人类学的自然界。”[①] 马克思所谓的“真正的、人类学的自然界”，即区别于“自在自然”生态系统的人类生态系统。

人类生态系统是在自然生态系统基础上随着人类劳动的发展而形成的，是一个由人类经济系统复合于自然生态系统之中而形成的开放系统。人类作为生态系统中的生物群体之一，与生态系统中其他组成成分之间进行物质与能量循环。人类生态系统与纯粹自然生态系统的区别在于，人类作为特殊的生物群体在生态系统中居于主动地位。为了生存和发展，人类有目的地从自然生态系统中获取物质和能量，通过经济系统的生产和消费，又向自然生态系统中输出物质和能量，从而实现人类自身的物质和能量循环。如果人类经济系统从自然生态系统的物质能量获取和向自然生态系统的物质能量排放尚没有干扰到自然生态的自我动态平衡，则人类生态系统会在自我调节中进行生态演替。

与自然生态系统中的其他生物不同，人类不是被动地适应自然，而是有意识地与自然生态系统进行物质和能量交换，人类的生产和消费活动会对生态系统的演替产生促进或抑制的作用，对生态系统进行改造或重建。这就意味着，原本属于自然生态系统组成成分之一的人类社会，在日益累积的社会生产力作用下所形成的人类经济系统，可能会成为自然生态系统的外在干扰因素。当这种外在干扰超过自然生态系统自我调节、自我恢复的限度时，就会出现生态失衡，甚至生态危机。

可见，生态危机本质上是由于人类行为所引起的自然生态系统结构和功能失调、生态系统动态平衡破坏、自然生态补偿能力减弱，从而威胁到人类的生存和发展。生态危机因人而生，因此，缓解生态矛盾、解决生态危机就需要改变人类经济行为，把人类对自然生态系统的干扰控制在自然生态系统自我调节的阈值之内。而在自然生态系统已经遭到破坏的情况下，则需要人类依靠和帮助自然生态系统恢复其自我调节能力。

（三）人类生态文明诉求

恩格斯认为，文明是人类社会历史发展的一个阶段，是与野蛮相区别的一个历史阶段。在《社会主义从空想到科学的发展》中，恩格斯非常赞同傅立叶把社会历史划分为蒙昧、野蛮、宗法和文明四个发展阶段的看

---

① 《马克思恩格斯全集》第42卷，人民出版社1979年版，第128页。

法，并且指出文明阶段就相当于现在所谓的资产阶级社会，即从16世纪发展起来的社会制度。[①] 在《家庭、私有制和国家的起源》中，恩格斯又分析了摩尔根关于蒙昧时代、野蛮时代和文明时代的划分，指出，“蒙昧时代是以采集现成的天然产物为主的时期，人类的制造品主要是用作这种采集的辅助工具。野蛮时代是学会经营畜牧业和农业的时期，是学会靠人类的活动来增加天然产物生产的方法的时期。文明时代是学会对天然产物进一步加工的时期，是真正的工业和艺术产生的时期。”[②] 由此可见，作为人类社会历史发展的一个阶段，文明时代是从野蛮时代过渡而来的，是和野蛮时代相区别的一个历史阶段，是人类利用文明所创造的工具在更大程度上干预自然的历史阶段。

随着文明时代的来临，人类对生态系统演替产生的影响越来越大。人类在蒙昧时代直接从自然界获取天然产物以满足自身消费，在野蛮时代为了自身消费而进行生产，而在文明时代，人类则会为了交换而生产。随着人类文明的发展，人类的生产活动和消费活动越来越分离。为了提高生产能力，人类发明了越来越先进的工具，从而在越来越大的程度上干预自然生态系统的演替。然而，人类愈是力图成为人类生态系统的中心，在生产和消费活动中形成的规律则愈是“作为异己的、起初甚至是莫名其妙的、其本性尚待努力研究和认识的力量，同各个生产者和交换的参加者相对立。”[③]

从16世纪至今的人类文明发展，在某种意义上可以视为工业文明的发展。工业文明程度的提高，伴随着人类支配自然能力的增强，而生产和消费的脱节，又伴随着人与自然之间物质变换关系某种程度的破坏。人类借助文明的力量从自然界获取物质产品的能力越强，人类经济系统对自然生态系统的干扰力就越大，人类生态系统的自我恢复能力就越是被削弱。随着工业文明的发展，人类生态系统偏离生态动态平衡和自我实现的轨道就会越来越远。人类要维护自身赖以生存的生态系统，就必须在推动文明发展的过程中加入“生态”诉求，实现从“工业文明”向“生态文明”的飞跃。

---

① 《马克思恩格斯全集》第19卷，人民出版社1963年版，第213页。
② 《马克思恩格斯全集》第21卷，人民出版社1965年版，第38页。
③ 同上书，第199页。

三　《资本论》中的生态思想：逻辑和基本观点

人类要生存，就必须不断地生产出物质和精神产品。自然生态系统所发生的变化（除纯粹的自然生态系统自我循环之外）与人类劳动密切相关。人类所能支配的生产力通过生产过程和消费过程对自然生态系统产生影响，从而使其朝着有利于或不利于人类社会再生产的方向变化。下面将循着这样一条基本线索，剖析《资本论》中的生态思想，并从具体路径上探究如何实现生态文明和经济社会的可持续发展。

（一）《资本论》中生产力概念的生态意蕴和科学技术的生态取向

生产力是政治经济学中的基本概念，它反映人与自然之间的关系。在《资本论》中，马克思通过劳动过程阐明人与自然之间的关系。“劳动首先是人和自然之间的过程，是人以自身的活动来中介、调整和控制人和自然之间的物质变换的过程。”[①] “劳动过程……是制造使用价值的有目的的活动，是为了人类的需要而对自然物的占有，是人和自然之间的物质变换的一般条件，是人类生活的永恒的自然条件。”[②] 可见，马克思是从“人和自然之间的物质变换”来理解人与自然之间的关系的。正是基于“物质变换”这一核心概念，马克思在《资本论》中既强调“社会生产力”，又强调“自然生产力”。

在马克思对劳动生产力影响因素的分析中，前四个因素，即“工人的平均熟练程度，科学的发展水平和它在工艺上应用的程度，生产过程的社会结合，生产资料的规模和效能”，主要是对“社会生产力”产生作用的因素，而常常被我们忽略掉的第五个因素即“自然条件”，[③] 则是决定“自然生产力”的最基本的因素。劳动的社会生产力，是指人类通过劳动和交往创造出来的生产力，具体表现为由发明创造[④]、生产中的协作[⑤]、社

---

① 马克思：《资本论》第1卷，人民出版社2004年版，第207—208页。

② 同上书，第215页。

③ 同上书，第53页。

④ “某个地方创造出来的生产力，特别是发明，在往后的发展中是否会失传，取决于交往扩展的情况。”《马克思恩格斯全集》第3卷，人民出版社1960年版，第61页。

⑤ “协作是结合工作日的特殊生产力，是劳动的社会生产力。”《马克思恩格斯全集》第16卷，人民出版社1964年版，第309页。

会劳动组织的发展[①]、贸易的发展[②]等所引起的物质产品生产能力的提高。劳动的自然生产力，按照马克思的说法，是指由于利用了自然界本身所具有的自然力而表现出来的那种生产力，是“劳动在无机界发现的生产力”，[③]“受自然制约的劳动生产力”。[④]“如果发现富矿，同一劳动量就会表现为更多的金刚石”，[⑤] 说明自然生产力与社会生产力共同构成生产力整体，同时说明自然生产力之于人类整体生产力的重要作用。[⑥] 马克思在分析剩余劳动和剩余产品时明确指出，“剩余价值有一个自然基础”，[⑦] 劳动生产率是同自然条件相联系的。马克思把外界自然条件在经济上分为两大类：生活资料的自然富源和劳动资料的自然富源，并且指出，“在文化初期，第一类自然富源具有决定性的意义；在较高的发展阶段；第二类自然富源具有决定性的意义”。[⑧] 占有瀑布的那一部分工厂主，正是把瀑布作为一种自然界提供的劳动资料的自然富源，垄断性地利用这种“和一种自然力的利用结合在一起的劳动的较大的自然生产力”，[⑨] 在生产中产生超额利润并转化为地租。可见，马克思非常重视自然生产力在生产过程中的作用，马克思的生产力概念，是自然生产力和社会生产力结合起来的整体生产力。

自然力作为能够并入生产过程的要素，“它们发挥效能的程度取决于不花费资本家分文的各种方法和科学进步。”[⑩] 在《政治经济学批判》中，马克思就曾明确指出“生产力中也包括科学”，[⑪] 科学技术的发展水平越高，在工艺上的应用越广泛，就越能够渗透到劳动者、劳动对象、劳动资

---

① “局部工人在一个总机构中的分组和结合，造成了社会生产过程的质的划分和量的比例，从而创立了社会劳动的一定组织，这样就同时发展了新的、社会的劳动生产力。”马克思：《资本论》第1卷，人民出版社2004年版，第421—422页。

② “只有实行自由贸易，蒸汽、电力、机器的巨大生产力才能够获得充分的发展。”《马克思恩格斯全集》第21卷，人民出版社1965年版，第416页。

③ 《马克思恩格斯全集》第26卷（Ⅲ），人民出版社1973年版，第122页。

④ 马克思：《资本论》第1卷，人民出版社2004年版，第589页。

⑤ 同上书，第53页。

⑥ 廖福霖等把这种由社会生产力和自然生产力共同构成的整体生产力叫做生态生产力。参见廖福霖《生态生产力导论》，中国林业出版社2007年版，第1页。

⑦ 马克思：《资本论》第1卷，人民出版社2004年版，第585页。

⑧ 同上书，第586页。

⑨ 马克思：《资本论》第3卷，人民出版社2004年版，第726页。

⑩ 马克思：《资本论》第2卷，人民出版社2004年版，第394页。

⑪ 《马克思恩格斯全集》第46卷（下），人民出版社1980年版，第211页。

料中，提高工人的平均熟练程度，促进生产过程的社会结合，扩大生产资料的规模和效能。因此，科学技术的发展，在人类利用自然生产力、提高社会生产力方面作出了巨大的贡献。不过，当我们从生态的角度研究《资本论》时，就不仅要认识到科学技术提高生产力、改善生态环境的作用，还要认识到，忽略自然生产力的科学技术发展会破坏生态环境，进而延缓生产力的发展。科学技术能够提高生产力，废弃物的循环利用、资源的节约也依赖科学技术，但忽略自然生态环境变化的科学技术则会破坏生态环境并进而延缓生产力的提高。

（二）《资本论》中的农业生态思想

农业是直接以土地资源为劳动对象的生产部门，是人类通过劳动直接从自然界获取物质产品的部门，是自然生产力最能得以充分表现，也最能直接反映人与自然之间物质变换过程的生产部门。

在《资本论》中，马克思不仅阐明了农业生产中人与自然之间的物质变换，更重要的是指出了资本主义农业生产方式所导致的人与自然之间物质变换的断裂。“资本主义生产使它汇集在各大中心的城市人口越来越占优势，这样一来，它一方面聚集着社会的历史动力，另一方面又破坏着人和土地之间的物质变换，也就是使人以衣食形式消费掉的土地的组成部分不能回归土地，从而破坏土地持久肥力的永恒的自然条件。”[①] 人类消费排泄物“对农业来说最为重要”，[②] 但是，正如马克思所描述的：“例如，在伦敦，450 万人的粪便，就没有什么好的处理方法，只好花很多钱来污染泰晤士河。”[③]

资本主义生产方式对农业生态环境的破坏作用，一方面表现在该归还土地的物质没有归还；另一方面还表现在农业生产力的提高使人类集约化地利用土地，从而从土地上拿走更多的东西。机器的使用、化学肥料的发明及应用，大大提高了农业生产力，同时也加剧了土地营养物质流失的速度。在《资本论》中，马克思多处引用李比希“从自然科学的观点出发阐明了现代农业的消极方面”的思想[④]，批判地指出资本主义农业生产是一

① 马克思：《资本论》第 1 卷，人民出版社 2004 年版，第 579 页。
② 马克思：《资本论》第 3 卷，人民出版社 2004 年版，第 115 页。
③ 同上。
④ 马克思：《资本论》第 1 卷，人民出版社 2004 年版，第 580 页。

种对土地的掠夺式使用方式。李比希所主张的“归还原则”（即“土地好比是一个机器，要经常将庄稼从土壤中拿走的东西归还给它，才能恢复它在生产中所消耗的力量”[①]）在马克思的物质变换思想中得到了充分体现，但资本主义农业生产方式却导致了人与自然之间物质变换的断裂。

在物质变换思想的基础上，马克思阐明了如何实现合理农业的发展。其一，排泄物的回收再利用对合理农业的发展非常重要。在大规模社会生产的条件下，集中地、大量地回收、再利用人类消费排泄物以增强土壤肥力，完成人与自然之间正常的物质变换，这是农业生产可持续发展的基本条件。其二，马克思认为，人类不应该是土地的所有者，而只是土地的占有者、受益者，“并且他们应当作为好家长把经过改良的土地传给后代”[②]。在这里，马克思实际提出了可持续发展的思想，即农业生产对土地的利用不能只满足当代人的需要，而且要满足后代人继续使用土地的需要，因而必须在发展合理农业的基础上对土地进行改良。为此，马克思提出，“合理的农业同资本主义制度不相容（虽然说资本主义制度促进农业技术的发展），合理的农业所需要的，要么是自食其力的小农的手，要么是联合起来的生产者的控制。”[③] 在马克思看来，联合起来的生产者，“将合理地调节他们和自然之间的物质变换，将它置于他们的共同控制之下，而不让它作为一种盲目的力量来统治自己；靠消耗最小的力量，在最无愧于和最适合于他们的人类本性的条件下来进行这种物质变换。”[④]

（三）《资本论》中工业生产的循环经济思想

工业生产对自然生态系统产生的影响是通过如何从自然界获取物质原料和如何向自然界排放废弃物来实现的。因此，要减小工业生产对自然生态系统的负面影响，就应该从如何减少从自然界获取物质原料和如何减少向自然界排放废弃物这两方面入手，即节约资源和实现废弃物的资源化再利用。马克思在《资本论》中对此的论述，形成了“循环经济”思想。

生产资料的节约首先可以通过改良劳动过程的社会组织形式来实现。在分析“协作”问题时，马克思就指出，协作可以引起生产资料的节约。

---

① ［德］李比希：《化学在农业和生理学上的应用》，中国农业出版社1983年版，第2页。
② 马克思：《资本论》第3卷，人民出版社2004年版，第878页。
③ 同上书，第137页。
④ 同上书，第928—929页。

“总之，一部分生产资料，现在是在劳动过程中共同消费的。”① 生产资料的集中使用，可以减少因分别使用生产资料以及为生产资料而修建的各种建筑，同时也节省了因工厂分别使用生产资料而多占用的土地，在一定程度上减小因工业生产而对生态环境产生的干扰。当代，产业集群因其更紧密、细致的分工协作而大大提高了资源的利用效率，证实了马克思当年的分析。

马克思把生产废弃物的再利用作为生产条件节约的一个重要源泉。“我们指的生产排泄物，即所谓的生产废料再转化为同一个产业部门或另一个产业部门的新的生产要素；这是这样一个过程，通过这个过程，这种所谓的排泄物就再回到生产从而消费（生产消费或个人消费）的循环中。”② 关于生产废弃物，马克思举例说包括化学工业在小规模生产时损失掉的副产品，制造机器时废弃的但又作为原料进入铁的生产的铁屑等等。

马克思看到，“原材料的日益昂贵，自然成为废物利用的刺激”。③ 当废弃物再利用的成本小于原材料的购买价格时，生产者会考虑以废弃物的回收利用取代原材料。而原材料的日益昂贵正反映了人类从自然界获取物质资料的数量受到限制，这种限制显然不是来源于社会生产力不足，而是来源于自然生产力的下降，归根结底，是来源于人类耗竭性开发利用自然资源或者以超过自然界再生产的速度使用自然资源，从而导致原材料供给不足，价格上涨。

生产废弃物的回收再利用需要在大规模社会生产的条件下才能实现。马克思指出，“这一类节约，也是大规模社会劳动的结果。由于大规模社会劳动所产生的废料数量很大，这些废料本身才重新成为贸易的对象，从而成为新的生产要素。这种废料，只有作为共同生产的废料，因而只有作为大规模生产的废料，才对生产过程有这样重要的意义，才仍然是交换价值的承担者。”④ 生产废料再转化为新的生产要素也需要科学技术的发展及其应用，“科学的进步，特别是化学的进步，发现了那些废物的有用性质。”⑤ 而只有在一个社会大量产生这种生产废料的情况下，进行这种转化

---

① 马克思：《资本论》第1卷，人民出版社2004年版，第377页。

② 马克思：《资本论》第3卷，人民出版社2004年版，第94页。

③ 同上书，第115页。

④ 同上书，第94页。

⑤ 同上书，第115页。

的科技研发才是有意义的。因此，大规模的社会生产是循环经济发展的前提条件。不过，与马克思所处的机器大工业时代不同，当代的大规模社会生产既可以是大企业的生产，也可以是产业集群联结起来的众多企业的生产，更多的是通过市场交易网络紧密联结起来的许许多多不同规模企业的生产。

按照马克思的分析，无论是生产资料的节约还是生产废弃物的回收再利用，都需要以大规模的社会化生产为条件。大量的生产废料要作为同一个产业部门的新的生产要素，就需要有一定的产业集中度和上下游企业之间的产业链延伸。因此，产业集群和工业园区的发展，以及基于市场交易网络的生产废料回收体系的建立，是工业部门实现循环经济发展的途径。生产废弃物的资源化回收利用，一方面可以减少人类对日益减少的自然资源的需求；另一方面也减少了工业向自然界中的废弃物排放，从而可以缓解人与自然之间的矛盾。

（四）《资本论》中资源性产品开发与利用的生态反思

资源性产品的开发利用也是人类劳动直接作用于自然生态系统的活动。马克思在分析劳动对象时指出，劳动对象有两类：一类是天然存在的劳动对象，一类是被以前的劳动“滤过”的劳动对象，即原料。天然存在的劳动对象是“未经人的协助，就作为人类劳动的一般对象而存在。所有那些通过劳动只是同土地脱离直接联系的东西，都是天然存在的劳动对象。”① 对自然资源的开发和利用直接表现出人类对自然生态系统产生的影响。下面以采掘工业作为不可再生自然资源的代表，以林业作为可再生自然资源的代表，探究马克思在《资本论》中对自然资源开发利用生态影响的认识。

1. 资源性产品价格决定的生态意蕴

商品的价值是由生产商品的社会必要劳动时间决定的。马克思在《资本论》第三卷中从再生产的角度界定了社会必要劳动时间，指出“每一种商品的价值，都不是由这种商品本身包含的必要劳动时间决定的，而是由它的再生产所需要的社会必要劳动时间决定的。这种再生产可以在和原有

---

① 马克思：《资本论》第1卷，人民出版社2004年版，第209页。

生产条件不同的、更困难或更有利的条件下进行。”① 从再生产的角度理解社会必要劳动时间，对于正确把握自然资源产品的价值非常重要。

以野生林为代表的可再生自然资源，其本身对于人类就有非常重要的生态功能。如果人类对其开发利用的速度超过自然界的再生速度，就会破坏自然再生产。为了满足人类日益增加的需求，林业作为一种依靠自然力而进行的生产活动便应运而生。在这种情况下，以林业为代表的可再生自然资源产品的价值就取决于人类为了再生产出该产品所付出的社会必要劳动时间。天然野生林虽然没有人类劳动凝结其中，但由于其数量有限且再生周期长，其产品与人工林的产品处于同一市场中，其市场价格决定如同农产品价格决定一样，取决于人工林再生产中的劣等生产条件。

以矿产品为代表的不可再生资源，人类只能开发和利用它，而不能再生产它。过度开发和利用矿产资源，一方面会导致资源的枯竭；另一方面矿产资源区的生态环境会在开发过程中遭到严重破坏。如果矿产品价格没有体现资源稀缺性和生态环境成本，就会导致不可再生资源的过度开发和利用。扼制生态破坏和资源枯竭的趋势，需要进行资源性产品价格改革。不可再生自然资源的价格应体现自然资源的稀缺性、自然资源开发的生态补偿成本、自然资源开发加工劳动凝结的价值、不可再生资源替代品的研究开发劳动凝结的价值等。

总之，既体现自然资源的稀缺性，又体现其生态环境成本的资源性产品价格，一方面可以促使人们节约资源、保护生态环境；另一方面可以鼓励人们从事林业生产，改善生态环境，或寻找可取代不可再生资源的其他资源，减缓资源耗竭的速度。

2. 资源性产品的可持续开发利用

在自然资源的开发利用过程中，自然生产力发挥着重要作用。马克思指出，“同一劳动量用在富矿比用在贫矿能提供更多的金属。”② 劳动生产率是同自然条件相联系的，这一点在自然资源产品生产过程中尤其突出。然而，马克思也对依赖资源发展生产提出了警示：“资本主义生产方式以人对自然的支配为前提。过于富饶的自然‘使人离不开自然的手，就像小

① 马克思：《资本论》第3卷，人民出版社2004年版，第157页。

② 马克思：《资本论》第1卷，人民出版社2004年版，第53页。

孩子离不开引带一样'。"[①] 马克思所担心的一国经济发展过分依赖自然资源的状况，与后来一些国家在经济社会发展过程中陷入"资源诅咒陷阱"的状况是一样的。

在可再生资源和不可再生资源中，一国不可再生资源拥有量越大，越容易陷入"资源诅咒陷阱"。马克思指出，植物性材料和动物性材料的"生长和生产必须服从一定的有机界规律，要经过一定的自然时段"，[②] 这就意味着人类对这类资源的开发利用还会受到它们本身生长时间的限制；而煤炭、矿石等不可再生资源是自然界在历史时期形成的，一旦被人类探明其存在，"只要具备相应的自然条件"，其产量"在最短时间内就能增加"。[③] 在这样的条件下，一国的劳动生产率越高，对自然资源的开发速度就越快。但是，"这些自然条件的丰饶度往往随着社会条件所决定的生产率的提高而相应地减低。"[④] 自然条件随着开发的进行而恶化，最终导致劳动生产力发生相反的运动。马克思说："我们只要想一想决定大部分原料产量的季节的影响，森林、煤矿、铁矿的枯竭等等，就明白了。"[⑤] 因此，无论是可再生资源还是不可再生资源，良好的自然条件为人类进行生产提供了物质基础，但只有在人与自然和谐发展的基础上，可持续地而非破坏性地利用自然资源才能实现人类经济社会的可持续发展。

与矿产资源开发利用的生态负效应不同，林业发展和农业发展本身具有改善生态环境的作用。但如同前面对农业生产的分析一样，只有生态化的林业生产才能带来生态效益与经济效益的同时增加，而片面以经济效益为目标的林业生产在生态效益方面作用却是令人怀疑的。单纯为了经济利益而进行的不适合当地生态环境的林业生产将会出现对地力的掠夺和浪费。对此，马克思在分析对外贸易问题时曾指出："先生们，你们也许认为生产咖啡和砂糖是西印度的自然禀赋吧。二百年以前，跟贸易毫无关系的自然界在那里连一棵咖啡树、一株甘蔗也没有生长出来。也许不出五十年，那里连一点咖啡、一点砂糖也找不到了，因为东印度正以其更廉价的生产得心应手地跟西印度虚假的自然禀赋作竞争。而这个自然禀赋异常富

① 马克思：《资本论》第1卷，人民出版社2004年版，第587页。

② 马克思：《资本论》第3卷，人民出版社2004年版，第134页。

③ 同上。

④ 同上书，第289页。

⑤ 同上。

庶的西印度，对英国人说来，正如有史以来就有手工织布天赋的达卡地区的织工一样，已是同样沉重的负担。”① 这表明了资本主义生产者为了获取利润，所进行的看似具有生态效益的林业生产事实上与当地的生态系统并不融洽。

在对资本主义生产方式的批判中，马克思表明，“资本主义生产指望获得直接的眼前的货币利益的全部精神，都和维持人类世世代代不断需要的全部生活条件的农业有矛盾。森林是说明这一点的最好例子。”② 如同合理农业的发展要求联合起来的生产者的手一样，马克思同样指出，“只有在森林不归私人所有，而归国家管理的情况下，森林的经营才会有时在某种程度上符合全体的利益。”③

这就告诉我们，林业是一个特殊的行业，林业对于人类生存与发展来说，所能够发挥的生态功能是最重要的。但由于林业的生态功能是外溢效应，又由于林业生产周期较长，私人经营者要么不愿意从事林业生产，要么也只在其投资回收期限内考虑如何进行林业生产，从而无法保证林业生态功能的持续发挥。因此，从全局出发，从人类代际传承出发，政府应在森林经营中发挥重要作用。

（五）《资本论》中的消费理论及其生态蕴含

消费，是人与自然之间物质变换的一个重要环节。消费是人类享受从自然界所获取的物质产品的过程，同时也是向自然界排放废物的过程。消费不仅因为消费过程本身会对自然生态环境产生影响，还因为对生产过程产生反作用而间接作用于自然生态环境。马克思在《〈政治经济学批判〉导言》及《资本论》等著作中，对消费以及消费与生产之间的关系进行了系统论述，其中所包含的生态思想对我们以消费的生态化来推进生态环境的改善有重要启示。

1. 消费产生新的生产需要

“人从出现在地球舞台上的那一天起，每天都要消费，不管在他开始生产以前和在生产期间都是一样。”④ 消费是人类再生产自身生产力的过

① 《马克思恩格斯全集》第4卷，人民出版社1958年版，第457—458页。

② 马克思：《资本论》第3卷，人民出版社2004年版，第697页。

③ 同上。

④ 马克思：《资本论》第1卷，人民出版社2004年版，第196页。

程，是对生产过程中所生产的产品的占有和享受的过程。消费与生产具有直接同一性。“消费直接也是生产，正如自然界中的元素和化学物质的消费是植物的生产一样。例如，在吃喝这一种消费形式中，人生产自己的身体，这是明显的事。”[①] 生产决定着消费，消费也生产着生产。马克思认为，消费从两方面生产着生产：一方面，产品只有在消费中才成为现实的产品；另一方面，消费创造出新的生产的需要，因而创造出生产的观念上的内在动机，后者是生产的前提。“消费在观念上提出生产的对象，把它作为内心的图像、作为需要、作为动力和目的提出来。消费创造出还是在主观形式上的生产对象。没有需要，就没有生产。而消费则把需要再生产出来。”[②]

当我们把研究的视角放在生态影响的时候，就会发现，一定时期的自然生态环境不仅受到直接生产过程的影响，还受到由生产所决定的消费方式的影响；不仅受到消费方式本身对自然生态环境的直接影响，还受到消费反作用于生产所带来的间接影响。马克思在《资本论》中对资本主义消费模式的生态批判正是从这里开始的。

2. 资本主义消费模式的生态影响

资本逻辑即资本主义生产的决定性目的和动机是在资本的不断运动中获取越来越多的剩余价值。为此，扩大再生产便成为资本主义生产的特征。尤其是随着资本有机构成的提高，规模扩大的再生产表现为用于再生产的生产资料数量的增加。这就意味着，在资本逻辑所决定的资本主义生产方式下，生产性消费不断扩大从自然界获取物质产品的数量，可能形成对自然资源的掠夺式使用及耗竭式开发。

资本要在不断的运动中实现价值增值，这就需要所生产的产品能够顺利实现价值补偿。马克思在分析资本循环时指出，“全部商品产品的消费是资本本身循环正常进行的条件。”[③] 为了使商品顺利卖出，企业会想尽一切办法推销自己的商品。商业资本的出现更是在商品还没有到达消费者手中时，便给了生产者扩大再生产的信号。商品促销活动也促成了消费者在商品还没有完全报废之前就废弃它。

---

① 《马克思恩格斯全集》第46卷（上），人民出版社1979年版，第27—28页。

② 同上书，第29页。

③ 马克思：《资本论》第2卷，人民出版社2004年版，第108页。

这种大量废弃的消费方式不但表现在生活消费中，也表现在生产消费中。为了避免无形磨损的损失，企业会加快固定资本折旧的速度，在机器设备等完全报废之前就更新机器设备，以提高劳动生产率，使自己生产商品的个别劳动时间低于社会必要劳动时间，从而获取超额利润。

由此可见，被后人概括为“大量生产—大量消费—大量废弃”的模式在《资本论》中已经为马克思所揭示，这种模式的每一个环节，都包含着人类对自然生态环境的过度干扰，是人类超量从自然界获取物质产品和超负荷向自然界排放的过程。生产方式决定消费方式，但消费方式对生产方式有巨大的反作用。改变反生态的生产方式，需要消费环节的生态化。

四　中国生态文明建设

自从人类作为自然生态系统的主动者，自从纯粹自然生态系统向人类生态系统发展以来，生态系统失衡的可能性就已经存在了。随着人类文明的发展，尤其是工业文明的发展，人类干预自然的能力增强了，而生态系统自我恢复能力遭到了削弱。由于忽略了人与自然之间正常的物质变换关系，人类的生产活动和消费活动在工业文明发展的帮助下更加大了人与自然之间物质变换的代谢断层。对此，马克思在其一百多年以前的经济学巨著《资本论》中就早有论述，它所揭示的工业文明发展的生态演替后果，在一百多年以后的今天正在更大程度上继续发展着。《资本论》中生态思想对于当代生态文明建设有着重要的启示意义。

（一）人类生态系统的失衡是可以避免的

人类生态系统的失衡源于人类从自然生态系统中输入物质能量和向自然界输出物质能量的过程破坏了自然生态系统的自我调节能力，恢复人类生态系统的动态平衡要求人类社会经济活动对自然生态系统所产生的影响不要超出自然生态系统自我恢复的生态阈值。只要人类对自然生态系统的干扰尚在这一阈值范围内，人类生态系统的失衡是可以避免的。

马克思在《资本论》中对人与自然之间的“物质变换”关系进行了系统的分析，指出人与自然之间不是单向的征服与被征服的关系，而是一种双向的物质变换关系。对“生产力”概念不应该单纯从人类改造和征服自然的能力这一角度来理解，生产力是由自然生产力和社会生产力构成的整体。科学技术的发展能够提高社会生产力，社会生产力的持续提高仍需要通过不断进行科技创新来实现。但忽略自然生产力的科学技术发展最终也会由于破坏自然力而导致整体生产力的提高受到限制。因此，从生态维度认识生产力的发展，就需要从生态维度客观认识科技创新。科学技术的生态取向，不仅指发展有利于生态系统改善的科学技术，还要求人类经济社会发展中的科技创新活动及其成果应用应以不破坏人与自然之间的物质变换过程为原则。

但是，科学技术的生态取向并没有引起足够的重视。我们在专门为生态环境改善而进行的科技创新方面取得了显著成绩，但在为提高社会生产力而进行的科技创新方面，生态取向却存在欠缺。值得注意的是，为生态环保而进行的专门科技创新大多发挥着事后修补的作用。这就意味着，为了发展经济，我们一方面不断创新科学技术，提高从自然界获取物质产品的能力，加大了对自然界的掠夺和对生态系统的破坏；另一方面又通过技术创新来修复被破坏的生态系统。然而，对生态系统的改善和修复的速度不及对生态系统的破坏速度，从而使已取得的经济成果大打折扣。正如马克思在《资本论》中所言，“社会生产力的增长仅仅补偿或甚至补偿不了自然力的减低，——这种补偿总是只能起暂时的作用。”① 因此，从根本上改变科学技术的生态负效应，必须强调所有科学技术创新及其成果应用的生态化。

在市场经济条件下，多数应用型科技创新活动是由企业来完成的，市场是推动科技创新的决定性力量。同样，科学技术发展的生态取向，归根到底也需要通过市场来实现。正是在这个意义上，十八届三中全会通过的《中共中央关于全面深化改革若干重大问题的决定》指出，“建立主要由市场决定技术创新项目和经费分配、评价成果的机制”。由于科技创新的生态效益具有正外部性，当企业等经济主体进行技术创新实现的生态效益不能完全表现为经济效益的提高时，或为兼顾生态效益而在技术创新活动中额外支付的成本无从补偿时，企业等经济主体的科技创新便会忽略其所产生的生态影响，科学技术的生态取向就难以实现。这就需要在发挥市场决定性作用的同时，更好地发挥政府作用。通过建立一套能够激发生态取向科技创新的长效激励机制，为生态化科技创新活动提供有利的竞争环境。

① 马克思：《资本论》第3卷，人民出版社2004年版，第867页。

对于具有生态正效应或者没有生态负效应的科技创新及其应用，政府可以采取减税、补贴、优惠融资、政府采购等激励措施加以支持，以企业经济效益的提高来推动环境负外部性的减少和正外部性的增加。

（二）当代生态危机的缓解需要进行生态建设

生态危机是指人类赖以生存的生态环境遭到严重破坏，人类的生存和发展受到威胁，人类不当或过度的生产和消费活动已经引起了生态系统自我恢复能力的破坏。生态危机一旦出现，在一定时期内难以恢复。当代生态危机已成为全球性的现象，人类首先必须帮助自然界恢复其自我调节能力，通过生态建设缓解生态危机。

生态建设包括生态重建和生态恢复。生态重建与生态恢复是不同程度的概念。生态重建是借助人类经济活动使已经被破坏的生态环境恢复到接近于以前的状况；生态恢复则是自然生态系统的自我回归，是自然生态系统自我调节能力的恢复，即通过减少人类经济系统对自然生态系统的破坏性干扰，使自然生态系统保持自我修复和调节。生态恢复和生态重建在时间尺度上有差别，生态恢复的时间尺度包括地质年代尺度（以千、万、亿年计）和自然生态系统世代演替尺度（以十、百、千年计），生态重建的时间尺度以一、十、百年计。① 在当代生态危机愈演愈烈的背景下，人类生态破坏的速度显然远远大于生态恢复的速度，因此，缓解生态危机必须进行生态重建。而从长远看，恢复自然生态系统的自我修复和自我调节能力则是解决生态问题的根本。

在马克思生活的年代，工业文明的发展对生态环境的破坏已经出现，但还远不像百年后的今天这么严重，那时马克思就已明确指出在农业、工业、自然资源开发和利用等人类经济活动中保持人与自然之间正常的物质变换以维持自然生态系统自我调节能力的重要性。农业生产可持续发展的出路在于农业生态化发展。农业生产方式的转变必须实现农业生产的经济效益、社会效益和生态效益的协调统一。这就要求：更加注重能够恢复和改善农业生态系统的农业科学技术创新；推动城乡协调发展，保护农业生态环境；在大规模农业生产的基础上，实现农业生态化。

---

①　张新时：《关于生态重建和生态恢复的思辨及其科学涵义与发展途径》，《植物生态学报》2010 年第 1 期。

在工业领域，提倡建立生态化工业园区，在大规模社会化生产和提高市场化水平的基础上实现工业循环经济，通过不变资本的节约减少从自然生态系统的输入，同时一个企业的生产废弃物成为另一个企业的生产要素，减少向自然生态系统的排放，实现工业生产的生态化。

加快资源性产品价格改革，形成体现资源稀缺性和生态环境成本的资源性产品价格形成机制，一方面，促使人们节约资源、保护生态环境；另一方面，鼓励人们从事林业生产，改善生态环境，或寻找可取代不可再生资源的其他资源，减缓资源耗竭的速度。

绿色消费是现代消费生活的一种新趋势，这种生态化的消费方式以满足人类生存和发展本身对产品的消费为目的，减少甚至完全抛弃那种不顾自然生态系统承载力的奢侈型、浪费型、炫耀型消费。消费生态化仅仅有消费者转变观念还不够，还必须有保证消费者选择绿色产品的制度措施，这就需要有人们所信赖的非营利机构对生态化产品进行认证和标识。对生态化产品进行认证和标识，一方面能够使消费者容易识别绿色产品，扩大绿色产品消费市场；另一方面还能够为绿色生产者提供有利的市场竞争环境，以经济利益的提高诱使生产者从事绿色生产。

（三）《资本论》中生态思想指导下的生态文明建设

在《资本论》中，马克思从人与自然之间的关系，以及生产过程、消费过程等环节剖析了工业文明发展中的生态缺失，同时以人与自然之间的物质变换、合理农业、可持续发展、循环经济等思想指出如何实现人类生态系统的永续发展。工业文明正是由于其引起的生态系统动态平衡的破坏而使其进一步发展受到限制。通过生态文明建设，推动工业文明向生态文明发展，是《资本论》中生态思想的期冀所在。

生态文明作为人类文明发展的一个新的阶段，是一种在遵循人与自然、人与人、人与社会和谐共存原则下的社会发展形态，是人类为了修复生态系统、保护生态环境而取得的一系列物质成果、精神成果、制度成果的总和。生态文明建设，是克服工业文明弊端，探索资源节约型、环境友好型发展道路的过程。生态文明目标的实现需要“把生态文明建设融入经济建设、政治建设、文化建设、社会建设各方面和全过程”。

1. 转变经济发展方式，实现人与自然的和谐统一

工业文明大大提高了人类从自然界获取物质产品的能力，“大量生

产—大量消费—大量废弃”成为工业文明经济循环的典型模式。工业文明在带来物质产品极大丰富的同时，一方面，耗竭性地使用自然资源；另一方面，生产过程和消费过程产生的废弃物、排泄物超出自然生态系统的自我净化能力。工业文明越发达，人类经济社会发展与自然生态系统平衡之间的矛盾往往就越尖锐。但生产力水平和消费水平的提高并不必然意味着生态环境的破坏，推动工业文明向生态文明转化，首先要求转变经济发展方式。

转变经济发展方式，就是要从忽略人与自然之间物质变换关系转向人与自然之间的协调；从过度强调经济效益转向强调经济效益与生态效益、社会效益兼顾。马克思《资本论》中的生态思想启发我们，经济发展方式的转变需要在正确对待人与自然关系的基础上，通过生产过程和消费过程的生态化来推进。首先，要正确判断人类经济活动对自然生态环境的影响，使社会生产力的发展不要破坏自然生产力，使人类对自然生态系统的干扰处于自然生态系统的阈值范围之内。其次，在生产社会化和经济市场化的条件下，实施生态循环经济模式，减少从自然生态系统的输入，减少向自然生态系统的非生态性输出。最后，消费的生态化会对生产的生态化发挥重要的引导作用。通过生态文明知识的普及以及产品标识制度的完善，引导消费者主动选择生态产品和生态化消费模式。

2. 完善领导干部政绩考核机制，强化地方政府保护和修复生态环境的责任

工业文明向生态文明过渡是对人类经济行为的一种反向校正过程，必须依靠强有力的制度支持。经济发展方式从反自然向生态化的转变，需要内化于经济主体的行为中。长期以来，单纯以 GDP 等经济总量指标为主的政绩考核机制，难免使地方政府主要以经济效益的提高来进行产业结构和政府扶持政策等方面的调整，容易导致重经济增长轻生态环境改善的后果。

完善政绩考核机制，要求“加大资源消耗、环境损害、生态效益、产能过剩、科技创新、安全生产、新增债务等指标的权重”。[①] 当前，应该对各地方政府辖区内的自然资源、生态环境状况进行合理评估测算，把自然资源、生态环境统计数据定期向社会公布，在考核周期内对经济增长率和

① 《中共中央关于全面深化改革若干重大问题的决定》，人民出版社 2013 年版。

资源消耗量、生态环境变化状况进行比较，以此作为政绩考核的指标，实行生态环境问责制。

3. 建设生态文化，发挥文化对生态文明建设的导向功能

文化形成人们行为选择的软制度环境。生态文明建设需要人们认识到工业文明的生态缺陷，认识到生态环境对人类生存和发展基础性地位。

工业文明史形成了“人定胜天”的文化意识，人类以掠夺性利用自然的行为向自然生态系统表明自己的主体地位，而马克思的“人与自然之间物质变换”思想和我国传统文化中的“天人合一”思想却在一定程度上被忽略了。形成生态文化，树立生态意识，从而使保护和改善生态环境成为人们的自发行为。

生态文明建设的制度化还要求加强生态立法建设。与我国工业文明发展相适应，我国生态保护立法偏重于事后的规范和治理，无法纠正“先污染、后治理”的工业化发展模式。生态保护立法要从事后治理转向事前规范，建立高污染、高耗能行业的市场准入制度，以及通过生态立法保护生态化产品的市场权利。

4. 拥有良好的生态环境是最基本的民生

“良好生态环境是最公平的公共产品，是最普惠的民生福祉”。[①] 改善民生首先要改善人民的生存环境，让人民呼吸到新鲜的空气、喝上清洁的水、吃上放心的食物，而这正是生态建设和生态修复的目的所在，是生态文明建设的应有之义。

恩格斯在《国民经济学批判大纲》中提出了“人类同自然的和解以及人类本身的和解”[②]，马克思在《1844 年经济学哲学手稿》中提出了“人和自然之间、人和人之间的矛盾的真正解决”，[③] 人与自然、人与人之间的和谐，是和谐社会的两个基本方面。良好的生态环境、人与自然之间的和谐协调，是人与人之间和谐共存的基础。这需要生态文明制度化，界定自然资源产权，合理利用自然生态环境，实现人类社会生态可持续发展。

---

① 习近平：《在中共十八届三中全会第一次全体会议上的讲话》，载中共中央文献研究室编《习近平关于全面深化改革论述摘编》，中央文献出版社 2014 年版，第 107 页。

② 《马克思恩格斯全集》第 1 卷，人民出版社 1956 年版，第 603 页。

③ 《马克思恩格斯全集》第 42 卷，人民出版社 1979 年版，第 120 页。

主要参考文献

《中共中央关于全面深化改革若干重大问题的决定》，人民出版社 2013 年版。

习近平：《在中共十八届三中全会第一次全体会议上的讲话》，载中共中央文献研究室编《习近平关于全面深化改革论述摘编》，中央文献出版社 2014 年版。

马克思：《资本论》第 1 卷，人民出版社 2004 年版。

《马克思恩格斯全集》第 42 卷，人民出版社 1979 年版。

《马克思恩格斯全集》第 19 卷，人民出版社 1963 年版。

《马克思恩格斯全集》第 21 卷，人民出版社 1965 年版。

陈凡、杜秀娟：《论马克思〈资本论〉中的生态观》，《马克思主义与现实》2008 年第 2 期。

陈食霖：《论马克思恩格斯生态文明思想的理论特质》，《江汉论坛》2014 年第 7 期。

黄瑞祺、黄之栋：《〈资本论〉与生态学的交错：马克思思想的生态轨迹之三》，《鄱阳湖学刊》2009 年第 11 期。

李仙娥、万冬冬：《〈资本论〉中生态思想的逻辑蕴含与当代价值》，《学术交流》2011 年第 9 期。

[德] 李比希：《化学在农业和生理学上的应用》，中国农业出版社 1983 年版。

廖福霖：《生态生产力导论》，中国林业出版社 2007 年版，第 1 页。

徐水华：《从“对象性关系”到“物质变换关系”——论马克思生态哲学思想的逻辑发展》，《生态经济》2014 年第 1 期。

[美] 约翰・贝拉米・福斯特：《失败的制度：资本主义全球化的世界危机及其对中国的影响》，《马克思主义与现实》2009 年第 3 期。

张新时：《关于生态重建和生态恢复的思辨及其科学涵义与发展途径》，《植物生态学报》2010 年第 1 期。

朱炳元：《关于〈资本论〉中的生态思想》，《马克思主义研究》2009 年第 1 期。

后　记

改革开放以来，中国经济经历着双重转型，即从计划经济体制向社会主义市场经济体制转型，从农业社会向工业社会和现代社会转型。双重转型都取得了举世公认的成就。我们已经建立起了社会主义市场经济体制，市场在资源配置中的决定性作用正在得到发挥，政府调控、引导市场经济运行的能力日趋现代化、手段日趋成熟和多样化。与此同时，经济结构和社会结构发生了显著变化，正在迈向新的成长阶段，增长动力正在发生转换，增长的质量和效益、人民的获得感、幸福感和生活品质被置于更加突出的位置。

中国的双重转型为政治经济学的发展提供了难得的机遇，我们可以通过深入探讨中国双重转型中的重大理论和实践问题来促进政治经济学的中国化和时代化，形成新理论逻辑，提出新的理论观点，把实践经验上升为系统化的政治经济学命题，开拓当代中国马克思主义政治经济学新境界。同时，抓住历史赋予的机遇，政治经济学可以发挥自己的学科优势，为全面深化改革和推动经济发展提供新的思维模式和政策思路，体现理论的引领作用。

基于中国双重转型实践和政治经济学的学科优势，我们选择了三个领域的问题进行理论探讨，即社会主义基本经济制度的完善和共同富裕、政府职能转换和新常态下的中国经济发展，力求涉及这三个领域的主要理论和实践问题，提出学术观点和政策建议。

全书是我们共同努力的结晶。我设计了研究框架，提出了研究涉及的主要问题，承担统稿工作。初稿撰写分工如下：第一章：武鹏；第二章、第三章：胡家勇；第四章、第五章：胡家勇、武鹏；第六章：胡家勇；第七章：陈健、胡家勇；第八章：武鹏；第九章、第十章：陈健、胡家勇；第十二章：胡家勇；第十三章：胡家勇、李繁荣。

本书主要章节是国家社会科学基金项目“以政府职能转变促进经济发

展方式转换研究”的阶段性成果，中国社会科学院马克思主义理论学科建设与理论研究项目对本书所做研究给予了大力支持。部分章节的内容在《经济学动态》、《财贸经济》、《中国经济问题》、《中州学刊》、《河北经贸大学学报》作为阶段研究成果发表，在此致谢。还要感谢两位匿名评审专家对本书提出的宝贵修改建议。

胡家勇

2016 年 2 月 28 日于北京